云南省哲学社会科学成果文库

中国西南民族档案资源集成管理研究

杨 毅 \ 著

中国社会科学出版社

图书在版编目 (CIP) 数据

中国西南民族档案资源集成管理研究/杨毅著. —北京：中国社会科学出版社，2018.1

（云南省哲学社会科学成果文库）

ISBN 978 – 7 – 5203 – 2035 – 1

Ⅰ.①中… Ⅱ.①杨… Ⅲ.①少数民族—档案管理—研究—中国 Ⅳ.①G279.2

中国版本图书馆 CIP 数据核字（2018）第 027501 号

出 版 人	赵剑英	
责任编辑	孙 萍	
责任校对	郝阳洋	
责任印制	王 超	

出　　版	中国社会科学出版社	
社　　址	北京鼓楼西大街甲 158 号	
邮　　编	100720	
网　　址	http://www.csspw.cn	
发 行 部	010 – 84083685	
门 市 部	010 – 84029450	
经　　销	新华书店及其他书店	

印　　刷	北京君升印刷有限公司	
装　　订	廊坊市广阳区广增装订厂	
版　　次	2018 年 1 月第 1 版	
印　　次	2018 年 1 月第 1 次印刷	

开　　本	710 × 1000　1/16	
印　　张	17.5	
插　　页	2	
字　　数	281 千字	
定　　价	75.00 元	

内容摘要

从人类历史发展的角度来看，民族是人类在生存和发展过程中形成的稳定的共同体，是一种人类社会发展到一定阶段的产物。在民族存在的历史阶段，各民族留下了大量反映民族文化发生、发展的有记忆价值的各种载体的原始记录，这就是固化的记忆，即民族档案。沿用人们惯常的思维，民族档案是各少数民族档案或少数民族档案的简称。然而，根据中华文化构成的多样性与多源性的特征进行审视，民族档案是包括汉族在内的各民族文化之档案化的产物。它包含了我国现有的 55 个少数民族和汉族在内的各种档案，也涵盖了历史上曾经存在但现在已经消亡的族群的档案。

民族档案作为人类文明的伴生物，其具有的历史资源价值是其他物质所不可替代的，蕴藏着极大的潜在价值和开发潜力。因此，把民族档案资源化，赋予民族档案管理更多丰富内涵和现代气息，有利于人们站在时代的高度，把档案工作置于更广阔的社会背景、更综合化的思维框架中去进行深层次的、多向性的考察和研究。

在今天的云南省、四川省、贵州省、重庆市、西藏和广西两个民族自治区范围内，世居的民族除汉族之外，还有 35 个少数民族。西南地区的各民族不仅在历史演进、人口分布、文化发展等方面存在差异性，而且西南民族与中原汉族之间、民族与民族之间、民族与境外同源民族之间的关系也错综复杂。从而决定了西南民族档案资源具有四个较为突出的特征：典型而独特的生态文化形成了民族档案资源的多样性；悠久的民族历史文化建构出民族档案资源的多彩性；多源文化类型的和谐共处铸就了民族档案资源的丰富性；特殊的地缘政治文化凸显出民族档案资源的开放性与兼容性。这些特征是研究的重要基础，也由此决定了研究的西南向度。

不过，无论是西南民族档案资源还是我国56个民族的民族档案资源，都对地区和国家发展有着延伸记忆、延续历史、催生新的文明进步的重要作用。因此，如何将已留存的各民族档案与现实需求和未来构筑融为一体，满足当今时代发展的需要，并非仅是西南地区各民族面临的问题，我国其他地区的各民族也面临这样的问题，差别只在于表现的形式和突出的程度不同。其实质就是民族档案的管理问题，其核心就是开发利用。

集成管理是现代信息技术下档案管理的发展趋势。对民族档案资源进行集成管理，一方面是立足解决我国历史悠久、民族多元、档案分散的基本现状与现代档案管理智能化、集成化的发展趋势的矛盾；另一方面则是强调民族档案资源是人类和人类社会发展所必需的资源，力求凸显民族档案作为资源的特殊性一面，促进民族档案资源管理的深入发展。

近几年来，西南地区各级各类档案馆已普及信息技术，档案电子化建设卓有成效，数字化档案资源结构趋于优化，资源总量始终处于上升趋势，档案网站体系建设已粗具规模，数字化档案馆建设已经发展到一个新的阶段；档案从业者的专业水平得到提升，各级档案馆的人才配备日益合理。可以说，探索建立西南民族档案资源集成管理已经具备良好的现实条件；建设一种以提升西南地区的民族档案管理能力为目的的西南民族档案资源集成管理是未来西南民族档案资源建设的方向。

建设西南民族档案资源集成管理的战略目标就是依据国家统一的业务规则和数据标准，实现云南、贵州、四川、重庆、西藏、广西三省一市两区各级档案管理部门在西南民族档案资源管理与利用方面跨部门业务的线上协同运行，在西南地区民族档案资源集成管理系统内的资源共享，以及在线下业务的有效运行，实现西南地区统一的整体化协同型的民族档案资源集成化管理的建设目标。其未来的发展方向就是进一步借助国家档案资源建设平台，实现档案界业内在线跨区域及跨部门的线上交互、线下融合，最终融入国家民族档案资源共享的大系统、大平台、大空间。

西南民族档案资源集成管理建设作为一个大系统工程，需要由这样一些子系统构成：西南民族档案资源集成管理的战略规划系统、西南民族档案资源集成管理的业务流程系统、西南民族档案资源集成管理的保障体系、西南民族档案资源集成管理的绩效评估系统、西南民族档案资源集成管理的风险防范系统等。各子系统相互依存、互为补充、协同配合，共同构建西南民族档案资源集成管理战略体系框架。

实施建设这一系统框架，需要重点突出：（1）以生态化的理念建设西南民族档案资源集成管理的战略规划系统，充分体现出自然环境与人工环境、集成管理系统与地方文化环境间的互动关系，统筹规划，确保西南民族档案资源集成管理建设的可持续发展；（2）以专业化的理念建设西南民族档案资源集成管理的业务流程系统，实现集成控制、归档、服务环节与成熟的先进技术的精准对接，围绕用户需求，从源头上建立起高技术、知识化的档案资源集成管理业务流程；（3）以社会化的理念建设西南民族档案资源集成管理的保障体系，既要以文化资源的整合与共享作为档案管理机构与图书馆、博物馆等文化事业机构协同合作的共识，又要建立与各级政府、企业和社会团体建立长期合作关系，由内到外，建立有利于集成管理健康发展的开放和谐的社会保障；（4）以知识化的理念建设西南民族档案资源集成管理的绩效评估系统，增强指标体系的客观性和合理性、可操作性和权威性，以评估促建设增效益，为集成管理建设自我完善和自我提高提供科学的依据；（5）以智慧化的理念建设西南民族档案资源集成管理的风险防范系统，对组织、建设、服务中可能存在的各种不确定因素和可能会发生的意外事故，聚类分析，提前预警和防范，最大限度避免各类风险对西南民族档案资源集成管理的威胁。

西南民族档案资源集成管理是基于西南地区的民族档案资源特点、档案利用者对西南民族档案资源的特殊需求以及西南民族档案资源管理的发展趋势而提出的一种管理模式，没有现成的法律法规可以遵照执行，也没有现成的模式可以套用。如何立足西南地区的社会经济发展水平及民族档案管理的现状，采取合理的策略，有计划、有步骤地推进西南民族档案资源集成管理的进程，把理想化的管理模式变成客观现实，是不可回避的重要问题。为此，西南民族档案资源集成管理的建设要坚持平等、互利、互信、共享四原则，采取规划先行、阶段性收获、抢抓机遇、技术助推等策略。分步实施，稳步推进，逐级发展：第一步，要运用集成化的技术和标准实现西南地区民族档案资源管理的集成化管理；第二步，要把规范化的元数据提交入集成管理系统，实现集成化的逻辑平台；第三步，完成西南民族档案资源集成管理的战略架构建设，实现集成管理的实体平台；第四步，要以大数据为抓手，充分发挥其宏观、快速、准确的特点带来的"先导性"作用，促成西南民族档案资源集成管理建设形成各方联动的大格局。换句话说，就是借助技术支持，通过西南民族档案资源集成管理平台，促成西南地区三省一市两区民族档案资源管理的优势互补，务实合作。

西南民族档案资源集成管理与其他行业领域一样，是不断地发展着的。发展变化是西南民族档案资源集成管理永恒的主题。西南地区各民族在社会、文化等诸方面的不断发展，将促使西南民族档案资源集成管理趋于成熟和完善，从而为西南民族档案资源集成管理的跨越式发展提供更为坚实和有效的基础。可以说，集成管理是西南民族档案资源的建设之路，路通到哪里，民族档案资源就集成到哪里；集成管理是西南民族档案资源建设的规则之路，多一些协同合作，西南民族档案资源的共享就会便捷通畅。集成管理也是一条奋斗之路，"集成为管、管为共享"是我们的建设理念，"管为不管、共生共享"是我们奋斗的理想和目标。

研究西南民族档案资源集成管理建设，意在为人们管理西南民族档案资源寻求并提供不懈的精神动力和价值导向，并以此提升西南民族档案资源集成管理者及利用者的境界；意在为我国的民族档案资源搭建一个开放平台，让全中国乃至世界更好地了解并利用民族档案资源，永葆民族档案资源的生命活力；意在丰富我国民族档案学的内涵，为我国档案学的发展提供理论资源。携手集成，造福人类。

前　言

关于西南民族档案资源集成管理研究问题的提出，对笔者来说实非偶然。早在1988年8月，我国民族史学界在广西忻城召开土司研究方面的学术研讨会，会前在导师尤中先生的指导下，我向大会筹备组寄去了自己撰写的《一份珍贵的民族档案——〈土官底簿〉简析》一文。令我惊喜的是我被邀请参加了此次会议，还做了大会交流发言。那次会议在我心中触动很大，至今历历在目。因为地处西南，多民族的文化为我从事民族档案研究的教学和科研提供了广大的场域和丰富的事象，我便渐渐地把学术研究的着力点确定在了西南向度的民族档案学研究，在中国档案管理史、西南地区的民族档案等方面陆续发表了一些相关论文。然而，随着自己研究视野的拓宽，我逐渐意识到，档案学视野下的民族档案学研究应该进行范式转换。[①] 应该在"文化生态—民族档案—人—民族文化"的认知系统里另辟蹊径研究，以此来解答当下实际存在的多样的民族档案现象和解决重大的民族档案实践问题。于是，我便将学术研究的重心转向民族档案学理论和中华民族文化发展背景下的民族档案问题，也逐渐有了一些阶段性研究成果。

沿着这一研究思路拟定的"西南民族档案资源集成管理研究"一题，获得了2011年国家社科基金西部项目资助，无疑表明自己的思路获得了学界专家的认可，备感欢欣鼓舞。与此同时，内心充满了一种责任和使命担当的压力。一路走来，深感这是一项时空跨度较大、学科涉及面广、研究方法多样的研究课题。当时，笔者和课题组成员以云南省为研究重点，结合在贵州、

---

① 杨毅、张会超：《范式转换——民族档案学的学科建构之路》，《档案学通讯》2011年第1期。

四川、重庆和西藏等地区的选点调研，采用了定量描述与定性分析、实地访谈与文献查证、理论分析与案例实证相结合的方法进行研究。经历了"确定研究计划与调研方案""实地调研与资料收集""分析研究与资料再补充""统稿与再调研核实"四个阶段，历时四个春秋。苦尽甘来，全国哲学社会科学规划办公室给予课题结项优秀等级。深感欣慰，备受鼓舞。

根据专家们的意见，基于课题研究成果，笔者对西南民族档案资源集成管理问题做了进一步的探索和书稿的撰写。从我国西南地区民族众多、民族档案丰富多彩以及目前缺乏把民族档案作为资源进行系统研究的实际出发，既突出了西南民族与民族档案的当代意义和现实问题的研究，又注意档案学理论上的概括和学科范式的构建研究；既把重心确定在当下西南区域的民族档案资源的集成管理研究，又回溯了西南历史并注重挖掘西南民族档案管理的历史资源；既注重该项研究对我国现实档案管理的借鉴意义，又注重学理的逻辑性和学术观点的创新，由此构建了西南民族档案资源集成管理研究的完整体系。本书共九章，其内容可分为三个大部分。

第一部分，即第一章至第三章，构建了西南民族档案资源集成管理的理论平台。第一章全面梳理了民族档案、民族档案资源、西南民族档案资源概念的发展和演变，阐释了各个概念的当代含义及特点；界定了集成、集成管理、档案集成管理的内涵和特点，以及现代档案集成管理概念引入西南民族档案资源管理后的新的民族档案资源管理理论。第二章全面梳理了西南民族档案的产生、演变及特点，分析了西南民族档案作为资源的构成范围，深入研究了西南民族档案作为资源的特色和特征，构建了西南民族档案资源观。第三章详细回顾了西南民族档案资源管理从助记忆起源时代到中华民国、从新中国成立到改革开放历程上的主要的管理实践，分析总结了历史上西南民族档案资源管理的经验、教训和启示。通过这些梳理、分析和理论阐释，为当下西南民族档案资源集成管理的研究，奠定了重要的理论基础。

第二部分，即第四章至第六章，构建并论证了西南民族档案资源集成管理平台，对西南民族档案资源的管理研究进行了提升和拓展。第四章明确了西南民族档案资源集成管理的目标和内涵，构建了西南民族档案资源集成管理系统的结构框架，提出了西南民族档案资源集成管理的建设理念和建设原则，制定了相应的实施策略。第五章设计并较详细地论证了西南民族档案资源集成管理的业务流程系统，并把主要的业务流程置于云计算和大数据环境中进行研究，提出了以档案业务工作为主线的集成服务一体化的管理模式。第六章具体分析研究了西南民族档案资源集成管理的保障体系，设计并论证了西南民族档案资源集成管理中心的内部组织保障体系、技术保障体系和环境保障体系，提出各保障体系需要达到的共同目标和建立相应的协同融合的管理机制。

第三部分，即第七章至第九章，具体研究了保证西南民族档案资源集成管理可持续发展必须面对的若干现实问题，进一步深化了西南民族档案资源集成管理的研究。第七章设计并论证了西南民族档案资源集成管理绩效评估体系，明确了评估要素及评估指标权重，建立了规范的评估操作规程。第八章研究了西南民族档案资源集成管理中可能出现的各类风险，并根据风险源和风险诱因，设计并论证了西南民族档案资源集成管理风险防范体系，提出了相应的风险防范思路。第九章对西南民族档案资源集成管理的发展理念做了较深入的阐释，对西南民族档案资源集成管理发展的基本走向做出预测和判断。特别提出和论证了这样一个思想：在把西南民族档案作为一种资源的同时，借助集成管理平台，提供无限的协同可能；让集成管理价值链上的民族档案能生发共生能量和新的物质结构，共生共享，永葆西南民族档案资源的生命活力。

随着研究的不断深入，笔者深深地感受到：无论是多民族的地区还是多民族的国家，都生活着多个民族，民族自身、各个民族之间在其发展过程中都留下了有记忆价值的原始记录，而这些记录对各民族、对各民族生活的地区和国家都有着延伸记忆、延续历史、催生新的文明的重要影响。因此，档案界总是面临着如何将已留存的各民族档案与现实需求和未来构筑融为一体，满足当今时代发展的需要，即民族档案的管理问题。这样的问题是个常说常新、富有现实与历史意义的问题。档案学界应该肩负历史赋予的责任，关注历史与现实，重视理论与实践研究，率先对此做出有说服力的阐释和有预见性的分析。

可以说，西南民族档案资源集成管理研究就是笔者在上述思绪下开拓的一个研究领域。在研究中，笔者力求运用集成管理的理论视角，在挖掘了西南地区民族档案管理的历史资源的基础上，将西南民族档案管理放到时代发展的背景之下进行分析研究；在梳理了西南民族档案资源集成管理的业务过程的前提下，寻求对西南民族档案资源集成管理提出制度构建、实践构建的设想，力求理论研究为现实服务，建构一个西南民族档案资源集成管理研究的理论体系；基于国家整体利益和中华民族档案内涵，构建了新的民族档案架构，为我国的民族档案资源管理搭建了一个开放平台，积极回应了当下社会发展和国家治理的需要。

笔者为云南大理的白族，生在云南，长在云南，工作在云南。云南多民族的文化为笔者从事民族档案的教学和科研提供了广大的场域和丰富的事象，并使笔者在当下的民族档案视域中持续地开展探索性研究，最终完成了本书稿的撰写。笔者的初衷与愿景是，希望能向社会奉献一部全面、系统论述西南民族档案资源集成管理的论著，并力求使之成为材料丰富、结构完整、条理清晰、论证严谨、富有时代性并能经受时间考验的学术著作。就目前的国内外研究现状来看，本研究成果是迄今西南地区有关民族档案资源集成管理研究的唯一著作；也是民族档案学研究中，迄今并不多见的以西南三省一市两区为空间、从古到今、全面系统研究西南民族档案管理的论著。

当然，在西南地区要实现民族档案资源集成管理，还存在诸多的理论问题和实际问题，迫切需要多学科协同攻关，做进一步的专题研究和理论创新，提出更多有价值的观点和解决问题的对策。笔者在研究中虽已做了很大努力，但其中的疏漏之处仍在所难免，期待着大家不吝指正。

笔者相信，随着今后西南民族档案资源集成管理研究的深入进行，必将会进一步丰富我国民族档案学的内涵，为我国民族档案学的发展创造新的学术增长点，同时也会为促进西南民族档案管理的发展提供不竭的理论资源，为我国的档案事业发展做出贡献。

目　录

第一章

西南民族档案资源与集成
管理的界定和认识

对民族档案、集成管理等概念进行必要的界定和总体把握，是研究西南民族档案资源集成管理的基本前提。在漫漫历史发展过程中，西南作为地理空间概念，其内涵及使用范围具有一定的模糊性，需要给予明确的界定；民族档案、集成管理等概念在不同环境条件下可以有其不同的理解和不同的研究成果，需要对其加以阐释和讨论。因此，在西南民族档案资源集成管理研究中，将民族与档案、集成与管理联系起来讨论，既要梳理其历史发展源流，还必须对其进行多维度的深入研究。

一 西南民族档案资源的阐释

民族档案是一个内涵极其丰富的概念。由于在国家政策、现实生活、学术研究等领域，人们对"民族""档案"的认识就存在歧见且不断变化，由此深刻影响着民族档案的研究本身，也同时使"民族档案"不断获得了新的内涵和重构的机遇。相应的，要探讨民族档案问题，首先就碰到依据什么样的民族和档案概念来进行认识和分析问题。

（一）民族档案

1. 民族

何谓"民族"？这是认识和理解民族档案概念首先遇到的不可回避和富于

挑战的问题。民族学、政治学、历史学、社会学等相关学科视之为学科研究中不可回避的重要概念之一，众多学者均对之给予了高度关注，给出了层出不穷的定义、理论和视角。争议不断，分歧丛生。学界普遍认为，民族概念最先出现于西欧。随着近代民族国家世界体系的形成及其对中国的影响，民族概念也传入中国，逐渐成为一个固定的词汇。发展到今天，从"民族"概念的演变看，主要有三个基本源流，分别是西方国家的民族概念、苏联及俄罗斯的民族概念、中国的民族概念。① 而"从目前的研究现状来看，已有的民族概念尽管数量众多、观点各异，但基本上可以按照关注点区分为'客观标准派'和'主观认定派'两种研究理路。其中前者强调民族形成中的客观因素，如血缘、地域、宗教、语言、风俗和制度等，后者则强调认同、情感、想象、行为及其他精神性因素在民族形成中的作用。这两种理路的定义都涵盖了民族的一些根本特质和重要特征，但同时也存在着自身致命的缺陷"。② 霍布斯鲍姆因此认定，"不论是民族的主观认定或客观标准，都不尽令人满意，反而会误导大家对民族的认识"③；并断言："民族根本不可能具有恒久不变、放之四海而皆准的客观定义。"④

　　"长久以来，汉语'民族'概念始终是困扰国内民族问题研究领域的一大学术难题。虽然'民族'一词的使用频率不论在学术界还是在日常生活中都十分之高，然而随着有关中华民族伟大复兴的话语不断，相关的研究和学术争论似也骤增。"⑤ 汉语"民族"概念的"内涵十分丰富，外延非常广泛，既有极强的包容性和灵活性，又有很大的模糊性，在不同的情况下可作不同的理解"。⑥ 究其原因是多方面的，"首先必须确认的一个事实是，我们用于认识和分析中国民族现象的概念工具和分析框架，都是近代以后由国外引入

---

　　① 高永久、秦伟江：《"民族"概念的演变》，《南开学报》（哲学社会科学版）2009 年第 6 期。

　　② 郝亚明：《试论民族概念界定的困境与转向》，《民族研究》2011 年第 2 期。

　　③ ［英］埃里克·霍布斯鲍姆：《民族与民族主义》，李金梅译，上海人民出版社 2000 年版，第 9 页。

　　④ 同上书，第 5—6 页。

　　⑤ 叶江：《民族概念三题》，《民族研究》2010 年第 1 期。

　　⑥ 何叔涛：《汉语"民族"概念的特点与中国民族研究的话语权——兼谈"中华民族"、"中国各民族"与当前流行的"族群"概念》，《民族研究》2009 年第 2 期。

的，而近代以后在国内产生影响的民族概念又具有多样性。因此，在分析中国的民族现象的时候，首先就碰到依据什么样的民族概念来进行认识和分析的问题。依据的民族概念不同，形成的认识或得出的结果就会有很大的差异，甚至大相径庭"。①

在 20 世纪 80 年代末，费孝通先生发表了著名论文《中华民族的多元一体格局》，提出："我将把中华民族这个词用来指现在中国疆域里具有民族认同的十亿人民。它所包括的五十多个民族单位是多元，中华民族是一体。它们虽则都称'民族'，但层次不同。"② 运用费孝通先生的这一两层次分析法来理解汉语的"民族"这一概念，可以视其为在外延和内涵上具有两个不同层次含义的概念：第一层次含义为"中华民族"这一层次的人们共同体，即费先生所说的"一体的民族"概念，其外延较宽，内涵更深，当属较高层次；第二层次含义为包括汉族在内的中国"56 个民族"的这一层次的人民共同体，即费先生所说的"多元的民族"概念，其外延较窄，内涵相对较小，可属较低层次。③

目前，有专家进一步研究认为："广义的或泛指的'民族'就是'民'（'人'）和'族'（'群'）两个语素的组合意义，所指为与文化相关的人群，囊括了国民或国族（nation）、族群（ethnic group）、中国 56 个民族（minzu）、中华民族之民族；狭义的或专指的'民族'，既可指国民或国族（nation），也可指族群（ethnic group），也可指中国 56 个民族中的任一民族，还可指中国少数民族；特指的'民族'（minzu），就是指中国民族识别所确定的 56 个民族。"④ 换言之，汉语"民族"有两种不同的含义，一是指中国境内的各个民族结合而成的以"中华民族"为族称的民族共同体，是一个与民族国家联系在一起的国家民族；二是指中国境内的汉民族与各少数民族，是中国各民族的总称，是对中国历史上存在的众多民族的概括。⑤

---

① 周平：《政治学视野下的中国民族和民族问题》，《思想战线》2009 年第 6 期。
② 费孝通：《中华民族的多元一体格局》，《北京大学学报》（哲学社会科学版）1989 年第 4 期。
③ 叶江：《民族概念三题》，《民族研究》2010 年第 1 期。
④ 何明：《民族研究的危机及其破解——学科认同、学者信任和学术体制的视角》，《清华大学学报》（哲学社会科学版）2016 年第 1 期。
⑤ 周平：《论中华民族建设》，《思想战线》2011 年第 5 期。

在 2005 年 5 月 31 日召开的中央民族工作会议上，中央提出了中国共产党民族理论的"12 条"，其中将民族定义为："民族是在一定的历史发展阶段形成的稳定的人们共同体。一般来说，民族在历史渊源、生产方式、语言、文化、风俗习惯以及心理认同等方面具有共同的特征。"① "很明显，党的民族理论'12 条'所讨论的'民族'概念是指我国'56 个民族'这一层次的概念，而非整个'中华民族'这一层次的概念。"② 这样一种认识定位，有利于我们把两种内涵外延不同的汉语"民族"概念区分开来，分别加以认识和研究，进而探究各自的演变规律。

"民族"的概念是科学认知民族档案的工具，也是民族档案学理论建构的基点。纵观我国 20 世纪以来的民族档案学研究，民族档案学视野下的"民族"概念并不是一个较为单纯的概念，也不是一个纯粹的认识问题，需要在特定的学术话语和理论体系中去界定；"民族"概念带有的层次性特点决定了我们站在不同的"民族"认识定位上探索问题，所得出的结论不仅会有很大的不同，而且我们在实践中提出的解决问题的对策性思路也会有相当大的不同。因此，在借鉴学界已有的对"民族"认识的基础上，对已有的民族档案学界认识进行必要的反思，对其研究的概念界定、价值取向需做进一步的明确。

其一，斯大林在《马克思主义和民族问题》一文中认为："民族是人们在历史上形成的一个有共同语言、共同地域、共同经济生活以及表现在共同文化上的共同心理素质的稳定的共同体。"③ 在这一阐述中提到的共同语言、共同地域、共同经济生活和共同心理素质四个方面通常被人们视为民族的基本特征。这一定义曾经对我国产生了巨大影响，同时也成为大家争论不休的问题。不过，在今天看来，斯大林所论述的"民族"概念的"内涵与外延实际上仅与汉语'民族'概念中'中华民族'这一层次的'民族'含义相互吻合，而与汉语'民族'概念中的我国'56 个民族'这一层次的'民族'含

---

① 《中共中央、国务院关于进一步加强民族工作加快少数民族和民族地区经济社会发展的决定》，《光明日报》2005 年 6 月 1 日第 1 版。

② 叶江：《民族概念三题》，《民族研究》2010 年第 1 期。

③ 《斯大林选集》上卷，人民出版社 1979 年版，第 64 页。

义则并不相合"①。

同理，长期以来的民族档案学研究，很多人把"民族"理解为"少数民族"的简称或缩略语，把"民族档案"局限在少数民族的政治、经济、社会、文化范围；也有人把"民族"概念的内涵外延模糊化，以致不同学者研究所指的"民族档案"各有不同。这在一定程度上就是由于学者们受到斯大林的民族概念影响而没有彻底厘清各层次的"民族"概念。既然斯大林的民族概念是针对"中华民族"这一层次的"民族"来说的，那么一概地使用这一概念来分析我国的民族档案现象就显得不合时宜了。事实上，认识和分析中国的民族现象，就应该有区别地使用"民族"概念。②

其二，中国共产党民族理论"12 条"中对民族的表述可成为民族档案学中"民族"定义的依据。"12 条"指出："民族是在一定的历史发展阶段形成的稳定的人们共同体。一般来说，民族在历史渊源、生产方式、语言、文化、风俗习惯以及心理认同等方面具有共同的特征。"③ 笔者理解这里的"民族"指的就是我国"56 个民族"层次的人们共同体。它既包括汉民族，也包括构成中华民族的其他少数民族。他们从远古走来，历史悠久，且在长期交往中彼此平等，紧密团结，相互依存，和谐发展。

其三，汉语"民族"概念的两个层次含义都同时具有政治性与文化性，因为"民族基本上隐喻着一种文化和政治的纽带"。④ 只是政治有国内政治和国际政治之分，不同层次的"民族"所具有的政治属性的层次是互不相同的。"其第一层次含义的政治性与国际和国家层次的政治紧密相关联，而第二层次的含义则与国内和地方层次相联系。"⑤ 对于第一层次"民族"含义的"中华民族"，"要充分挖掘其政治内涵，并在民族国家建设中通过制度构建来保障民族的全体成员对国家的掌控，通过民主政治建设等途径促进国家认

---

①　叶江：《民族概念三题》，《民族研究》2010 年第 1 期。

②　周平：《政治学视野下的中国民族和民族问题》，《思想战线》2009 年第 6 期。

③　《中共中央、国务院关于进一步加强民族工作加快少数民族和民族地区经济社会发展的决定》，《光明日报》2005 年 6 月 1 日第 1 版。

④　陈庆德：《试析民族理念的建构》，《民族研究》2006 年第 2 期。

⑤　叶江：《民族概念三题》，《民族研究》2010 年第 1 期。

同"①。对于第二层次"民族"含义的我国"56 个民族","则应除去附加在上面的政治含义,打破民族的固定界限,还其文化民族的本来面貌,促进各个民族的融合"②。

同理,民族档案学中的"民族"作为我国"56 个民族"层次的人们共同体,其政治性只能表现在促进我国"56 个民族"在中华民族的框架下发展,维护国家的统一与安全,与国家的发展保持一致。

2. 档案

"档案"是档案学中最基本的定义,中外档案学界长期以来对之开展了深入的探索,给出了众多的答案。但是,目前世界范围内,仍然没有统一不变的"档案"的定义。在我国自 1930 年起,档案学界就开始对档案的定义进行了探讨,至今出现过几十种定义,尤其是在学科不同的历史发展时期,学者们对档案的理解和表述因不同的观察角度而存在着一定差异。

目前,在我国学界颇具影响和代表性的观点有:"档案是社会组织或个人在以往的社会实践活动中直接形成的具有清晰、确定的原始记录作用的固化信息。"③"档案是人类对凭证信息的合目的控制。"④"档案是有意识保存的固化的记忆。"⑤"档案的定义可以简洁地表述为:人们有意识保存起来的原始性符号记录。或者表述为:人们有意识保存起来的人类活动的原始性符号记录。"⑥此外,1987 年 9 月 5 日第六届全国人民代表大会常务委员会第二十二次会议通过的《中华人民共和国档案法》第二条,实际上也是对档案定义的一种表述。⑦1996 年 7 月 5 日《档案法》修改后,档案的定义没有变化。即档案是:"过去和现在的国家机构、社会组织以及个人从事政治、军事、经济、科学、技术、文化、宗教等活动直接形成的对国家和社会有保存价值的

---

① 周平:《政治学视野下的中国民族和民族问题》,《思想战线》2009 年第 6 期。

② 同上。

③ 冯惠玲、张辑哲:《档案学概论》,中国人民大学出版社 2006 年版,第 6 页。

④ 覃兆刿:《双元价值观与"档案"的定义》,《北京档案》2003 年第 9 期。

⑤ 丁健:《档案与档案工作:固化的记忆与记忆的固化》,《档案学研究》2002 年第 5 期。

⑥ 丁海斌、李娟:《从信息划分与定义规则出发再谈档案定义》,《档案》2011 年第 6 期。

⑦ 宫庆新:《中外档案定义研究述论》,《山东理工大学学报》(社会科学版)2013 年第 4 期。

各种文字、图表、声像等不同形式的历史记录。"①

　　档案定义具有相对稳定和绝对变化的辩证关系。上述众多"档案"定义的提出，既是档案社会实践发展的不同反映，体现了人们对档案对象特征的不同把握，也是档案学研究深入过程中必然的结果。这些定义或观点，对促进档案学科建设起到十分重要的推动作用，完备的档案定义也必将伴随着学科体系的逐步成熟而逐步准确、完备。

　　当然，人们对档案的界定和认识，主观上必然受到档案学者自身的思维方式、知识素养、理论修养和专业水平的影响，客观上必然受到一定历史时期社会文化发展水平的制约。夏甄陶在《论认识的主体性的客体性基础》一文中指出："在具有无限多样性的茫茫宇宙中，哪些事物、哪些现象优先地成为现实的认识客体，是同现实的认识主体在一定的具体历史条件下已经获得的本质力量和已经形成的认知定势密切相关的。在一定的具体历史条件下的具体认识主体，不是也不可能把整个客观存在的物质世界当作认识的客体，而总是根据其现实的本质力量和认知定势能够结合和同化外部世界的范围和程度，有目的、有选择地确定哪些事物、哪些现象作为现实的认识客体。"②

　　对档案定义的评价，应该放在其所产生的时代和社会文化发展的历史条件下去分析和科学把握。只有既不脱离当时的历史实际又能全面认识档案事业的发展过程，才能概括出合乎社会发展规律的科学的、合理的档案定义。不过，无论如何给"档案"下定义，都需要把握的尺度就是"有价值""人们有意识保存""各种载体的原始记录"。

　　3. 民族档案

　　"民族档案"是一个内涵极其丰富的概念，不同职业、不同学科的研究人员对它的理解和表述存在许多差异，比较有代表性的主要有三类观点：

　　其一，民族档案即为各少数民族档案。张鑫昌等教授认为："所谓民族档案，是指各个时代的一切社会组织及其成员关于各少数民族的具有一定保存

---

① 国家档案局：《中华人民共和国档案法》，中华人民共和国国家档案局网站（http://www.saac.gov.cn/xxgk/2010-02/08/content_1704.htm），2015年2月25日。

② 夏甄陶：《论认识的主体性的客体性基础》，《哲学研究》1991年第5期。

价值的各种文字符号的原始记录。"① 龙和铭教授认为："所谓民族档案，是指少数民族地区过去和现在的国家机关、社会组织以及个人从事政治、军事、经济、科学、技术、文化、宗教等活动直接形成的各种文字、图表、声像等历史纪录，是各个民族在发展过程中所形成的文献资料。"②

其二，民族档案是少数民族档案的简称，包括少数民族历史档案和现行档案。陈子丹教授认为："少数民族档案（或称'少数民族历史档案'，又简称'民族档案'）是指 1949 年以前的少数民族地方政权机构、社会组织、个人和历代封建王朝统治者在社会实践活动中直接形成的，以不同的种类和载体构成的，以不同类型的记录符号表现出来的，反映少数民族政治、经济、军事、科技、文化、教育、民俗等方面内容，具有保存价值的各种文字、图表、声像等不同形式的原始记录材料。包括经卷、文书、手稿、谱牒、碑刻、画卷，以及各民族民间艺人通过记忆或背诵的方式口耳相传的史诗、神话、传说等，均属于少数民族档案的范畴。除少数民族历史档案外，少数民族档案还包括 1949 年以后形成的少数民族现行档案。"③

其三，民族档案是包括汉族在内的各民族文化之档案化的产物。我们最初提出："少数民族文化是可以进行档案范畴内的物化，即少数民族文化之档案化。""民族档案是少数民族文化档案化的产物。"④ 不过，经过较长时间的理论规则与现实生活的结合研究，我们认为那些反映各民族文化产生、发展的有记忆价值并处于人们有意识地管理中的各种载体的原始记录就是民族档案。这里的民族档案包含了我国现有的 55 个少数民族和汉族在内的各种档案，也涵盖了历史上曾经存在但现在已经消亡的族群的档案。我们是沿着这样的理路进行思考的：

传统民族档案学受传统中国文化观影响，研究中或只研究少数民族历史档案，把民族档案等同于少数民族档案，忽略了汉族档案；或以汉族档案为

---

① 张鑫昌、张昌山、郑文：《关于民族档案学的几个问题》，载张鑫昌、张昌山主编《文献学与历史研究》，中国社会科学出版社 2015 年版，第 11—19 页。

② 龙和铭：《从民族档案的历史形成与应用看建立民族档案学的必要性》，《中南民族学院学报》1990 年第 1 期。

③ 陈子丹：《民族档案学专题研究》，云南大学出版社 2013 年版，第 1 页。

④ 杨毅、张会超：《民族档案之旅游人类学建构与扩展研究》，《思想战线》2009 年第 3 期。

主，把档案等同于汉民族档案，少数民族档案偶尔作为补充性材料被采用。两类研究总是没有处理好二者的关系。然而，在当今信息化时代，如果我们借鉴现代民族国家的概念，根据中华文化构成的多样性与多源性的特征进行审视和反思，就会发现汉民族档案与少数民族档案之间从古至今存在着悠久而密切的内在联系。① 况且，民族这一概念，既指中国境内的各个民族，是中国各民族的总称；也指由中国境内的各个民族结合而成的以"中华民族"为族称的民族共同体。② 由此可以说，民族档案是我国多族群互动与中华文化的发展的结晶，民族档案包含了汉民族档案和少数民族档案。

传统档案学受到以行政管理的文书档案为重点的研究理念的影响，把关注的焦点较多地集中在了国家场域背景下的民族档案，而忽视了丰富多彩的民族传统文化背景下的多样态的民族档案。事实上，"民族档案既受到国家建构的科学、哲学、伦理学等主流文化的影响，同时也受到宗教、道德、传说、民间艺术等民间传统文化的影响，应该说是二者交互的结果。伴随着国家的发展和民族文化的兼收并蓄，民族文化得以在档案范畴内被物化被积累，并与自然、生态、经济、社会相生相长，水乳交融，成为了民族文化重要的记忆载体和传承纽带"。③ 因此，民族档案应该是由各民族文化、有记忆价值、人们的管理、各种载体、原始记录等这些要素构成，缺一不可。

4. 档案与民族档案

"由于现实的作为主体所具有的主体性不同，可以从客观的自然界、外部感性世界自主地选择不同的客体，就是同样的客体对于不同的主体来说也可能有不同的意义，不同的主体可以自主地从不同的方面、不同的层次用不同的方式在不同的意义上掌握它们和评价它们，可以形成不同的认识和观念，建立不同的理论体系，做出不同的价值判断，并将它们加工创造成为不同的价值对象。"④ 可以这样说，学者们对档案、民族档案诸种定义的阐释，不只是表达一种观点，更重要的是体现了一种价值观，揭示了一种隐含着个体与

---

① 杨毅、张会超：《论当下民族档案学科研究对象的塑造》，《档案学通讯》2012 年第 3 期。
② 周平：《论中华民族建设》，《思想战线》2011 年第 5 期。
③ 杨毅、张会超：《论当下民族档案学科研究对象的塑造》，《档案学通讯》2012 年第 3 期。
④ 夏甄陶：《人在对象性活动中的主体性（上）》，《人文杂志》1995 年第 4 期。

群体、主体现实与社会需求的有机统一和内在相互作用的定义观。① 不同的定义观决定了学者们的理论选择和理论建构。"我们一定要加强对档案、档案工作的认识，不要使自己的思想凝固化、保守，一定要随着实践的发展而发展。"②

其实，本书所阐释的"民族档案"有着复杂纷繁的象征意义且完整自足的学科文化系统。民族档案学是档案学的分支学科，档案学赋予民族档案学以基本的研究对象和学术范畴；档案与民族档案存在着母子血缘承续的关系，有着"档案至上，民族为先"的学术研究倾向。因此，民族档案具有档案的诸多属性。

首先，民族档案作为档案，具有档案的一般属性。即社会实践性，它是人们在社会实践活动过程中形成的原始记录；人类历史性，它维系着人类社会的昨天、今天和明天的时空统一性与整体连续性；原始记录性，它是伴随人们的社会实践活动所形成的，并通过载体、形成者、记录方式、背景、时间等方面体现出的原始性信息记录；形式内容的确定性，它的记录内容清晰明确，它的载体固化恒定，二者互为一体，缺一不可。③

其次，民族档案较之档案，具有一些突出的特征。即原生态，作为各民族文化的客观反映，其形成的过程、留存的空间、记载的内容、利用的方式都在很大程度上保存着自然的原生状态，具有更多的民众性、生活性和传承性；民族性，它作为民族文化传承的主要载体，是中国 56 个民族文化发展中的多样性与多源性的反映，是民族个性、民族日常生产生活习惯的真实再现，具有丰富的民族内涵；文化性，它作为民族文化档案化的一个整体，其每个文化因子在历史长河中不能相互分离，共同在中华民族文化脉络中彰显其生生不息，丰富多彩④；多元性，它作为各民族社会实践活动的伴生物，在趋于恒定不变的民族文化系统中呈现出静态客体状，但静止是相对的，在不同历

---

① 丁华东：《档案属性、理论建构与学科形象》，《北京档案》2008 年第 12 期。

② 吴宝康：《树立为档案事业奋斗一辈子的思想——浙江省嘉兴市档案思想政治工作会议上的讲话》（1986 年 10 月 11 日），载吴宝康编著《论档案学与档案事业》，南京大学出版社 1988 年版，第610 页。

③ 冯惠玲、张辑哲：《档案学概论》，中国人民大学出版社 2006 年版，第 5 页。

④ 杨毅、张会超：《论当下民族档案学科研究对象的塑造》，《档案学通讯》2012 年第 3 期。

史时期具有了形式转换的多样性、意蕴阐释的多途径以及价值实现的多元性。①

　　对民族档案属性的探究可谓是一种认识活动，因为属性是物的某个方面的质的表现，是此物非彼物的界限。对民族档案属性的认识的前提是把民族档案视为主体认识活动的对象性客体。"客观事物并不是按照预定的目的而注定地成为人的对象性活动的客体，似乎离开了人的指向它的活动，它就失去了存在的意义。客观事物也不是因为其自然存在而必然的成为人们的对象性活动的客体，人只有站在主体地位，按照自己预定的目的，根据已有的现实的本质力量，通过能动活动，才能使客观事物成为对自己有意义的客体。"②随着档案学科的发展和主体认识水平的提高，对民族档案属性的认识将会有进一步的提高。不过，对上述民族档案属性的把握，决定着我们下一步研究的理论选择和理论建构。

（二）民族档案资源

1. 档案资源

　　"资源"一词在《辞海》中的解释："资财的来源。一般指天然的财源"。③ 英语词典对之解释较多，其中的解释有："Resources are the money that is available to a person, business, or government to use for the things they want to do or buy. 财力；资材。""A resources is also something or someone that you can use or refer to, especially when you need information on a particular subject. 资料；可以咨询的人。""Someone's resources is their ability to solve problems and difficulties quickly, efficiently, and whith initiative. 智谋；急智。"④ 由此看来，资源的来源及组成，既可以是物质性的，也可以是非物质性的；既可以具体到每一个自然性资源，也可以具体到人力资源、智力资源等非自然性资源。事实上，在当今日益发展的科学技术的推动下，不同领域、不同行业都在使用"资

---

①　杨毅、张会超：《论当下民族档案学科研究对象的塑造》，《档案学通讯》2012 年第 3 期。

②　夏甄陶：《认识论引论》，人民出版社 1986 年版，第 92 页。

③　辞海编辑委员会：《辞海》缩印本，上海辞书出版社 1919 年版，第 1436 页。

④　［英］辛克莱主编：《COBUILD 英汉双解词典》，《柯伯英汉双解词典》编译组译，上海世纪出版集团、译文出版社 2002 年版，第 1655 页。

源"一词，赋予其更广阔的语义。资源成为广泛存在于自然界和人类社会中的一种可被人类开发和利用为财富的物质、非物质的总称。换句话说，"所有可以为人类创造价值并有一定量的积累的事物都可以被看作资源"。①

"资源问题是人类生存和发展的基本问题，也是关联社会政治、经济发展和生态平衡的一个综合问题。"② 然而，并非所有物质都属于资源。通常，那些具备有用性和可开发性的物质才属于资源。有用性和可开发性是资源的两个基本属性。所谓资源的有用性，是指资源在不同的时空、不同的范围内能够产生经济价值；资源的可开发性，则是指资源蕴藏着极大的潜在价值且能够蓄积到一定的广度和深度，并具有可开发价值。③

档案虽不同于耕地、森林、矿藏等自然资源，但档案是具有有用性和可开发性的资源，是一种对人类社会具有特殊意义的资源。因为，它作为人类文明的伴生物，既是历史的真凭实据，又是事实、知识和经验的记录，是人类文明延续和进化的一种历史结晶，是联系人类社会过去、现在和未来的纽带，它所具有的历史资源价值是其他物质所不可替代的。从档案的本质特征看，它是人类的经验、记忆等主观知识通过符号系统物化、固化于一定的载体，并超越时空的限制，留存、传播下来的人类智慧的凝结物，既具有实用性，又具有可开发性，蕴藏着极大的潜在价值和开发潜力。④

"档案资源"一词在档案学界使用得较为广泛，但对它的解释却不多见，相比而言，对之研究较直接的是薛匡勇教授，他认为"档案资源，是指过去和现在的国家机构、社会组织和个人在社会活动中形成的对国家和社会有保存价值的档案的总和"。⑤ "档案成其为档案资源的充分条件是档案的有用性与可开发性。"⑥

近十年来，学界关注和探讨较多的是"国家档案资源"一词，其概念的文字表述虽略有差异，但与薛匡勇教授的表述基本相仿。可借鉴之处在于，

---

① 柳英：《基于现代资源观的图书馆功能研究》，《图书馆学刊》2012 年第 3 期。

② 葛民：《文献资源论纲》，《中国图书馆学报》1993 年第 1 期。

③ 同上。

④ 薛匡勇：《论档案资源建设》，《浙江档案》2002 年第 12 期。

⑤ 同上。

⑥ 同上。

诸学者都在不同程度上强调国家档案资源概念的要素应包括档案来源、价值取向、载体形式和一定量的总和。① 黄存勋教授指出，国家档案资源理念下的"保存价值"所针对的对象，既包括国家机构，也包括其他社会组织和广大公众；既包括国有国管，也包括私有民办。国家档案资源建设是涵盖整个国家范围，"既要立足于过去和现在已有的档案，又应着眼于正在形成和将要形成的档案，着眼于未来，动态地发展地规划和处理问题"②。潘玉民教授在梳理出国家档案资源理论的发展脉络的基础上指出："所谓国家档案资源，是指一切公民、法人和其他组织形成的，对国家和社会有保存价值的档案的集成。"③ 这一定义是从法律维度强调了国家档案资源是一个不断聚合的过程和结果；在这一聚合过程中，只要对国家和社会有价值的档案，就应归入国家档案资源范畴。由此看来，档案资源是指国家范围内的所有组织和个人，在过去、现在和将来的活动中形成的，对国家和社会有保存价值的档案的聚合。

通常，档案可表现为个体性的某种或某类档案，而档案资源则是整体性的各种、各类档案的聚集。从资源的视角来理解档案，使我们对档案工作的认识视野不再局限在有关档案的分布和利用、馆藏建设与资源共享等问题的层面上，而是促使我们站在时代的高度，把档案工作置于更广阔的社会背景、更综合化的思维框架中去进行深层次的、多向性的考察和思维，从而便于档案界吸收、借鉴其他学科在资源问题上的研究成果和研究方法，开启思想视域，更新思维方式，进一步深化对档案工作本质和规律的认识，赋予档案事业及档案学更多丰富内涵和现代气息。

2. 民族档案资源

档案是资源，民族档案也是资源。民族档案资源较之于档案资源，更多地强调了档案资源的民族性。档案资源观为民族档案提供了新的平台，注入了新的活力。主要体现在：

其一，突出了民族档案资源的累积性。"资源观强调任何物质和能量只要

① 参见毛福民《以"三个代表"为指导全面加强国家档案资源建设》，《中国档案》2002 年第 2 期；戴志强《国家档案资源整合的涵义及其运作机制探讨》，《档案学通讯》2003 年第 3 期；黄项飞《国家档案资源建设的创新思维》，《档案时空》2005 年第 6 期。

② 黄存勋：《论国家档案资源建设的理念与体制创新》，《档案学通讯》2004 年第 2 期。

③ 潘玉民：《论国家档案资源的内涵及其构成》，《北京档案》2011 年第 1 期。

积蓄到一定程度，并蕴藏着极大的潜在价值和开发价值才能成为一种资源。"[①] 民族档案是各民族文化的固化产物，具有一定的物理形态，也反映一定的知识内容；最初的民族档案是单份具体的，它是构成民族档案资源的基本单元，随着人类的不断发展，人类的生产能力不断提高，档案数量逐年递增，档案内容推陈出新，档案类型复杂纷繁，档案载体几经变迁，最终的积累达到一定程度后，民族档案资源便已形成。当然，如果离开了具体的档案，民族档案资源也无从谈起。

其二，强调了民族档案资源生成的无限性。民族档案资源是人类自己创造的资源，它不是先天存在的，而是后天形成积累的，与时代、与社会密切相关。这就决定了它不同于自然资源，非但不会耗尽，而且可不断扩大和进行再生产，它内含的信息和知识不因被使用而消失，可以呈现出几何级数增长的态势，产生经济效益和社会效益。当然，档案资源激增也会带来增值与效益、普众与针对性等相应的一系列新问题。

其三，凸显了民族档案资源开发的时效性。人们的知识结构不同，对民族档案的开发需求有所不同，其开发行为也有所不同。面对地下矿藏等自然资源的开发一般没有时间的规定性，矿藏本身的质量和价值不会因早些时候开发或晚些时候开发而受到影响。但是民族档案资源却有所不同，由于民族档案资源是人类文明延续和进化的一种历史资源，是其他资源不可替代的社会类资源，其内含的信息和知识却又具有较突出的时间性。有的资源如果需要及时开发而未能及时开发利用，就会丧失开发机遇并导致其开发效益降低；而有的资源开发时开发效益未必能马上显示出来，但若干年后可能又会彰显其重要的使用价值。对这些问题的解决促使人们探索运用更先进的技术手段，更有效地开发利用民族档案资源。

（三）西南民族档案资源

1. 西南

"西南"一词作为一个方位指向概念，仅是一个地理方位的空间表述；作

---

① 罗广玲：《知识经济与信息、知识、资源的关系》，《情报杂志》2003 年第 8 期。

为当今人们一种"习惯性"的区域表述,则是指中国的西南部。然而,就"西南"涵盖的空间范围来讲,不同历史时期,随着中国特定的历史文化环境的变化,其具有不同的内涵和语用。

秦汉时期出现了"西南夷"一词。"当时,西南边境的各少数民族被称为'西南夷'"①,归巴郡和蜀郡分别进行统治或联系。这里的"西南"实际上成为包含地域分布和文化空间为一体的族群概念。从《史记·西南夷列传》记载来看,其所指范围大体包含了今天云南省的大部分地方、贵州西部、四川西部和南部。从此,"'西南夷'概念不仅为历代所沿用,西南夷的地域分布也成为人们认定'西南'的基础。它以指向一个地域实体的面貌而出现,不同于以往抽象性的方位表达"。② 换句话说,西汉时期,"西南"范围即以川、滇、黔为"西南"核心区域。

三国两晋南北朝时期,西南地区虽然行政区划为"宁州",但习惯上仍称为"南中",所管辖范围为南中七郡。历史上,云南先后存在过南诏、大理地方政权,"西南"大区暂被割裂。元代时期,云南重归版图,且实行行省制度,"西南"范围仍旧以川、滇、黔三省为主体。"而至少从明代开始,'西南'大区范围的认定出现了显著变化。即广西逐渐体现出稳定的'西南'省份地位,而湖南、湖北、广东等地在区域表达上也常被纳入'西南'。"③只是当时两湖、广东的区域表述尚未固定。

"近代以来,随着川、滇、黔、桂、粤、湘、鄂等省呈现出沿边、沿海、沿江三大自然地带的联通关系,上述省份的内联性得以加强,以'西南'这一大区概念对其加以明确表述即成必要。由此,清末民初的'西南'范围认定呈现出一些不同于以往的特点,即以湘、粤二省同属'西南'的意见逐渐增多,湖北也间有体现。至民国初年,受到地域政治因素的直接影响,则形成了西南六省说(川滇黔桂粤湘)这一影响颇大的主导意见。"④

中华人民共和国成立以后,在中央与省之间,设立大行政区,全国实行

---

① 尤中:《云南地方沿革史》,云南人民出版社1990年版,第8页。
② 张轲风:《历史时期"西南"区域观及其范围演变》,《云南师范大学学报》2010年第5期。
③ 同上。
④ 同上。

中央、大区两级为主的管理体制。于是，全国被划分为华北、华南、华东、东北、西北、西南六大行政区，西南行政区①管辖的范围是今天的云南、四川、重庆、贵州、西藏等省、区、市。② 这里的"西南"包含了地理和行政管理空间为一体的行政概念。受此影响，"西南"逐渐发展成为国家管理意义上指代地理上相接、经济发展水平相近、文化交往密切的中国西南部。"20世纪80年代，川、滇、黔、桂、渝四省区五方在自愿互利的基础上。结成跨省区、开放式、松散型的横向经济协调组织。1992年4月，西南和华南部分省区区域规划会议在国务院副总理邹家华主持下在广西召开，会议制订了《西南和华南部分省区区域规划纲要》，将四川、云南、贵州、广西、西藏、重庆、成都五省市七方看作一个'在地理位置上是彼此接近、互相依托的'经济区。"③ 1999年国家实施西部大开发，中国的西南被纳入西部大开发范围，"西南"更成为国家政策实施、区域合作、连片扶贫开发等管理活动中使用最多的概念。

尽管"西南"一词所指的空间范围在不同时期、不同场域下有着不同的范畴和意涵，属一个动态的历史演进过程，但是今天的云南省以及与云南相邻的四川省、贵州省的大部分地区始终在其范围内。长期以来，作为兼具地理和文化空间为一体的"西南"概念，一直被档案部门和学界沿用下来。1990年至1996年期间召开的一年一度西南地区档案工作协作会议，主要就是在四川、云南、西藏和贵州四省区轮值召开。经过几十年的不断探索，档案界内西南向度的优势互补、协同发展已成为了促进西南地区经济和文化联动发展的一种重要手段，业已形成的合作机制和体制也成为进一步推动西南区域经济和文化和谐发展的重要基础。

从学术界来讲，方国瑜、江应樑、尤中等老一辈学者的研究中所使用的西南概念基本以川、滇、黔三省为主体。按照学术界传统的说法，中国西南有广义和狭义之分。广义的西南包含今天的云南省、四川省、贵州省、重庆市、西藏和广西两个民族自治区、湖南省湘西土家族苗族自

---

① 据笔者调研获悉，西南行政区于1949年12月成立，1954年12月撤销。

② 吕春子：《建国初期六大行政区政府的建立与撤销》，《中国档案报》2003年8月8日第6版。

③ 张轲风：《康藏与西南：近代以来西南边疆的区域重构》，《云南师范大学学报》2012年第5期。

治州，而狭义的西南仅包含今天的云南省和四川省、贵州省、重庆市的部分地方。

本书所使用的"西南"既有空间的维度，也有民族分布区域文化的维度。大致以云南省、贵州省、四川省为主，兼及重庆市、西藏和广西两个民族自治区。这既是对历史上的西南整体地域格局的自然体现，也是对档案部门业已形成的西南区域合作现状的自觉尊重。

2. 西南民族档案资源

所谓西南民族档案资源，就是指我国范围内的各种类型的社会组织和个人，在过去、现在和将来的活动中形成的，反映我国西南区域的各民族文化的、有记忆价值并处于人们有意识地管理中的各种载体的原始记录的聚合。

这里的西南民族档案资源明确了这样四层含义：一是其形成空间定位在国家总体框架下的西南区域，而不是西南边疆少数民族地区。需要说明的是，强调西南区域的民族档案问题，并不否定西南边疆少数民族地区的民族档案问题及其在其中所拥有的特殊地位，只是希望从区域角度来考虑西南区域所具有的突出的共性问题，并希望把问题纳入国家总体发展的框架中来谋划解决，最终通过区域发展来促进西南边疆少数民族地区民族档案问题的协调解决。二是其形成主体是指西南区域内长期以来平面交叉分布、立体非均衡化发展的各民族，既包括汉族的，也包括各少数民族的；既包括国家体制内的，也包括国家体制外的。只要形成的档案是反映我国西南民族文化的，对国家、社会和各民族文化发展有价值的，就应该纳入西南民族档案范围。三是其形成时限既包括历史的，也包括现实的；既包括当下的，也包括未来的。它是西南各民族世居西南历史家园，长时段变迁发展的持续积累过程。四是其作用基点在于有价值。"凡是对国家和社会有保存价值的档案，不论其形成主体如何，不论其价值大小高低，不论其价值发挥的长短，不论其历史价值、现实价值或潜在价值，也不论其存藏于何处，或藏于官，或藏于民，或藏于国内，或藏于海外"，唯一的衡量标尺就是是否对国家、社会和民族文化发展有价值。①

---

① 潘玉民：《论国家档案资源的内涵及其构成》，《北京档案》2011 年第 1 期。

　　关于西南民族档案资源的有价值，这里首先强调的是有记忆价值。档案的记忆价值是由档案内含的文化属性决定的。"从档案的历史发展来看，档案是伴随文化的变迁而产生发展的。自然界有'鸟过留声''兽过遗迹'的现象，人在社会实践活动中也会留下一些痕迹（即文化），只是'鸟''兽'的'声''迹'会随着时光的流逝而消失得无影无踪"①，人却能借助于一定的记录符号将这些留存的痕迹（即文化）记录于一定的载体之上，物化为记忆；"随着时间的推移，那些物化的记忆中有保存价值的部分被人们再认识再利用，并得到妥善保存，成为固化记忆，即档案"。② 因而，档案真实地反映了人类在开展社会活动时所具有的思想、意图、目的和要求，记录着人类的知识、经验和教训，在维系和促进人类文明的延续和发展过程中，发挥着延伸记忆、延续历史、催生新的文明的重要作用，使人类的记忆得以超越个体生命的局限，绵绵不绝地成为社会群体的历史记忆，以此无限延续。③ 为此，这里之所以强调档案的记忆价值就是把档案现象置于社会记忆解释框架中进行思考和阐释，把档案与国家、与民族、与社会的历史记忆联结起来，明确档案是一种社会记忆形态；把历史记录、现实需求、未来构筑融为一体，深入思考档案记忆的再生产及其能量释放，以此增强档案的时空感。④ 档案的记忆价值理论为民族文化与民族档案搭建了新的研究平台，赋予了新的研究视角。⑤

　　这里的西南民族档案资源研究强调了西南向度的民族档案资源，国家宏大地理空间场域下的西南地区的民族档案资源。需要说明的是，这样的视角强调并不否定西南地区各民族所独有的档案，也不排斥将西南各民族的档案作为研究的重要内容。只是不再把对西南各民族的档案个体研究作为研究的重点，而是将其纳入西南框架下去思考和探索，着力聚焦国家发展格局下的西南区域的民族档案资源问题。

---

① 杨毅、张会超：《民族档案之旅游人类学建构与扩展研究》，《思想战线》2009 年第 3 期。
② 同上。
③ 丁健：《档案与档案工作：固化的记忆与记忆的固化》，《档案学研究》2002 年第 5 期。
④ 丁华东：《论档案记忆理论范式的研究纲领》，《档案学通讯》2013 年第 4 期。
⑤ 杨毅、张会超：《民族档案之旅游人类学建构与扩展研究》，《思想战线》2009 年第 3 期。

二　民族档案资源集成管理的阐释

（一）集成

集成在《现代汉语词典》中被解释为同类著作汇集在一起，一般可理解为集合、聚集之意。在英语中，集成（Integration）通常被解释为融和、综合、组合为整体之意。由于集成在汉语和英文中都属多义词，因此学者们提出的集成概念和相应的集成理论各有特点。大体上讲，目前对集成概念的认识和研究的代表性的观点有四类：

1. 集为汇聚，成为部分，集成为部分之集合。吴秋明教授认为：集成，是那些带有某种公共属性的要素的集合。"集成基本思想的核心，是强调要素的整合（集成）增效。通过集成，整合资源，衍生创新，分散风险，降低成本，加快发展，提高效益。"[1]

2. 集成是各要素主动地寻优过程，而不是一般性的集中、汇聚。李宝山教授等认为："要素仅仅是一般性地结合在一起并不能称之为集成，只有当要素经过主动的优化，选择搭配，相互之间以最合理的结构形式结合在一起，形成一个由适宜要素组成的、相互优势互补、匹配的有机系统，这样的过程才称为集成。"[2]

3. 集成往往是要素形成的有机体或系统。海峰教授等认为："集成从一般意义上可以理解为两个或两个以上的要素（单元、子系统）集合成为一个有机整体，这种集成不是要素之间的简单叠加，而是要素之间的有机组合，即按照某一（些）集成规则进行的组合和构造，其目的在于提高有机整体（系统）的整体功能。"[3]

4. 集成是集成主体创造性的思维要素促使诸多要素构造成一个整体的过程。黄杰等学者认为："集成的内涵可以概括为：集成是指为实现特定的目

---

[1]　吴秋明、李必强：《集成与管理的辩证关系》，《系统辩证学学报》2004 年第 1 期。

[2]　李宝山、刘志伟：《集成管理——高科技时代的管理创新》，中国人民大学出版社 1998 年版，第 34—35 页。

[3]　海峰、李必强：《集成论的基本范畴》，《中国软科学》2001 年第 1 期。

标，集成主体创造性地对集成单元（要素）进行优化并按照一定的集成模式（关系）构造成为一个有机整体系统（集成体），从而更大程度地提升集成体的整体性能，适应环境的变化，更加有效地实现特定的功能目标的过程。"①

笔者基于上述对集成理论的梳理，认为集成的内涵可以概括为：集成就是集成主体围绕特定目标，通过某种方式，把一些孤立的事物或元素优化组合为一个具有最大整体功能的有机整体的过程。这一定义，还需强调如下：

其一，集成可分为自然集成与社会集成。自然集成又可分为生物集成与无机集成，社会集成可分为人工集成和非人工集成。自然界中的各种植物生态群落、各类矿产资源等都属于自然集成现象，其特征是靠自然力的作用而形成有机体。另一方面，集成在社会中也有表象，我们平时常接触的各种社会组织、各种社会生产的产品等都属于社会集成现象，其特征是更多地体现了人的主体性行为作用下形成的有机体。自然集成和社会集成的共同点则是要求诸要素应具有共同属性，才有可能形成有机体或系统。②

其二，集成是人类在社会实践活动中的一种有意识、有选择的行为。集成的过程是一种融入了人的创造性思维的活动过程，具有集成主体的创造性；集成的方式是由特定目标驱动，根据环境和目标的变化，动态地匹配这些变化的过程，具有集成模式的动态性；集成的结果是通过集成主体进行一体化整合各集成要素来最大限度地提升集成体的整体性能，具有集成整体的优化性。③

其三，集成是整体思想的体现。既注意突破边界约束的集成，同时又追求集成内外开放的有机统一。一方面，集成对内注意不断吸纳新的要素，具有很强的包容性，涉及各种资源的利用、功能的匹配和优势的转化等广大领域；另一方面，集成对外能够突破固有边界的束缚，具有很强的开放性，能够把外界各种要素吸纳入集成体，交织融合在一起，极大地丰富集成对象。连接内外要素的媒介就是各种手段和方法的综合运用，这是一种解决复杂问题的富含有创造性思维和策略的主动整合行为，其面对的领域更广，视野更

---

① 黄杰、熊江陵等：《集成的内涵与特征初探》，《科学学与科学技术管理》2003 年第 7 期。
② 吴秋明、李必强：《集成与管理的辩证关系》，《系统辩证学学报》2004 年第 1 期。
③ 黄杰、熊江陵等：《集成的内涵与特征初探》，《科学学与科学技术管理》2003 年第 7 期。

宽，具有整合资源、衍生创新、降低成本、提高效益的优势。对这一优势的借鉴成为管理实践创新的重要内容之一。

（二）集成管理

集成管理是通过运用集成思想来指导管理实践活动的一种管理理念和方法。美国的学者切斯特·巴纳德（Chester Barnard）和约瑟夫·熊彼特（Joseph A. Schumper）等人较早提出了集成的理念，查尔斯·萨维奇（Charles Savage）在《第五代管理》中对集成和集成管理进行了阐述。我国著名学者钱学森在国内最先提出了这一概念。集成管理的重点主要是集成主体对集成活动进行计划、组织、指挥、协调和控制，以达到整合增效的目的。[①] 围绕这一概念，我们还需明确：

1. 集成中的整合增效目的对管理具有方向性指导作用。要使集成要素相互间形成优势互补的结构形式，就必须进行合理的组合和有效的管理；而管理是一种促使各要素集成为有机系统的活动，管理学的基本原理适合于集成活动的管理。因此，"管理是一种促使要素集成，并形成有机系统的活动。集成思想对于有效的集成需要有效的管理"。[②]

2. 集成管理的指导思想和具体的运作方法和手段都具有强烈的时代气息。集成管理这一管理理念，除了具有集成的主体行为性、创造性、动态性、开放性和整体优化性等基本特征外，还呈现出了先进性、知识性、人本性和灵活性。这是由于集成管理的各个环节都渗透着许多知识内容，而这些知识性的内容在集成管理过程中发挥着越来越重要的作用。况且，当今的整个集成过程在不断向知识集成、思维集成和智慧集成的方向发展。

3. 集成管理是从一个全方位的视角来审视管理的范畴。其实质都是在一个统一的目标指导下，吸收各个时代的先进科技成果以不断提高管理水平，与此同时又不断地调整管理要素及其之间的关系，以信息、知识和智慧集成为先导，优化组合各要素，以此最大限度地提高系统功能和最大效益地实现系统目标。集成管理的目的就是向集成要效益，通过整合求得增效。

---

① 吴秋明：《集成管理有效性的价值判断》，《工业技术经济》2003 年第 5 期。

② 吴秋明、李必强：《集成与管理的辩证关系》，《系统辩证学学报》2004 年第 1 期。

4. 集成管理是对各种集成活动的管理。其研究的领域要宽泛许多。集成管理理论"就是通过总结各种集成实践以及集成思想，构筑集成管理的理论体系，并以此指导各种集成活动。因此，我们可以说，集成管理理论是一个普适性的理论，对各种集成实践具有普遍的指导意义"。①

（三）档案集成管理

档案集成管理是指运用集成管理理论，对档案管理的要素、结构、模式及其内在联系进行重组，促进其优化组合为一个有机整体，以倍增其整体功能，从而提高整个档案管理活动的效率。档案集成管理化就是求共性存差异，突出质量兼顾数量，强调统筹兼顾、一体化控制，反对各行其是、分散管理，通过集成化管理方法、集成化管理过程和集成化管理控制三位一体，实现档案用户的最大满意。

档案集成管理是现代档案信息化工作的发展要求。一方面，随着信息技术对人们生活的不断介入与渗透，社会对于档案信息的利用以及档案工作的效益提出了更高的要求，尤其是对档案资源的种类、质量及开发利用等方面的要求越来越高，越来越迫切；另一方面，档案作为人类活动的真实记录，现有的利用价值和潜在的利用价值已不断为人们所认识。随着现代信息技术的不断发展，档案领域出现了诸如档案部门如何实现电子文件和数字档案馆的有效管理与服务、如何实现电子文件与传统纸质文件的有机结合与管理、如何将散乱的档案资源集成管理为系统的档案信息资源等问题。档案部门面临前所未有的冲击和挑战，同时也引来了与时俱进、创新档案工作、回应时代诉求的大好发展时机。对此，集成管理所具有的主体行为性、整体优化性的特点正好满足了档案管理的需求，进而给档案集成管理带来了发展契机。

在档案管理的理论和实践中，集成虽不是一种普遍存在的现象和活动，但也有一些类似的思想和做法。档案学界早期的文档一体化思想，主张把文书工作和档案工作连在一起统一进行管理，以文书档案处理效率的提高来实现行政效能的提高。可以说，这种强调整体与效能的思想与档案集成管理思

---

① 吴秋明、李必强：《集成与管理的辩证关系》，《系统辩证学学报》2004 年第 1 期。

想有某些相同之处。另，文件生命周期理论主张把文件和档案、文件管理和档案管理看作为一个系统工程，对其进行主体控制和全程管理，蕴含整体管理的思想火花；随着电子文件的产生，传统的文档管理模式受到冲击，应运而生的文档新来源观、档案后保管模式等一些档案管理方面的新理论则强调将众多因素作为一个整体来进行研究，其理论与集成管理有某些共同之处。这一切自然成为集成管理在档案管理中运用的思想基础和良好的学术环境。

结合档案工作实际来看，可以说集成管理为档案管理的理论与实践带来了启示，为国家集中统一管理档案提供了新模式。有助于档案部门运用集成化管理的思想、方法和过程来协调地域档案分布的不和谐，发挥在整合优化各种档案过程中的主体地位，将分散的档案资源有机地整合起来，从而最大限度地变分散为集中，变无序为有序，全面实现社会公众对档案资源的共享。此外，档案集成管理需要以综合档案信息资源为处理核心，依靠连接广泛的网络平台，实现档案信息的海量存储和超大规模的共享，保证档案用户可以随时方便快捷地查找所需要的档案信息，实现以档案为主要对象的服务。无疑，这对档案部门的技术装备、馆藏质量、管理水平及人员素质提出了更高要求，从而促使档案部门积极主动地思考现代信息时代的电子文件和档案的新变化，寻求档案集成化管理的途径与层次要求，探索集成化管理控制评估的统一标准等难题，进一步拓展职能，提高档案馆的功能和地位。

事实上，早在 2002 年，集成管理在档案研究领域开始了初步的探索与应用；2003 年有了进一步的发展，尤其是在自然科学基金资助下，城建部门和档案部门的研究人员以"城市建设文件、档案信息集成管理与集成服务研究"为研究视域，较广泛地开展了这方面研究，有力地促进了集成管理和档案管理的结合与探讨；进入 2004 年，其发展更加迅速，尤其在奥地利维也纳召开的第十五届国际档案大会上，目录集成、数据集成、信息集成等概念与内容成为数字档案馆建设所关注的重点。从此，"档案管理部门及研究人员在档案集成管理的实践探索基础之上进行经验总结，并开展了关于档案集成管理概念的内涵与外延、档案集成管理原则与方法、档案集成管理标准与规范、档案集成系统构建模型等众多方面的热烈讨论，特别是在城建档案、电子文件和高校教学档案三个重点研究领域构建了较为系统的理论研究体系，并进行了开创性的实践探索活动"。① 可以说，经过档案学界的努力，档案集成管理在理论研究和实践探索方面都已经取得了一定的成绩。我们有理由相信，随着时代的发展和研究的深化，档案集成管理的理论将会更加系统和有序，其指导实践会更加富有成效。

三　民族档案资源集成管理引论

（一）民族档案集成管理

民族档案集成管理就是在民族档案管理的过程中，创造性地运用档案集成管理的思想、方法、模式来解决管理中存在的问题，以适应民族档案管理智能化和集成化的发展趋势。具体来讲，就是"在管理思想上以集成管理思想及其基本原理为指导，在管理行为上以集成的行为机制和组织机制为核心，在管理方式上以集成为基本手段，将民族档案管理要素结合成一个有机的整体，实现各要素的协同互补，使得我国民族档案管理活动的整体效能获得较大提升和跃变"。②

对于民族档案管理来讲，运用集成管理的思想来指导理论研究与实践工作是一种新的管理理念和管理模式。它既考虑到民族档案客观的形成机制和分布状况，又考虑到现代信息技术下民族档案管理的发展趋势和民族档案利用者的诉求。③ 综观我国的民族历史发展，我国现有的 56 个民族分散居住在各省、自治区、直辖市、特别行政区，呈现"大杂居"的分布特点；聚焦到某一民族，其又聚居在一县、一镇、一乡、一村，表现出"小聚居"的形式。不过，小聚居的民族区域内除了有某一主体民族，也有汉族和其他少数民族杂居；即使在汉族区域内也有少数民族聚居或杂居。这种民族分布"大杂居、小聚居"的态势，决定了民族档案产生具有民族性、地域性、多样性等特点，相应地也形成了国家对民族档案保管实行的是统一领导、分级管理的模式。就以广西壮族的历史档案为例，广西的主体民族是壮族，主要聚居

---

① 苏珊珊：《我国档案集成管理研究现状述评》，《兰台世界》2012 年 10 月第 29 期。
② 张会超、杨毅：《民族档案资源集成管理引论》，《档案学通讯》2013 年第 6 期。
③ 同上。

在广西的百色、河池、南宁、柳州等地区。壮族"一般文书类历史档案除各地档案馆之外，由于之前多次普查的原因，还广泛存在于古籍出版社、博物馆、图书馆等文化单位，非文书类或其拓本则大多藏于各级各地博物馆或文物馆中，石刻类大多仍在它们的发现地。笔者在调研过程中还发现，当中仍有散于民间私人收藏的情况"。① 其实，广西壮族历史档案的这种分布状况仅只是西南诸省各民族档案的留存状态的缩影。西南民族档案长期以来面临一个共同的困局，就是民族档案保存分散的状况与人们利用要求的专题性、系统性、广泛性的矛盾。为此，集成管理具有把一些孤立的元素、分散的事物通过某种方式发生关联，进而构成一个有机整体、发挥整体效用的优势，正好成为破解民族档案管理这一困局的路径。

民族档案集成管理的理念和方法可以借鉴学界已有的一些探索成果，尤其是信息资源管理领域率先将集成和集成管理的思想予以了引进和应用。2001 年，石双元、霍国庆等人对企业信息资源的集成管理进行了深入探讨，王梅等人则对信息资源管理集成模式进行了研究，由此开拓了信息资源集成管理的新领域。发展到现在，信息资源集成在多个领域都有广泛研究，集成的思想与方法成为信息资源管理的重要理论与内容。

回顾信息资源集成管理研究、档案集成管理研究等学界的探索之路，民族档案集成管理的探索完全有基础在较短时间内从初步探索走向实践应用和理论总结层面。从档案集成管理到民族档案集成管理，表面上是集成和集成管理的思想与方法应用于民族档案管理领域，其实质仍是民族档案管理的深化所在，是开创了民族档案管理新局面的开端，对于民族档案的保护、开发和利用起到了积极的促进作用。② 相信随着大数据时代的来临，在云计算等技术的支持下，民族档案管理将逐渐走向智能化和集成化，将最大限度地为每一个足不出户的档案利用者提供便捷的云服务，而且是高质量的服务。

---

① 屈利君：《广西壮族历史档案分布状况研究》，《档案学通讯》2008 年第 5 期。
② 张会超、杨毅：《民族档案资源集成管理引论》，《档案学通讯》2013 年第 6 期。

（二）民族档案资源集成管理

民族档案资源集成管理就是运用档案集成管理的思想和方法来解决民族档案资源管理中存在的问题，以达到档案集成管理视角下的民族档案资源化的目的。具体来讲，"是从集成这一新的角度来分析、对待民族档案资源及其要素，并将它们按照一定的集成模式和方法进行整合，通过创新性的综合运用各种方法、手段与工具，拓展管理的视野和疆域，促使民族档案管理活动要素的功能和优势互补、匹配和协同，从而提高各种要素的交融度，实现民族档案管理整体功能的倍增或涌现"。[①]

民族档案资源集成管理的提出，一方面是立足解决我国历史悠久、民族多元、档案分散的基本现状与现代档案管理智能化、集成化的发展趋势之间的矛盾，另一方面则是强调民族档案资源是人类和人类社会发展所必需的资源，力求凸显民族档案作为资源的特殊性一面。以此带出管理问题及研究的重点难点，促使民族档案资源的管理发展成为一个独特的研究领域，深化民族档案管理在目标、任务、内容以及手段和方法等方面的研究，以期得到学界的关注和实践的推进，促使民族档案资源管理的深入发展。

从民族档案集成管理到民族档案资源集成管理，赋予管理更多带有资源特征的档案管理内容：运用集成模式和方法整合档案资源，使档案资源条理化、有序化；促成各种要素优势互补，交融成为一个整体，使这个整体建立在档案内在的有机联系基础之上；通过匹配和协同等方式实现整体功能的倍增，使这个整体功能始终承载着历史记忆和文化价值；开发应用虚拟交换与共享平台，实现分散异构的档案资源系统的无缝整合与利用。

民族档案资源集成管理的探索有着国家良好的政策环境保障。早在 2001 年 12 月召开的全国档案局长馆长会议上，国家就提出了加强国家档案资源建设的要求，由此引发了社会的关注和档案界的持续探索；自 2007 年以来，国家档案局局长杨冬权在多个场所多次提出了档案资源的体系建设，把档案资源的建设提升到了档案资源体系的建设的高度，并在 2008 年的全国档案工作

[①]　张会超、杨毅：《民族档案资源集成管理引论》，《档案学通讯》2013 年第 6 期。

暨表彰先进会议上明确提出了"两个体系"的建设，进一步强调了档案资源的重要性和必要性。为此，"在国家提出建立覆盖人民群众档案资源体系的战略背景下，加快建立系统完善的各民族档案资源体系，是档案部门的职责和历史使命。这既是党和国家的要求，也是永久保护和传承各少数民族共同记忆的迫切需要，是民族特色档案事业提高质量和水平的重要途径"。①

民族档案资源集成管理探索也有档案学界理论研究与实践成果提供保障。如天津师大刘新安教授等人提出的"二元档案实践及其体系"和"档案学本体论"，凸显了档案内在的历史联系及其对历史联系的整理，强调了历史联系在现代档案学中的理论与实践中的重要作用。② 王荣声、王玉声等提出的"档案是集合体概念"，③ 杨汉明也认为"档案具有普遍和集合概念的特征"。④ 此外，中国人民大学档案学院主持完成的"城市建设文件、档案信息的集成管理与集成服务研究"项目、绍兴市"区域性电子形式政府文件集成管理的建设与实践"项目、东莞市数字城建档案管理平台的投入使用等。诸如此类的研究表明，民族档案资源集成管理的探索有着良好的基础和前景，无论是理论总结还是实践应用，都将有益于充分有效地发挥民族档案资源的潜能和作用。

① 陈子丹：《民族档案学专题研究》，云南大学出版社 2013 年版，第 12 页。
② 刘新安、冯湘君等：《现代档案学理论发展的启迪》，《图书馆工作与研究》2004 年第 6 期。
③ 王荣声、王玉声：《档案是一个集合体概念》，《档案学研究》1995 年第 2 期。
④ 杨汉明：《档案是一个全集概念》，《四川档案》1997 年第 3 期。

第二章

西南地区的民族档案资源

居住在西南地区的各民族不仅在历史演进、人口分布、文化发展等方面存在差异性，而且西南民族与中原汉族之间、民族与民族之间、民族与境外同源民族之间的关系也错综复杂。在这样的背景下，以各民族文化为基点，探讨西南民族档案资源的构成；从生态环境、地缘政治等方面，在西南的时空范围内对其做进一步的比较和审视。其民族文化的博大精深和民族档案资源的丰富多彩，给集成管理研究提供了宝贵资源，也奠定了重要的研究基础。

一　西南地区的民族与民族文化

（一）西南地区的民族、人口及其分布

以今天的云南省、四川省、贵州省、重庆市、西藏和广西三省一市两区为范围，世居的民族除汉族之外，还有 35 个少数民族，即白、彝、哈尼、壮、傣、苗、回、傈僳、拉祜、佤、纳西、瑶、景颇、藏、布朗、阿昌、普米、蒙古、怒、基诺、德昂、水、满、独龙、侗、土家、布依、仡佬、畲、毛南、仫佬、羌、京、门巴、珞巴。"各族的分布多不以行政区划为限。人口较多的民族横跨数个省（区），其中壮、彝、苗三族分布于川、黔、滇、桂四省（区）；藏族在西南地区跨越藏、川、滇三省（区）；傈僳、纳西、傣、

回、仡佬、瑶、侗、水、布依、蒙古、普米等族也都分布于两个以上的省（区）。"① 各民族在西南地区的具体分布见表2—1。②

表2—1　　　　　　　　西南地区世居民族分布统计表　　　　　分布标记：√

民族	云南	贵州	四川	重庆	西藏	广西
汉族	√	√	√	√	√	√
壮族	√	√	√			√
苗族	√	√	√	√		√
白族	√	√	√			
藏族	√		√		√	
土家族		√	√	√		
布依族	√	√				
瑶族	√	√				√
侗族		√		√		√
哈尼族	√					
傣族	√					
回族	√	√	√	√	√	√
傈僳族	√		√			
仡佬族		√				√
拉祜族	√					
佤族	√					
水族	√	√				√
纳西族	√		√			
羌族		√	√			
仫佬族		√				√

① 马曜：《我国西南民族研究的回顾与展望》，《云南社会科学》1982年第1期。

② 根据笔者调研资料及2017年6月6日查阅如下门户网站所获信息：云南省人民政府（http：//www.yn.gov.cn/）、贵州省人民政府（http://www.gzgov.gov.cn/）、四川省人民政府（http://www.sc.gov.cn/）、西藏自治区人民政府（http://www.xizang.gov.cn/index.jhtml）、广西壮族自治区人民政府（http://www.gxzf.gov.cn/）、重庆市民族宗教事务委员会（http://www.cqsmzw.gov.cn//mzzjgk/8015.htm/）。

续表

民族	云南	贵州	四川	重庆	西藏	广西
景颇族	√					
布朗族	√					
彝族	√		√			√
蒙古族	√	√	√	√		
毛南族		√				√
满族	√	√	√	√		
普米族	√					
畲族		√				
阿昌族	√					
怒族	√				√	
京族						√
基诺族	√					
德昂族	√					
门巴族					√	
独龙族	√					
珞巴族					√	

以 2010 年国家人口普查为依据，统计西南各省、市、自治区民族人口数见表 2—2。

表 2—2　　　　　　　　西南地区民族人口统计表　　　　　　　　单位：人

民族	云南	贵州	四川	重庆	西藏	广西	总人口数
汉族	30617580	22344156	75509724	26909061	245263	28916096	184541880
壮族	1215260	52577	10050	4634	173	14448422	15731116
苗族	1202705	3968400	164642	482714	416	475492	6294369
藏族	142257	1281	1496524	3086	2716388	815	4360351
土家族	5963	1436977	59231	1398707	451	9155	2910484
布依族	58790	2510565	8756	3383	81	20072	2601647
白族	1564901	179510	9449	1569	395	2489	1758313

续表

民族	云南	贵州	四川	重庆	西藏	广西	总人口数
瑶族	219914	40879	1795	1045	137	1493530	1757300
侗族	4389	1431928	2376	3271	179	305565	1747708
哈尼族	1629508	1092	1566	1398	23	474	1634061
傣族	1222836	1217	7652	881	35	796	1233417
回族	698265	184788	104544	9056	12630	32319	104160
傈僳族	668336	337	21082	328	25	154	690262
仡佬族	3461	495182	1235	2808	27	3885	506598
拉祜族	475011	182	521	479	4	111	476308
佤族	400814	831	1334	577	43	662	404261
水族	8834	348746	1178	197	14	13559	372528
纳西族	309858	353	10149	421	1133	149	322063
羌族	552	1605	296931	675	94	169	300026
仫佬族	304	24956	225	208	2	172305	198000
景颇族	142956	572	173	82	—	41	143824
布朗族	116573	49	164	288	4	81	117159
彝族	5041210	834461	2643953	6336	396	9700	8536056
蒙古族	22624	41561	36646	5688	307	3017	109843
毛南族	154	27332	88	63	1	65587	93225
满族	13490	23086	15920	4571	718	11159	68944
普米族	42043	16	137	51	16	25	42288
畲族	848	36558	447	252	8	829	38942
阿昌族	38059	26	54	19	—	26	38184
怒族	31821	28	312	28	492	119	32800
京族	878	1143	264	25	5	23283	25598
基诺族	22759	10	54	27	1	4	22855
德昂族	20186	16	24	5	—	7	20238
门巴族	18	9	26	16	9663	77	9809
独龙族	6353	87	47	9	37	21	6554
珞巴族	7	85	8	2	3489	3	3594

　　资料来源：据国务院人口普查办公室、国家统计局人口和就业统计司：《中国2010年人口普查资料》（上册）第35—53页（中国统计出版社2012年版）整理而成。

（二）西南地区的历史与文化

自远古时代起，西南地区就有人类生息繁衍。云南元谋县元谋人地点和贵州黔西县观音洞遗址是西南地区旧石器时代的早期遗存，其中的元谋人是迄今为止中国境内已知的最早的直立人，生活在距今 170 万年的时代。进入新石器时代，在西藏、川西高原和滇西北地区，其主人为羌系统的人们共同体；四川一带的土著文化与羌文化相结合，后来发展为巴蜀文化，其主人亦为后来的巴人、蜀人；滇中、滇东北、贵州以南地区，其主人当是越人的先民。①

从族源来看，今天西南地区的三十多个少数民族，主要从古代的四大原始族群发展而来：（1）以氐羌系统民族为主体发展来的民族有藏、彝、白、纳西、哈尼、傈僳、土家、拉祜、羌、基诺、阿昌、怒、景颇、普米、独龙、门巴、珞巴等族；（2）以百越系统民族为主体发展来的民族有壮、傣、布依、侗、水、仡佬、毛南等族；（3）南亚语系孟高棉语族经过分化与融合，发展为佤、布朗、德昂等族；（4）以苗瑶族群为主体发展来的民族有苗、瑶、畲等族。此外，回族、蒙古族于元代进入西南，满族于清代进入西南。②

中华人民共和国成立前，西南民族地区的社会制度呈立体多元状态。"按人口数量分，处于原始社会末期的有独龙、基诺、布朗、景颇、傈僳、怒、佤、德昂、门巴、珞巴等民族，以及云南边境一线的一部分拉祜、苗、瑶等民族，当时约有 60 万人。处于奴隶制的有云南、四川大小凉山的彝族，当时约有 90 万人。处于封建领主制的有藏、傣、阿昌、拉祜、哈尼、普米等民族和部分纳西族，当时约有 350 万人。处于封建地主经济的有云南内地彝、白、壮、回、纳西、水、布依、瑶、蒙古，四川羌、土家、苗等民族，当时约有 350 万人。"③ 这当中还有若干过渡形态。可以说，当时整个西南民族地区俨然是一部活的社会发展史。

西南少数民族居住的地理环境极其复杂，主要由海拔 4000—5000 米的青

---

① 王文光：《中国古代的民族识别》，云南大学出版社 1997 年版，第 232—238 页。

② 参见尤中《中国西南民族史》，云南人民出版社 1985 年版；王文光《中国古代的民族识别》，云南大学出版社 1997 年版。

③ 宋蜀华、陈克进主编：《中国民族概论》，中央民族大学出版社 2001 年版，第 676 页。

藏高原和海拔 1000—2000 米的云贵高原组成。由于山系水系纵横交错，导致整个西南地区的大部分地方岭谷相间。地面崎岖，山头谷地海拔相差较大。既有气候炎热的坝区，也有气候温和的半山区以及终年较冷的高寒山区；相应地也形成了坝区的稻作文化、半山区的稻作加杂粮文化、高寒山区的杂粮加畜牧文化等耕作文化特征。这样的地理环境决定了西南地区的各民族虽共同居住于这一区域，却具有各自不同的居住、饮食、服饰、宗教、礼仪等风俗习惯，构成了多源、多元、多维的民族文化。

在西南地区，除了汉族之外，回族、满族使用汉语；各少数民族都有自己的民族语言，且少数民族语言的数目多于少数民族数目。大多数语言属于汉藏语系，少部分属于南亚语系；大部分民族的语言名称以本民族的名称来命名，也有一部分民族的语言名称是以同一民族的不同支系的名称来命名的。属于汉藏语系藏缅语族的有彝语、傈僳语、纳西语、拉祜语、哈尼语、羌语、普米语、阿昌语、载瓦语、景颇语、独龙语、藏语、门巴语、白语、基诺语、怒语、珞巴语、土家语等民族语言，苗瑶语族的有苗语、瑶语；属于南亚语系孟—高棉语族的有佤语、德昂语、布朗语等。[①]

在西南历史上除汉文之外，各少数民族曾经创造使用的文字比较丰富。按照民族古文字的具体创制使用情况，大体可分为三大类。（1）原始自创的民族文字，如纳西族的东巴文，属于形意文字；彝族的古彝文，属于表词意音文字。（2）用外来字母创制的民族文字，如参照梵文制定的藏族的古藏文、傣族的老傣文；用拉丁字母分别创制的拉祜族的拉祜文、苗族的苗文、傈僳族的傈僳文。（3）仿照汉字创制的民族文字，如壮族的"方块壮字"（或称"土字""土俗字"）、白族的老白文、苗族的古苗文、侗族的古侗字。[②] 20 世纪 50 年代，国家曾制定颁布了一部分少数民族语言文字方案，对原来没有文字或没有通用文字的少数民族创制了与他们的语言相适应的民族文字，或修改完善原有的文字，不过直到今天，这些文字使用的范围还是很有限。

在漫长的历史进程中，西南各少数民族把这些文字当作记事备忘、传递信息的重要工具，记录下了本民族的社会历史发展状况。此外，由于各民族

---

① 宋蜀华、陈克进主编：《中国民族概论》，中央民族大学出版社 2001 年版，第 636—637 页。
② 朱崇先主编：《中国少数民族古典文献学》，民族出版社 2005 年版，第 38—46 页。

赖以生存的地理环境、自然条件有所不同，由此形成的生活方式、思想情感也有所差异，反映到各民族的文化与文化记录中，就形成了各民族不同的特色、不同的风格。例如：如果按自然环境来划分，西南地区有山区文化和坝区文化。山区文化以哈尼族、彝族为代表，其语言豪迈，风格粗犷、坚毅，记录中常出现山鹰、岩羊、陡坡、山地等实实在在的生活要素，读来感受到其文化的凝重厚实。平坝文化以傣族为代表，语言委婉，纤巧柔美，记录中常使用的是流水、花草、竹楼、孔雀等，富有田园风情。西南地区的民族档案就在这种特定的文化生态系统中形成、留存、积累，到如今可谓数量浩繁，内容丰富，成为中华民族档案中的一朵奇葩。

二　西南民族档案资源的构成

构成即组成与范围。根据档案存藏地的不同，西南民族档案资源主要由四个部分构成。

（一）国家各级各类档案机构收藏的西南民族档案资源

目前施行的《档案法》《档案法实施方法》《各级国家档案馆收集档案范围的规定》规定，国家和单位都应设置档案机构，保管本地区本部门形成的档案资源。党政机关形成的档案是综合档案馆固定接收的对象。因此，全国各级各类档案机构收藏的西南民族档案是西南民族档案资源的重要组成部分。其中，国家级档案馆收藏有许多珍贵的西南民族档案。例如，中国第一历史档案馆保存有用满文、汉文、藏文书写的民族档案3万余件（册），涉及清代天命七年（1622）至宣统三年（1911）西藏和藏族地区的政治、军事、文化、经济等各个方面内容，形式各异，装帧精美。其中，藏文档案的作者大多为西藏和藏族地区的各大活佛及僧俗官员等，呈文和奏书居多，外观大小不一，具有浓郁的地方特色。[①]

西南各省、市、自治区各级各类国家档案机构是专门收藏本省、本地区政

---

① 郭美兰：《中国第一历史档案馆所存西藏及藏族历史档案概述》，《历史档案》2003年第1期。

治、经济、文化、社会发展过程中形成的档案资源的重要场所，其所收藏的民族档案是西南民族档案资源的主体部分。其中，西南各省、市、自治区设有的省级综合档案馆，其主要职责之一就是要集中统一管理和接收、征集、整理省直机关、人民团体、企事业单位和对全省有重大保存价值的、反映各项重大活动、民俗风情、名胜古迹、著名人士的各类档案资料；组建全省档案资料目录中心，建立全省档案资料信息网络等。可以说西南各省的省级综合档案馆既是西南地区档案资源安全保管基地、爱国主义教育基地、档案利用中心、政府信息查阅中心和电子文件中心①，同时也是西南民族档案资源最专业、最集中的收藏地，是保存西南各民族文化记忆的最权威的场所。与此同时，各省级综合档案馆根据"集中领导、分级管理"的档案管理的体制和原则，充分发挥综合档案馆在国家档案资源整合中的集聚、辐射作用，通过对市县级综合档案馆、专业档案馆和部门档案馆的指导、监督和检查，建立了对西南区域内档案资源的调控机制，促进了档案资源的全面了解和监督控制以及分级分类整合管理。

　　2011 年 11 月 21 日，国家档案局公布《各级各类档案馆收集档案范围的规定》（第 9 号令）："新中国成立前本行政区内各个历史时期政权机构、社会组织、著名人物的档案列入综合档案馆收集范围。本行政区内重大活动、重要事件形成的档案、涉及民生的专业档案列入综合档案馆收集范围。经协商同意，综合档案馆可以收集或代存本行政区内社会组织、集体和民营企事业单位、基层群众自治组织、家庭和个人形成的对国家和社会有利用价值的档案，也可以通过接受捐赠、购买等形式获取。"② 为此，西南各省级综合档案馆近年来通过以收集、征集、捐赠、寄存等形式集中收藏了更多反映本省经济文化社会发展全局的重要实体档案，门类齐全，内容丰富。其馆藏情况详见表 2—3、表 2—4。③

---

　　①　潘玉民：《论国家档案资源的内涵及其构成》，《北京档案》2011 年第 1 期。

　　②　国家档案局：《各级各类档案馆收集档案范围的规定》（国家档案局令第 9 号），中华人民共和国国家档案局网站（http：//www. saac. gov. cn/xxgk/2011－12/20/content_12124. htm），2013 年 8 月 10 日。

　　③　根据笔者调研材料、国家档案局及中央档案馆编《2012 中国档案年鉴》、2017 年 6 月 5 日查阅如下网站公布的数据，统一整理而成：云南档案信息网（http：//www. ynda. yn. gov. cn/ynda）、贵州档案方志信息网（http：//www. as. gzdaxx. gov. cn/index. html）、四川档案网（http：//www. scs-daj. gov. cn/）、重庆档案信息网（http：//jda. cq. gov. cn/）、广西档案信息网（http：//gxda. gxi. gov. cn/）。

表2—3　　　　　西南各省、市、自治区省级综合档案馆馆藏档案情况表

省、市、自治区 类别	云南	贵州	四川	重庆	西藏	广西
资料（万册）	10.5	7.4	11	6.3	—	6
档案全宗（个）	653	（45万 余卷）	900	709	17279件	274
清代档案（卷）	1518	32	114000	715		68
民国档案（卷）	300753	182463	441000	400000	—	25095
中华人民共和国后档案（卷）	1183925	250000	—	283713	—	470719
备注	2017年 调研数据	2016年 发布数据	2015年 发布数据	2009年 发布数据	2011年 发布数据	2014年 发布数据

表2—4　　西南各省、自治区、直辖市各级国家综合档案馆馆藏档案情况表

省、市、自治区 类别	云南	贵州	四川	重庆	西藏	广西
案卷（卷）	8263541	5666444	17190525	6526081	3478111	4398377
以件为保管单位档案（件）	7599323	6434568	13062049	6155294	2082071	9392871
录音磁带、录像磁带、影片档案（盘）	20548	7239	20695	9189	3701	12718
照片档案（张）	811461	264214	658494	169267	99907	265679
底图（张）	26217	33463	34531	117	7371	5303
实物档案（件）	68946	21421	29198	4183	39665	28108

　　资料来源：据国家档案局、中央档案馆编：《中国档案年鉴（2014）》第307－308页（中国文史出版社2017年版）所载相关数据整理而成。

　　从整个社会而言，各级各类机关团体、社会组织、企业事业单位是社会的一分子，是国家发展的重要体现。根据《机关档案条例》和《企业档案管理办法》，各级各类机关团体、社会组织、企业事业单位都专门设立档案管理部门，收藏管理本单位本行业形成的档案资源。① 这部分档案资源与人民群众

---

　　① 潘玉民：《论国家档案资源的内涵及其构成》，《北京档案》2011年第1期。

的利益息息相关，是完整保存社会记忆的重要组成部分。在国家档案局公布的《各级各类档案馆收集档案范围的规定》中，划定了各级各类档案馆收集档案的范围。西南地区各级各类机关团体、社会组织、企业事业单位以此为依据，把西南地区发展中产生的各种新型载体档案和同人民群众利益密切相关的档案悉数纳入接收、征集、进馆范围，构建了一个覆盖广泛、内容丰富、地方特色浓郁的西南档案资源体系，而西南民族档案资源也包含在这一资源体系中。

国家档案局于 2012 年 12 月 20 日发布《企业文件材料归档范围和档案保管期限规定》（第 10 号令）。这是一部部门行政规章，对于推动企业档案基础业务建设和国家档案资源建设都发挥着重要的指导作用。由于"企业是从事生产、流通、服务等经济活动，以生产或服务满足社会需要，实行自主经营、独立核算、依法设立的一种盈利性的经济组织"[1]，因此，企业对推动国家经济的发展发挥着重要的支撑和引领作用。该《规定》明确了企业档案是企业在研发、生产、经营和管理活动中形成的有保存价值的各种形式的文件。"企业档案不仅记录了企业各个方面、各个环节的真实情况，是企业扩大生产和销售、加强经营和管理、维护权利和利益、保持发展和稳定的可靠凭证与有力依据"[2]，而且"见证了我国经济社会发展的重要过程和重大历史事件，是国家宝贵的历史文化财富"[3]。就以云南为例，云南的蔗糖产业和烟草是云南省两大特色农产品加工业，随着近年来云南省实施示范基地建设、龙头企业培育、基础设施优化、提高单产科技、机械生产提升、产业链条延伸、流通平台搭建和专业协作助推等发展行动，产生了大量的原始记录，云南省档案部门对这些档案及时收集入馆，并编印出《档案信息参阅》，使之成为当下云南蔗糖和烟草企业发展的重要的生产要素。值得注意的是，西南地区企业档案的构成随着时代的发展得到不断的充实和更新。目前的企业档案主要是以在西南地区的中央企业的档案、西南各省国有企业的档案、民营企业档案三大部分为主体构成。在当今市场主导的现代企业背景之下，如果依照组

---

① 韩国华、张印斋：《论企业领导函数的效能》，《中国商贸》2010 年第 8 期。

② 潘玉民：《论国家档案资源的内涵及其构成》，《北京档案》2011 年第 1 期。

③ 同上。

织主体和行业划分，西南地区的企业档案则是由国家独资企业的档案、流通和服务型企业的档案、生产经营型企业的档案三大类构成。无论如何分类，它们都是西南民族档案资源建设体系中不可缺少的重要组成部分。

（二）社会其他机构收藏的西南民族档案资源

社会其他机构主要是指图书馆、博物馆、纪念馆一类的文化机构。它们也不同程度地收藏有西南民族档案资源。《中华人民共和国档案法》第十二条规定："博物馆、图书馆、纪念馆等单位保存的文物、图书资料同时是档案的，可以按照法律和行政法规的规定，由上述单位自行管理。"① 因此，这些文化类机构也保存有大量重要的西南民族档案。

以云南白药档案为例，据《云南白药大事记 1880—2010》记载：云南白药是云南省拥有百年历史的驰名品牌。自 1902 年曲焕章先生成功创制，到今天经历了百年的跨越发展：药物从纸包到瓶装到胶囊计量，剂型从散剂到气雾剂、酊剂和贴膏剂，产品从药物到健康品，管理从民间作坊到药房到国有药厂再到规模化的大型高科技医药企业集团。百年变迁，相关的历史记录不仅留存在云南各地，还留存到了北京、南京等地。其中，除了中国第二历史档案馆、云南省档案馆、昆明市档案馆、云南白药集团股份有限公司档案室保存的云南白药档案较多之外，中国国家图书馆、南京市图书馆、云南省文史馆、云南省图书馆等有关单位也不同程度地收藏有相关档案。②

此外，西南省级公共图书馆、省级博物馆馆藏丰富，一些古籍、文物与档案内涵接近交叉，也应该是西南民族档案资源的重要组成部分（详见表 2—5、表 2—6）。如，云南大理白族自治州博物馆始建于 1986 年，是云南省第一家建成的州立博物馆。大理地区由于有着 4000 多年的文明发展史，汉唐以来一直是南方丝绸之路的枢纽地带，唐宋时期又曾先后建立过南诏和大理国两代地方王朝，因而拥有的藏品极为丰富。目前收藏的历史文物、民族

---

① 国家档案局：《中华人民共和国档案法》，中华人民共和国国家档案局网站（http://www. saac. gov. cn/xxgk/2010 – 02/08/content_1704. htm），2015 年 2 月 25 日。

② 大事记编委会：《云南白药大事记 1880—2010》，云南白药集团股份有限公司编制，2011 年，第 1—3 页。

文物及其他资料和大理石精品等藏品有 7000 余件，包括战国时期的大理铜鼓，西汉至晋代的各种铭器，南诏大理国时期的佛教造像及大理国写本经卷，元明瓷器以及大理石天然画精品等稀世珍品。这其中以南诏大理国时期的历史文物的档案属性最突出、最珍贵。①

表 2—5　　　　　　　　西南各地区省级公共图书馆馆藏情况　　　　单位：万册

省、自治区、市	机构名称 类别	图书	古籍	开架书刊	报刊	视听文献	缩微制品	电子图书	少儿文献	盲文图书	其他
云南	云南省图书馆	195.45	59.56	4.50	67.70	4.37	0.13	41.80	3.86	0.09	0.06
贵州	贵州省图书馆	145.28	11.14	181.59	35.25	0.85	0.09	300.00	2.60	0.42	0.08
四川	四川省图书馆	357.63	68.70	57.84	92.68	2.60	0.32	110.77	2.61	—	0.03
重庆	重庆图书馆 重庆少儿图书馆	283.99	45.26	110.39	50.76	7.07	0.98	203.20	36.83	1.21	27.68
西藏	西藏自治区图书馆	37.59	0.11	0.79	7.72	0.04	—	0.53	1.05	—	1.50
广西	广西壮族自治区图书馆 广西壮族自治区桂林图书馆 广西壮族自治区少儿图书馆	495.41	26.65	76.27	92.21	14.81	0.14	439.45	18.81	0.11	0.3

资料来源：据中国图书馆学会、国家图书馆《中国图书馆 2016 年鉴》第 456—457 页（国家图书馆出版社 2016 年版）所载相关数据整理而成。

---

① 《大理州博物馆》，Show China 网站（http：//www. showchina. org/wenhua/scys/bwg/2/200906/t346059. htm），2015 年 2 月 25 日。

表 2—6　　　　　　　　　西南各地区博物馆馆藏基本情况　　　　　　　单位：件/套

类别 省、自治区	藏品数	一级品	二级品	三级品
云南	1206919	788	2114	16173
贵州	95327	639	1921	5052
四川	3414417	6597	9580	101256
重庆	607418	2334	2651	24914
西藏	68026	1117	15812	26863
广西	422677	360	5008	63436

资料来源：据中华人民共和国文化部《中国文化文物统计年鉴》第 370—371 页（国家图书馆出版社 2016 年版）所载相关数据整理而成。

在全国尤其是西南地区各类型、各系统的图书馆，保存有大量的档案型记录。所谓档案型记录，是指在各个历史时期，汉族知识分子、一些少数民族中的知识分子及外国来华人员在一定载体上用一定符号记录下来的有关西南地区政治、经济、文化、民俗等社会发展情况的历史记录及有关西南地区研究的历史记录。它包含用汉文、外文或少数民族文字记录形成的刻本、写本、稿本、抄本和拓本；口耳承传下来的神话、传说、史诗等的手写本及用文字记录本民族的发展演变史的文献。许多记录历经时代变迁，幸存为当下的孤本、善本，具有重要的查考凭证价值。就以汉文记录为例，历史上的正史、私人史书、地方史等各类档案型记录中对西南地区的民族都有所撰述，具体来说：

1. 汉文记录较早时间可以追溯到使用甲骨文和钟鼎文时期，文中已有关于夷、羌的零星记载。《左传》《淮南子》《国语》《尚书》《诗经》《世本》《吕氏春秋》等先秦典籍也有对西南的记载。自司马迁的《史记·西南夷列传》专载西南地方民族史事以来，历朝历代修史者都受其影响，纷纷效仿。在各朝正史中，除了《陈书》和《北齐书》外，都对西南地方史事和各民族的风俗习惯、礼仪制度等做了记载，或形成诸多专书，或分散于各"传""志"中。此外，编年史《通鉴》《明通鉴》等，政书《文献通考》《通典》《通志》《会典》等，都对西南的历史、地理、民族风情等诸方面做了系统的载述。这些记录幸存到今天，实属不易，其作用等同于档案，弥足珍贵。

2. 历代官家编纂或私人著述的各种类书、丛书、方志、游记、笔记、杂记、随笔、别集、总集中，也有大量关于西南民族的记载。古代有东汉杨终的《哀牢传》，晋代常璩的《华阳国志》、李充的《云南风俗记》，唐代袁滋的《云南行记》、韦齐休的《云南行记》、李德裕的《西南备边录》、樊绰的《蛮书》，宋代辛恰显的《云南录》、邓嘉犹的《西南备边志》、范成大的《桂海虞衡志》、周去非的《岭外代答》，元代张道宗的《记古滇说》、张力道的《云南风土记》、李京的《云南志略》，明代韩宜可的《云南稿》、彭刚的《云南总志》、杨慎的《滇载记》、诸葛元声的《滇史》、谢肇淛的《滇略》、徐霞客的《滇游日记》、朱孟震的《西南夷风土记》、钱古训与李思聪的《百夷传》，清代冯甦的《滇考》、毛奇龄的《蛮司志》、谢圣纶的《滇志略》、檀萃的《滇海虞蘅志》、倪蜕的《滇云历年传》、田雯的《黔书》、陈浩作的《黔苗图说》、李心衡的《金川琐记》等。[①] 这些记录本来流传到今天已很珍贵，其中还不乏手稿本、手抄本、捐赠本、原件等，其档案价值很高。

近代，梁启超为中国较早研究中国西南民族史的学者之一，先后发表了《历史上中国民族之观察》《三苗九黎蚩尤考》《春秋夷蛮戎狄考》《中国历史上民族之研究》等文。以后，"对西南研究的主要论著有夏光南的《云南文化史》、凌纯声的《唐代云南的乌蛮与白蛮考》、陶云逵的《云南的摆夷族在历史上及现代与政府之关系》、马长寿的《川康民族分类》、徐松石的《粤江流域人民史》和《泰族僮族粤族考》、方国瑜的《滇西边区考察记》和《旅边杂著》、徐嘉瑞的《大理古代文化史》、范义田《云南古代民族之史的分析》、彭桂萼《云南边地与中华民族国家之关系》、张潜华《西南民族问题》、吴泽霖《贵州苗夷社会研究》、丁文江《爨文丛刻》、李佛一《车里》及他翻译的《泐史》"。[②] 还有林耀华的《凉山彝家》、吴汝康的《芒市边民的"摆"》、任乃强的《西康图经》、吴泽霖的《贵州苗彝社会研究》等。[③]

---

①　李崇先主编：《中国少数民族古典文献学》，民族出版社 2005 年版，第 3—4 页。

②　王文光、朱映占：《中国西南民族史研究的实践与理论运用评述》，《思想战线》2009 年第 2 期。

③　龙晓燕、王文光：《中国西南民族史研究的回顾与展望》，《思想战线》2003 年第 1 期。

现代，学者们对西南研究的论著更多，由于当时印数有限，许多研究成果在当今已显珍贵。如"1979 年尤中著的《中国西南的古代民族》、1982 年江应樑著的《傣族史》、1983 年云南省社会科学院历史研究所编的《云南少数民族》、1984 年方国瑜著的《云南史料目录概说》和《彝族史稿》、1985 年郭大烈著的《纳西族史》、1985 年冉荣光著的《羌族史》、1987 年方国瑜著的《中国西南历史地理考释》、1988 年黄现璠等著的《壮族通史》、1989 年尤中著的《中国西南的古代民族》（续编）和汪宁生著的《中国西南民族的历史与文化》"。① 这些著作已成为西南民族史研究的重要代表性成果，成为与档案互相印证的重要资料。

3. 历史上许多学者深入到西南民族地区进行调查，留下了许多珍贵的手写记录及高质量的研究成果。如地质学家丁文江教授于 1911—1914 年，先后两次到云南和四川凉山地区进行调查，发表《云南的土著人种》《四川会理的土著人种》等论文；1928 年，中山大学杨成志教授到云南进行了一年多的民族调查，发表了《罗罗族的文献发现》《罗罗族的巫师及其经典》《罗罗的语言、文字与经典》《云南民族调查报告》等。② 1935 年，民族史学家方国瑜教授对滇西进行实地考察，写成了《滇西边区考察记》《旅边杂著》和《界务交涉纪要》等著作。③ 据《滇西土司区诸族图说》记载，1937—1938 年间，江应樑先生两次以"云南边疆民族考察专员""中山大学研究院暨云南大学特派民族调查员"的身份，到滇西傣族地区进行人类学考察，手写记录下当地的社会状况，拍摄了约五百余帧照片，手绘下一些民族用品图稿，完成了《云南西部摆彝研究》《滇西摆夷之现实生活》两部书稿。这些材料生成时就是重要的档案，遗存至今实属不易，为档案珍品。④

值得一提的是，随着抗日战争时期全国许多著名学府和研究机构迁至西南，凌纯声、陶云魁、吴文藻、顾颉刚等大批学者聚集于西南。他们在对西

---

① 王文光、朱映占：《中国西南民族史研究的实践与理论运用评述》，《思想战线》2009 年第 2 期。

② 王文光、朱映占：《中国西南民族史研究论纲》，载何明主编《西南边疆民族研究》第 7 辑，云南大学出版社 2010 年版，第 30—31 页。

③ 王文光、朱映占：《中国西南民族史研究的实践与理论运用评述》，《思想战线》2009 年第 2 期。

④ 江应樑摄影，江晓林撰文并补图：《滇西土司区诸族图说》，德宏民族出版社 2003 年版，第 1—6 页。

南地区进行实地调查过程中留下了大量的手写记录，并做了一些初步的研究，其调查水平、研究成果的质量都很高。昆明以西南联大和云南大学为主要的学术研究中心，油印出版了《边疆人文》三卷、国立云南大学西南文化研究室丛书；成都出版了《西南边疆》《边疆研究周刊》等杂志；贵阳出版了《贵州苗夷社会研究》《安顺县苗夷调查报告书》《炉山（今凯里）县苗夷调查报告书》《定番县苗夷调查报告书》。① 抗日战争胜利后，学者们陆续将自己在西南期间的调查做了进一步的整理与深化研究：费孝通将他在云南的禄村、易村、玉村的调查报告合写成英文著作《被土地束缚的中国》，在美国芝加哥大学出版社出版；林耀华在 1947 年出版了《凉山夷家》《川康北界的嘉戎土司》《四土嘉戎》；江应樑在 1948 年出版了《西南边疆民族论丛》《摆夷的经济生活》《西南经济文化论丛》。②

4. 历史上有外国人深入西南民族地区进行调查，留下了许多重要记录及研究成果。较早时间的记录可以追溯到元代曾到过西南的威尼斯人马可·波罗著的《东方见闻》（或称《马可·波罗游记》），当中记录了他在今四川省凉山彝族自治州和云南大理白族自治州的见闻、沿途的民族风情。清末，日本学者鸟居龙藏曾深入西南的彝族、苗族、瑶族、布依族居住区做调查，撰有《苗族调查报告》等著作；英国人丁格尔对西南地区的汉族、苗族、彝族、白族做了亲自观察，把自己对西南民族的研究写入了《丁格尔步行中国记》。此外还有英国人立德的《峨眉山及峨眉山那边—藏边旅行记》和《穿过云南》，英国人戴维斯的《云南：印度和扬子江流域间的链环》，英国人克拉克的《在中国西南诸部落中》等著作涉及较多对西南民族地区的田野调查和研究。③ 这些研究著作所涉及的历史事件、历史人物目前也很难有完整的档案加

---

① 王文光、朱映占：《中国西南民族史研究论纲》，载何明主编《西南边疆民族研究》第 7 辑，云南大学出版社 2010 年版，第 32—33 页。

② 参见龙晓燕、王文光《中国西南民族史研究的回顾与展望》，《思想战线》2003 年第 1 期；王文光、朱映占《中国西南民族史研究的实践与理论运用评述》，《思想战线》2009 年第 2 期。

③ 参见王文光、朱映占《中国西南民族史研究论纲》，载何明主编《西南边疆民族研究》第 7 辑，云南大学出版社 2010 年版，第 33 页；龙晓燕、王文光《中国西南民族史研究的回顾与展望》，《思想战线》2003 年第 1 期；王文光、朱映占《中国西南民族史研究的实践与理论运用评述》，《思想战线》2009 年第 2 期。

以印证，甚至一些相关记录的档案是空阙，因此具有档案型记录的保存价值。

　　此外，西南各科学研究机构以及各高校的图书馆、档案馆、博物馆等机构保存的一些文献资料等同于档案或与档案内涵接近交叉，也应该是西南档案资源的重要组成部分。例如，新中国成立之初，中华人民共和国在全国开展了一系列民族调查研究活动，"包括1950—1952年中央访问团到边疆民族地区的慰问活动、1953—1954年以及延续到后来的民族识别工作、1956—1964年的少数民族社会历史调查研究、20世纪50年代各民族地区组织的民族调查"。① 这期间，中央访问团、国务院民族事务委员会、西南地区各省相关单位也组织民族工作者、民族研究专家，深入西南各民族地区进行大规模的调研。由于这一系列的民族调查研究活动涉及领域多、调查范围广、时间跨度大，因而留存下了丰厚的手稿材料；加之这是中国历史上第一次由国家组织、投入的人力和物力最多的、没有民族歧视的、友善的民族调查活动，整个调查工作得到了当地各部门，尤其是当地各民族的理解、支持、帮助，因而田野调查过程中收集到了数量巨大、载体形态多样的田野调查资料。这些田野调查资料在调查活动结束以后，应组织要求，被留存在了当地的档案馆和政府机构，也有一部分被保管在当地的省民委、省档案馆等单位，还有一部分留存在了研究院。以云南为例，云南省社科院图书馆保存了8000余件手稿档案，其中有许多学术界泰斗的手稿档案和调查资料。其内容大体可分为：

　　（1）《云南民族调查资料》，共8000余册（件），约2亿字，成稿时间主要为1956—1964年，少量资料形成于1950—1955年。调查对象为云南境内的彝族等25个少数民族及为数很少的四川、贵州、西康三省与云南跨省而居的民族。② 调查资料内容涉及社会形态、发展水平、土司制度等各少数民族的历史与现状。调查资料细分有田野记录档案、研究论著底稿以及《少数民族简史》《少数民族简志》《民族自治地方概况》三套丛书的初稿、送审稿、修改稿或样稿等的底本。当时，费孝通、林耀华、杨堃、方国瑜、宋蜀华等我

---

① 宋绮、毕先弟：《云南省社会科学院图书馆馆藏云南民族调查资料推介》，《云南社会科学》2008年第6期。

② 同上。

国著名学者都参加了调研，随着时间的推移，他们亲笔书就的记录更显珍贵。

（2）《云南民族调查照片资料》，共 12000 余幅，大量照片的拍摄时间主要集中在 1956—1965 年，亦有少量于 1950—1955 年和 1980—1984 年拍摄的作品。每幅照片下基本都有拍摄者所拟定的题名及文字说明。① 直观地再现了半个世纪前云南各民族的衣食住行等情况，尤其是留存下了当地记事的木刻石刻、崖画壁画，以及碑坊建筑、铜鼓铜饰、民族文字经书等档案与文物。

（3）《云南民族调查电影片资料》，共 7 部 40 本。其中有《佤族》4 本、《苦聪人》4 本、《独龙族》6 本、《景颇族》5 本、《西双版纳傣族农奴社会》12 本、《永宁纳西族的阿注婚姻》6 本、《丽江纳西族的文化艺术》3 本。② 每个民族的拍摄都配有拍摄提纲和解说词，共 21 篇。真实、生动地反映了半个世纪前幸存在云南民族的多样文化，而某些文化现象在内地发达地区早已消失，更显电影档案的珍贵性。

（4）《云南民族调查文物古籍资料》，约 800 件。大部分资料属于民族历史档案。如调查过程中收集到藏族的古藏文写本经书、史诗、文书，彝族的老彝文写本经书、家谱、故事，纳西族的东巴文写本经书、木氏族谱以及丽江等地古代征派粮银底簿、契约、文约、存根等原件；另有云南民族地区于清康熙至民国年间形成的诸如契约、证券、文告等各种历史档案；晋元兴二年（403）至民国年间云南各地的碑刻拓片；西盟型铜鼓等。此外，还有大量文物级别的古籍。如《护国司南抄》为宋代大理国时期写本佛经，抄写于 1052 年，五代释玄鉴疏释，卷轴装，作者、时间、内容均齐全。元代官刻大藏经《文殊师利所说不思仪佛境界经》，唐代菩提流志译，经折装，正文 1 版 7 个半页，每半页 6 行，每行 17 字，版框上下双边，是研究元代版本学的又一实物，存世极少。③

近几年来，中央和西南地方各级政府进一步加大对图书馆事业的重视和支持力度，特别是在国家实施的文化共享工程、数字图书馆推广工程、国家

---

① 宋绮、毕先弟：《云南省社会科学院图书馆馆藏云南民族调查资料推介》，《云南社会科学》2008 年第 6 期。

② 同上。

③ 参见宋绮、毕先弟《云南省社会科学院图书馆馆藏云南民族调查资料推介》，《云南社会科学》2008 年第 6 期；段晓林《20 世纪 50—60 年代"云南少数民族调查手稿"概述》，《云南图书馆（季刊）》2007 年第 4 期。

文献战略储备库建设等项目的带动下，西南各级公共图书馆"立足地方历史文化特点和经济社会发展需要，开展地方特色文献资源建设，全面采集保存地方志、家谱、少数民族文献、民族记忆类资源，建设了一批高质量的地方专题数据库"。[①] 其中，《四川少数民族文化数据库——藏族唐卡数据库》《四川民间艺术数据库——绵竹年画数据库》最具代表性和品牌性。[②]

（三）社会民间存藏的西南民族档案资源

民间档案是指各种非官方组织和个人收藏的，反映特定时代、地域和群体的社会生活，具有一定记忆价值的历史记录。它的保存状态为散落于民间，收藏主体为行业协会、民间社团、民间宗教团体等非官方的组织和个人，所反映内容为一个民族、一个区域、一个行业之民众的集体意识。它大体由四个方面构成：一是官方形成而流落在民间的文书等材料；二是家庭家族活动形成的记录材料；三是社会贤达儒士乡绅留下的笔录及各种收藏；四是百姓个人生活与社会交往中产生的各种凭证等。从载体上分类，大体可分为文献史料，如交易文契、合同文书、承继文书、私家账簿、官府册籍、政令公文、诉讼文案、会簿会书、乡规民约、私人信函、笔记、日记、手稿、文集和祖传的族谱、家谱、祖训、藏书、秘籍等；口传史料，如反映各地民风民俗的神话传说、逸闻掌故、民间歌谣、曲艺说唱、话本小说等；实物史料，如先人遗留的珍宝、证书、证章、碑刻等。种类繁杂、形式多样，其中以文献史料为主体。[③] 仅以贵州锦屏山林契约文书为例，贵州省锦屏县是我国侗族、苗族聚居的少数民族县，因明朝永乐初年锦屏优质杉木被用作"皇木"而带动了当地的林木贸易和人工造林，林业生意空前繁荣，远近闻名。相应地，在当地百姓进行山林权属买卖转让、佃山造林及山林管理等活动中就产生了大量契约文书，逐渐积淀下丰厚的、颇有特色的林业历史档案。从目前留存在民间的契约档案看，其总数不下 10 万份，几乎每户农家都有珍藏，少则几十

---

① 中国图书馆学会、国家图书馆：《中国图书馆年鉴 2016》，国家图书馆出版社 2016 年版，第 28 页。

② 同上书，第 29 页。

③ 余厚洪：《论民间档案的多重价值与开发利用》，《档案》2010 年第 4 期。

份，多则数百上千份。内容涉及山林土地买卖、佃山造林、析分山林和家产、瓜分出卖山林银钱、山林管护、山林纠纷调解、乡规民约、山林登记簿等方面。可谓是真切地展示着历史，确凿地印证着历史，补官方林业档案之缺失，避官方文书规定之限制，是林业历史文化的真实遗存。①

民间档案是地地道道的记录社会形态变迁、百姓生活事象的原生态的档案文献，具有鲜明的地域特征。它虽不如官方档案那样规范传统，却自然朴实，往往能重现历史侧影，成为人类记忆不可缺少的重要组成部分。其内涵丰富，积淀深厚，具有历史、科研、文艺、经济等多重价值，是对国家档案资源的重要补充。入选《中国档案文献遗产名录》的云南纳西东巴古籍、四川自贡盐业契约档案文献、四川凉山彝族自治州毕摩文献、贵州锦屏文书等，最初就是从民间征集来的，而今已成为国宝级档案。

（四）流失海外的西南民族档案资源

我国历史悠久，文化根基深厚，珍贵档案文献众多。然而，历史上，尤其是清末至中华人民共和国成立之前，国家积贫积弱，大量的档案文献因战争哄抢、殖民掠夺、偷盗倒卖、不正当贸易等非法的和不道德的渠道而流失在国外。"据联合国教科文组织调查统计，目前在全球 47 个国家和地区的 200 多座博物馆中，记录在案的中国文物大约有 167 万件，而流散在海外民间的则是此数目的 10 倍，而这当中有相当规模的历史档案。"② 这些流失海外的中国文物包括甲骨、青铜器、绘画、典籍等各类珍品。在美国，有七大收藏中国文物的中心，其中，"波士顿美术博物馆的收藏以亚洲艺术品尤其是以中国的藏品最多，共有 10 个中国文物陈列室，分为雕刻、绘画、铜器、陶瓷等"。③ 欧洲收藏中国文物最丰富的国家是英国，其收藏的数量和质量都是首屈一指。④ 大英博物馆"目前收藏的中国文物多达 2 万 3 千件。而这 2 万 3 千件中国历代稀世珍宝当中，在博物馆长期陈列的只有约 2000 件。其余的十

---

① 王宗勋：《锦屏民间林业契约及征集研究基本情况》，《贵州档案》2002 年第 3 期。
② 李秋丽、张艳彧：《流失海外历史档案的追索研究综述》，《中国档案》2008 年第 7 期。
③ 廖名春、张德良：《失落国宝：你的家在中国》，《世界知识》2005 年第 6 期。
④ 同上。

分之九都存放在 10 个藏室当中"。① 法国卢浮宫博物馆的分馆"吉美博物馆收藏的一半以上是中国的文物，达 30000 件以上，尤以原始社会的彩陶器、商周青铜器、瓷器和敦煌画幅为大端"。②

　　西南民族档案流失海外的问题也较为突出，对民族文化的原生性、多样性与完整性造成了极大的危害。"以彝文历史档案为例，建国前就有传教士到西南彝族地区搜集彝文历史档案，致使大量的彝文古籍流失到国外。现今，仅收藏在法国巴黎东方语言学校的彝文古籍就有 30 册，巴黎东方博物馆 4 册，巴黎天主教外国教会 20 册，巴黎国立图书馆 17 册，巴黎民族志博物馆 2 册，英国伦敦不列颠博物馆 8 册……再以东巴经为例，历史上除美国的洛克外，法国传教士德斯古丁、英国植物学家乔治·福莱斯、美国罗斯福总统的长孙昆亨·罗斯福等都多次到纳西族地区收集过东巴经，如昆亨·罗斯福于 1944 年在丽江纳西族地区收集到 1861 册东巴经经典，其中，仅占卜经典便多达 75 种。"③

　　这些流失海外的民族档案是我国最珍贵、最具特色的民族文化，也是珍贵的中华民族记忆。它对于维护国家的主权与尊严、保持我国档案资源的完整和传承中华民族文化都具有重要的意义。近年来，档案界对海外档案文献的收集进行着不懈的努力，通过亲赴海外搜集和研究、翻拍购买、整理编辑目录线索、与国外合作整理出版等多种方式，追索回一部分档案文献的原件或副本，日渐丰富了我国的档案资源宝库。图书馆界在"十二五"以来，积极参与并策划或启动了哈佛燕京图书馆古籍数字化合作项目、海外中华古籍调查暨数字化合作项目，成功实现法国国家图书馆《圆明园四十景图》数字版本和英国牛津大学博德利图书馆 19 册《永乐大典》的高清数字版本回归。④ 随着我国综合国力的不断增强，史学界、文博界、考古界等相关组织和人士对流失海外的文物、图书的追溯也在进行着不懈的努力，为澄清和解决

---

　　① 冯会玲、韩秀：《黄怒波回应"赎回"圆明园 7 根石柱：还会继续做公益》，中国广播网（ht-tp：//china. cnr. cn/yaowen/201402/t20140213_514839371. shtml），2014 年 2 月 13 日。

　　② 廖名春、张德良：《失落国宝：你的家在中国》，《世界知识》2005 年第 6 期。

　　③ 华林：《论西南少数民族档案文献的保护与海外追索》，《四川档案》2009 年第 2 期。

　　④ 中国图书馆学会、国家图书馆：《中国图书馆年鉴 2016》，国家图书馆出版社 2016 年版，第 32 页。

一些重大历史问题提供了重要的证据，也为档案界有组织、有计划、有目标地收集散失在国外的我国历史档案，尤其是收集一些反映中国特色的、稀有的民族档案提供了有益的经验。[①] 相信随着对流失海外的档案文献的收集活动的深入，一些残缺的西南民族档案会得到补全和展示，西南民族档案资源库将日渐丰富而完整。

三　西南民族档案资源的形态和特征

（一）西南民族档案资源的结构形态

民族档案作为固化的民族文化，也是各民族把民族文化做了对象化的凝结与积淀的结果。在这个意义上，一份民族档案的形成是由文化的多种要素、多重领域相互影响而"结构"在民族文化发展网络中的。自然，对民族文化进行不同的建构和分解，就有了不同的结构和类型的民族档案。从历史上看，西南地区的各民族与中原汉族相比，其社会形态发展进程相对滞后，其政治、经济、文化等方面的发展水平相对较低，而各民族自身的社会文化发展水平又高低不一，呈现多样性状态，由此使各民族档案的形成、档案的内容和档案的形式更有多元性和特殊性，这就决定了我们解析西南民族档案的结构类型需要有一定的包容性，从不同的视角辩证地对待和妥善地处理一些具体的民族档案。具体来讲：

1. 就民族档案书写符号的层次结构看，西南民族档案资源可分为汉文书写的民族档案、少数民族文字书写的民族档案、汉文和少数民族文字合璧书写的民族档案、几种少数民族文字合璧书写的民族档案。[②]

2. 就民族档案的载体形态结构来看，西南民族档案资源可分为：（1）纸质档案，这是西南民族档案的主体，包括了历代中央政府及主管民族工作的部门、西南地区各级地方政权机构、各种社会组织、宗教寺院、部落组织、村寨、民族民间人士等在管理民族事务、开展民族文化活动过程中产生形成的大量档案文献；涉及西南民族文化方方面面的内容，有国家政务、公务文

① 赵淑敏：《流失海外档案文献的收集》，《档案学研究》2012 年第 5 期。

② 杨中一：《中国少数民族档案及其管理》，中国档案出版社 1993 年版，第 30 页。

书、法律法规、民族事务、民族科技、宗教习俗、文学艺术、财务账册、经文典籍、世系谱牒、民族关系、民族调查等。① （2）金石档案，这是指在青铜、铁器、碑碣、摩崖等载体上镌刻有反映西南民族文化的铭文和碑文的实物或拓本，"有相当一部分以图文形式记载了少数民族和边疆民族地区的重要人物和历史事件"②。（3）简牍档案，多指以竹简、竹筒、木片作为书写材料记载西南民族文化的实物档案。（4）麻质棉质绸质草纸土纸档案，各民族因地取材、手工自制的麻、棉、绸、草纸、土纸作为书写材料，记载西南民族文化留存下来的实物材料。（5）骨质叶质牛羊皮档案，在历史上，藏族以骨质为书写材料，藏族和傣族以贝叶作为书写材料（傣族还以笋叶作为书写材料），彝族以牛皮、羊皮作为书写材料，分别记录本民族文化留存下来的实物材料。③

3. 就民族档案的媒介形式结构来看，西南民族档案资源可分为：（1）文本档案，即用各民族语言文字书写的反映西南民族文化的文本档案。（2）语音档案，即用音频设备录取有各民族语言语音符号的反映西南民族文化的档案。（3）图像档案，即用民族文字制作的，或用数字设备采集制作的，或经扫描转换成的反映西南民族文化的图像式档案。（4）图形档案，即用各民族语言文字标识的反映西南民族文化的诸如图表型的档案。（5）影像档案，即用视频捕获设备录入的反映西南民族文化的数字影像类档案。（6）数据库档案，即用各民族文字书写的反映西南民族文化的数据构建的数据库类档案。④

4. 就民族档案的时间结构看，西南民族档案资源可大体划分为：

（1）原始记事档案，主要是指文字发明以前的助记忆时代以原始记事方式产生的反映西南民族文化的具有保存价值的档案。具体包括实物记事档案、口述记事档案、结绳记事档案、刻契记事档案、绘画记事档案等。这里，无论是有文字的民族还是无文字的民族，西南地区许多少数民族不善于也不可能做到各种活动都形成文字记录材料。他们往往选择实物记事或者口传身教

---

① 杨中一：《中国少数民族档案及其管理》，中国档案出版社 1993 年版，第 29—30 页。
② 陈子丹：《云南少数民族金石档案研究》，云南科技出版社 2001 年版，第 41 页。
③ 杨中一：《中国少数民族档案及其管理》，中国档案出版社 1993 年版，第 29—30 页。
④ 赵生辉：《少数民族语言电子文件的分类问题研究》，《兰台世界》2011 年第 11 期。

作为文化记忆、传承的重要方式，因此把这些少数民族的实物记事、口碑资料视为民族档案，是对一个民族的文化生命的尊重。[1]

（2）传统记事档案，是指文字产生以后，以书写、雕刻、印刷为记录方式而产生的反映西南民族文化的具有保存价值的档案。具体包括特殊材质型档案（如甲骨档案、金石档案、简牍档案、缣帛档案、牛羊皮质档案、贝叶档案等）、纸质型档案（如书写型档案、部分印制型档案等）。在纸质型档案中，一般"要求档案应是原件，但在没有保存原件的情况下，历史时间较长久的原件的手抄本、复制本在考证准确的情况下，应视作档案搜集、保存；如果原件、手抄本、复制本都没有保存，那些汇编、摘录有档案内容的史志、史籍、图书，无论是用汉文书写还是用其他民族文字书写，经考证仍有保存价值的也应视为档案；少数民族的经卷与各民族的宗教信仰、社会生活息息相关，那些本民族原生宗教或外传宗教与本民族宗教结合后产生的宗教（如傣族的小乘佛教）所形成的经卷，亦可视为民族档案保存"。[2]

（3）现代记事档案，以现代新型材料为存储介质而产生的反映西南民族文化的具有保存价值的档案。包括磁介质档案（如缩微胶卷档案、磁带档案、磁盘档案、唱片档案、录音带档案、录像带档案、电影胶卷档案、胶片档案）；光介质档案（如光盘档案等）；数字化档案（如 txt 格式档案、pdf 格式档案、wmv 格式档案、jpg 格式档案、avi 格式档案等）。[3]

（二）　西南民族档案资源的个性特征及其形成原因

特征就是人们根据事物所共有的特性抽象出的反映事物特点的象征、标志。西南民族档案资源作为西南民族文化固化的产物，积淀并彰显着西南地区文明发展的历史，表现出各民族的智慧；作为西南民族文化的一种具体形态，它较多地受到西南地区地域、文化、环境等多种要素的影响、制约，更多地留下了西南地区各民族的物质、制度、观念等文化要素的烙印。不同的生态环境、不同的地域文化、不同的时代背景下产生了许多具有鲜明的西南

---

① 杨毅、张会超：《民族档案之旅游人类学建构与扩展研究》，《思想战线》2009 年第 3 期。

② 同上。

③ 同上。

特色的档案，如实客观地反映着西南的历史发展和社会现实的各个方面。如果在西南的时空范围内，从生态环境与区域文化方面进行宏观审视和比较，西南民族档案资源的特征更多地体现在如下四个方面。

一为多元性。这里的多元性是指西南民族档案的形成主体具有较多差异性。综观西南区域各民族的历史发展过程，历代中央王朝对西南地区有着多种方式的治理，各民族内部也有自身的管理，各民族之间又各自具有独特的文化发展轨迹。由此决定了西南民族档案的立档单位包含了与西南地区事务密切相关的中央与地方各级管理机关、历史上西南各少数民族内部管理组织、各具民族文化特色的西南各少数民族群体等。

二为多样性。这里的多样性是指西南民族档案的形成方式和方法呈现多种多样的特点。从民族档案的载体材料来看，有竹、木、石、兽皮、贝叶、金属、纸张、胶片等；从记录的手段来看，有口传、刀刻、笔墨、印刷、摄影等；而记录的符号多为声音、实物、图画、文字；记录的内容则广泛涉及政治、经济、文化、宗教、民族关系等方方面面。

三为多彩性。这里的多彩性是指西南民族档案所归属的文化源流的多向性。纵观西南民族文化发展史，西南地区的各民族文化源头分别可追溯到氏羌系统、百越系统和百濮系统的原始族群文化。在历史的发展过程中，虽然各民族之间相互依存和相互交融，但各自都保留有各自原始族群的古文化因子，所积淀形成的民族文化是一个完整自足的文化系统。正是在这一文化系统内，多向的民族文化渊源、多种的社会形态、多元的宗教信仰和多样的生活习俗在发展过程中积累和形成了色彩斑斓的民族档案。这样的民族档案个性鲜明、底蕴深厚、博大精深。诸如纳西族东巴档案源于东巴文化、傣族贝叶经档案源于贝叶文化，西南各民族自成体系的文化造就了与之息息相关、不可分离的民族档案。

四为兼容性。这里的兼容性是指构成西南民族档案的各文化要素在国家场域中的包容度。西南民族文化在保持自身文化主体性的同时，又积极主动吸收和融合其他民族的文化。受其文化的影响，历史上，西南民族档案既与中原汉族文化档案、北方草原文化档案有着一定的相同之处，又与东南亚、南亚文化存在着一定的联系。在现实生活中，仅云南、广西两省区与缅甸、老挝、越南三国接壤，有壮族、傣族等17个民族跨国界而居，这些民族的档案实际上维系着边界两地同一民族共同体的感情，具有跨国跨境、开放与兼容的特点。

总之，由于西南民族档案与西南民族文化存在着紧密的共生互动关系，以至于上述多元性、多样性、多彩性和兼容性的特征，不仅体现在西南民族群体档案上，而且也体现在西南民族的个体档案上。这些特征实际上是西南地区历史文化发展积淀所致。如果从历史、生态、文化和地缘政治这四个维度来分别探究形成这些特征的原因，则会对这些特征有更进一步的解读。梳理下来，其原因有四：

其一，悠久的西南民族历史文化建构出西南民族档案的多元性。

在西南各民族历史文化发展过程中，历代中央政权对西南地区的治理产生了档案，各民族内部的管理产生了档案，各民族多样化的生活也带来了多样化的档案。具体来讲：

1. 历史上，历代中央政权分别通过郡县制、羁縻府州制和土司制等政策，与西南地区各民族发生并保持着紧密的政治关系。据《史记·西南夷列传》记载，楚人庄𫏋南征滇为王，说明早在先秦时期，西南地区与内地就已发生交往关系，但在政治上还没有为王朝所统一。秦代，王朝统治者初步开始了经营西南地区，秦灭蜀取巴以后，西南遂成为秦汉两朝统一中原的战略后方。"汉武帝开西南夷，设置了牂牁郡、益州郡、越嶲郡、沈黎郡、汶山郡，西南地区在行政建制方面开始与全国统一起来。其后虽有句町、漏卧、进桑、哀牢、掸、白狼、槃木等国出现，但都归各郡治理。"① 蜀汉时期，蜀汉政权设立益州等七郡，推行安抚笼络政策。魏、晋之际，中原群雄割据，巴氏人李雄在成都建立了成汉政权。南北朝中原动乱，西南地区各民族不相统属，陷入混乱之中。唐朝时期，云南的南诏在中央王朝的扶植下，统一了六诏及诸部落，建立了南诏国。而这时，黔中都督府管辖了贵州的南平、东谢、西谢、西赵等地，邕州经略使管辖了广西的"西原蛮"所在地。南诏经历短暂政权的更替，建立起大理国封建政权。这时，"西南地区各族社会大多开始封建化过程，如贵州的罗殿国、川黔之交的罗氏鬼国、滇桂黔之交的自

① 马曜：《我国西南民族研究的回顾与展望》，《云南社会科学》1982 年第 1 期。

杞国、西双版纳的景龙金殿国等"。① "四川南部的两林、丰巴、勿邓、马湖等部，云南的特磨道、白衣道、罗孔道及三十七部，贵州的播州、思州、八番，广西的南丹州及左右江州峒等地都有一定的发展。他们主动地向宋王朝朝贡，接受封号和要求互市。元代在西南建立了行省，在西南的民族地区设立了宣慰司都元帅府一级的行政机构，其中如乌斯藏、吐蕃等路，罗罗斯、八番顺元等处，大理金齿等处，广西两江道等，下设路、府、州、县或宣抚司、安抚司、招讨司、长官司、万户府、千户所，纳入国家统一的行政体制。" ② "元朝还在这些地区清户口、征赋役、置屯田、修水利、开释路、兴文化，从而促进了这些地区经济的发展和封建化过程。明、清两朝在西南民族地区实行土司制度和'改土归流'，进一步加速了各民族地区的发展。" ③

在长期的历史发展中，西南地区各民族由各自发展最终走向全国统一，成为中华民族多元一体格局中的重要组成部分。这当中存在着民间层面汉民族与少数民族之间、少数民族与少数民族之间的交往过程；以及管理层面中央政权与少数民族政权、各少数民族政权之间交往的过程。这样的过程是一个辩证的历史运动过程，有时相互友好且和平交往，有时又难免相互排斥乃至矛盾冲突。现存的历史上各少数民族地区的印信档案就是这一历史过程的见证。这些印信档案既反映出历代中央王朝对西南的统一治辖关系，也反映了西南各少数民族政权的沿革性质。例如，云南自西汉建置郡县，颁用中央王朝官印，至民国三十六年（1947），第二十三位车里宣慰司停止用印，数千年来，云南各少数民族地区启用的各种政权印信可分为汉文官印、少数民族文字官印、民族图案官印三类。④ 据研究，汉文官印的代表作为"益州太守章""碟榆长印""碟榆右尉印""朱提长印""滇王之印"等。其中，"滇王之印"最具代表性。此印于1956年在云南昆明晋宁石寨山古墓出土，为金质方形蛇纽凿印，边长24厘米，通高2厘米，重90克，为汉篆阴文印。其印不称玺而称印，说明滇王在中央王朝的级位上属于列侯，古滇国自然是汉

---

① 马曜：《我国西南民族研究的回顾与展望》，《云南社会科学》1982年第1期。
② 同上。
③ 同上。
④ 陈正强：《云南少数民族官印的历史意义和审美作用》，《中央民族学院学报》1992年第3期。

王朝的辖地。这与史料记载相符。《史记·西南夷列传》记载："元封二年（前109），天子发巴蜀兵，击灭劳浸、靡莫，以兵临滇，滇王始首善，以故弗诛。滇王离难，西南夷举国降，请置吏入朝。于是以为益州郡，赐滇王王印，夏长其民。"另，少数民族文字官印和民族图案官印的代表作当数西双版纳傣族官印。历史上以宣慰使为首的地方傣族政权，同时"使用一种以动物图案为印文的肖形官印和以文字为印文的长方形印相配合的官印"，① 如宣慰司署怀郎曼凹曾经使用的印章有傣文方型木质官印"宣慰使第二大臣怀郎曼凹"印、木质圆印"狮子印"、木质四台圆印"鹿印"等。此外，晋代官用的"牙门将印"、唐宋"云南安抚使印""元和册南诏印""大理国督爽印"都是云南少数民族官印的代表作。上述印章档案既记录着这些政权的演变历史，② 也表证着这些政权的隶属关系、兴替过程。

2. 西南各民族在历史发展的过程中，曾经有过一些时段各自拥有自己的活动空间，各不隶属，甚至有的还建立了自己的地方政权。据学者研究，先秦时期西南地区就已经有了独立发展起来的民族政权。"公元前八世纪末叶左右，在今四川省东部地带出现了巴国。巴国是巴族中的奴隶主们建立的……大约在公元前八世纪的春秋初期，蜀族中的奴隶主们以成都平原为中心在川西建立了国家……滇国的形成时间大约在公元前五世纪左右，比北部的蜀国、巴国稍晚。"③ 其后，西南地区的云贵高原又先后建立过南诏国（公元738—902年）、大理国（公元937—1254年）等颇有影响的民族政权。从目前考古发现的大量民族文物和民族文献看，各类民族政权内部都独立建立了一套与本民族文化相适应的社会管理制度，诸如布依族的"亭目制度"、彝族的"则溪制度"、景颇族的"山官制度"、苗族的"鼓社制度"等。这些制度在实施的过程中也陆续产生过一些民族档案。就以古滇国为例，新中国成立以后，考古工作者在晋宁石寨山13号墓中出土了一件长方形青铜残片，上端有一圆孔，下端残缺。残长42厘米，宽12.5厘米，厚0.1厘米。铜片上面用

① 云南省少数民族古籍整理出版规划办公室：《云南少数民族官印集》，云南民族出版社1989年版，第34页。

② 参见云南省少数民族古籍整理出版规划办公室《云南少数民族官印集》，云南民族出版社1989年版；陈子丹《云南少数民族金石档案研究》，云南科技出版社2001年版。

③ 尤中：《中国西南民族史》，云南人民出版社1985年版，第19、27、36页。

横线划分成数栏（残存部分尚余四栏），每栏均镌有各种图形，如有戴枷跪地之人、人头、牛头、马头、虎头、孔雀等，共计十余种图像。在这些图形之下，缀以圆圈符号，从一到七不等。① 有关专家考证后认为，此铜片上各种图形很可能是一种表形、表意的图画文字。图形之下缀有多少不等的圆圈符号，类似许多图画文字中用来表示数量的方法。如果一个符号代表一个数量单位，铜片上有多少种图形，就可以解释为当时的主人滇人占有多少符号单位数量的物质财富。实际上，这是件滇国的铜刻记数或铜刻记事档案。②

　　另，南诏政权为保证国家管理的正常运转，极为重视凭借文书办理政事，"在其各级各类政权组织中均设置文书处理人员。替南诏王起草和记公文者为内算官和同伦判官"。③ 南诏最基层的政权组织为村邑理人处，《蛮书》说："每有征发，但下文书与村邑理人处，克往来日月而已。"④《新唐书·南诏传》也说："凡调发，下文书聚邑，必占其期。"⑤ "南诏政权以木夹行文，形成中原王朝亦不多见的木夹档案。《全唐文纪事》卷十引《宣和书谱》云：'木夹，则彼方（按：南诏）所谓木契。蛮夷之俗，古礼未废，故其往复移文，犹驰木夹。'"⑥ 至于记录的文字，南诏后期或顺应白语表达习惯，汉字记白音；或增减汉字的笔画，形似汉字记白语，由此产生了具有民族化、地方化特征的南诏政权档案。

　　3. 西南地区各民族虽共居于西南区域，却具有各自不同的社会发展水平、生活习俗、宗教信仰。民族文化的多彩与立体，留下了反映多元的社会文化发展水平的历史记录。从社会发展的角度来看，中华人民共和国成立前，西南民族地区的社会制度分别存在着原始社会公有制、奴隶制、封建领主制、封建地主所有制等不同形态，还有若干过渡形态，呈多结构的所有制形式。

---

① 刘云明、陈文娟：《滇档史论两题》，《云南档案》1993 年第 3 期。
② 林声：《试释云南晋宁石寨山出土铜片上的图画文字》，《文物》1964 年第 5 期。
③ 参见（唐）樊绰撰，向达原校，木芹补注《云南志补注》，云南人民出版社 1995 年版，第 120 页；刘云明、陈文娟《滇档史论两题》，《云南档案》1993 年第 3 期。
④ （唐）樊绰撰，向达原校，木芹补注：《云南志补注》，云南人民出版社 1995 年版，第 120 页。
⑤ 方国瑜主编：《云南史料丛刊》第一卷，云南大学出版社 2001 年版，第 388 页。
⑥ 刘云明、陈文娟：《滇档史论两题》，《云南档案》1993 年第 3 期。

从经济生活来看，西南民族地区可分为高寒山区的杂粮——畜牧文化、半山区的稻作——杂粮文化、坝区的稻作文化，有的民族还辅以手工业和商业，但也有个别民族仍居森林采集狩猎。从居室建筑来说，干栏式住房是西南地区较多少数民族的居住形式，但 20 世纪 40 年代以前，有的民族还遗留有穴居、窝棚、千脚落地房、叉叉房等特殊居住形式；20 世纪五六十年代，西南地区还有较多的草顶竹篾房、瓦板房、土掌房、木楞房、瓦房、碉楼状房、方形或圆形帐篷等住房形式，大理地区至今多为"一正两耳"和"三坊一照壁"的四合院，个别地方有四合五天井、六合同春等套院建筑。

从宗教信仰来说，西南地区各民族的信仰民俗极其多样，各民族自成体系的原始宗教信仰、祭祀活动以及相应的习俗，至今普遍存在且渗透于各民族社会生活的各个领域。佛教传入西南地区已有上千年的历史，分为南传上座部佛教、藏传佛教、汉传佛教。另，伊斯兰教、基督教、道教在西南地区各民族中也有较为广泛的影响。就民族节日来讲，整个西南地区少数民族节日和活动方式千姿百态，大体可分为宗教祭祀节日、生产活动节日、集市贸易节日、纪念庆贺节日和社交娱乐节日等，具有广泛的社会性、群众性。

上述这些多姿多彩的民族文化事象，在历史的发展过程中，大多固化在了各民族的传说、史诗、神话、古乐、歌谣、戏曲、绘画、舞蹈等民族文化表现形式中，蕴藏于民间口传、历史文献中，留存在古代崖画、古代墓葬、古城遗址以及那些出土文物中。它们或是以民族实物记事方式呈现，或是以民族口耳相传方式表述，或是以民族文字记录传承，或是以汉文记录方式流传。它们大都是幸存到今天且为目前可以找到的唯一记录，具有民族历史档案的价值意义，是西南丰富多彩的民族历史文化的传世瑰宝。①

其二，典型而独特的西南生态文化形成了民族档案资源的多样性。

这里的多样性是指各群体和社会借以表现其文化的多种不同的形式。西南地区的生态文化是多样的，与之相对应的生活状况是多样的，由此决定了其文化发展的产物民族档案也是多样的。具体来讲：

1. "西南地区（系指中国科学院西南资源考察队工作的广西、贵州、云南、四川和重庆），位于东经 90°30′—112°04′，北纬 20°24′—34°20′，面积

---

①　宋蜀华、陈克进主编：《中国民族概论》，中央民族大学出版社 2001 年版，第 632—744 页。

为 137. 68km², 约占全国面积的七分之一。北回归线横穿广西和云南的南部。"① 西南地区处于帕米尔高原东南, 由西向东, 高原波状起伏, 高山峡谷相间, 江河纵横, 断陷盆地错落。具体来讲, 西部是青藏高原, 海拔平均在4000 米以上, 区域内有东西走向的喜马拉雅山、昆仑山等山脉; 向东是云贵高原, 海拔多在 1000—2000 米, 区域内有东西走向的大巴山, 东北、西南走向的巫山、大娄山, 南北走向的山脉则是与青藏高原连接的横断山、大雪山、哀牢山等。云贵高原与大巴山之间为四川盆地, 云贵高原东部边缘和东南边缘、南岭以南等地多为丘陵地带, 海拔在 1000 米以下, 间有平原, 则在 200米以下。② 整个地貌以山地和高原为主, 还有广泛分布的盆地、河谷和喀斯特地貌等。从低海拔到高海拔地区, 分别分布着多类型的植被和复杂多样的土壤类型。③ 另外, 西南地区处于南亚次大陆与欧亚大陆镶嵌交接带的东翼, 是亚洲东部环太平洋带和西部古地中海之间的过渡地带, 西南地区的横断山脉、高山峡谷客观上成为中亚—青藏高原、印度—马来亚热带和我国东部环太平洋的动植物的天然传播通道和屏障以及许多动植物的发源地或分化、分布中心。在这种极其复杂的地质、地貌、气候、土壤等自然地理环境中, 西南地区自然形成了我国乃至亚洲最丰富的动、植物区系。④

俗话说: 西南地区"一山分四季, 十里不同天""靠山吃山, 靠水吃水"。西南地区多样的地形、地貌、地质、气候以及丰富的动植物资源, 为西南各民族的生活带来了雄厚的物质基础。但是, 西南地区偏处内地, 远离国家经济活动的中心, 地形多样却破碎, 生态结构比较脆弱; 资源门类齐全却分布极狭, 人们不能大规模聚居在一起, 只能分散居住。整个西南地区经历了较为漫长的小规模人群分别居住在各狭小的空间范围自立谋生、相对与世隔绝的发展过程。与此同时, 小生态环境给人们以生活、生产的自然条件, 而自然条件在很大程度上决定了人们的生产状况, 影响了人们的生活状况。有森林, 则可伐木捕猎; 有平坝子, 则可农业生产; 有江河, 则可渔猎舟楫。

---

①　陈书坤:《西南地区生物资源现状及其发展战略初探》,《自然资源》1990 年第 1 期。

②　李子贤主编:《多元文化与民族文学》, 云南教育出版社 2001 年版, 第 243—244 页。

③　陈书坤:《西南地区生物资源现状及其发展战略初探》,《自然资源》1990 年第 1 期。

④　同上。

西南地区各民族只能在不同的空间、不同的区域内寻找生存的方式，并在长期的生存与发展实践中，逐渐探索和发展出了与地方生态环境和生物多样性相互依存与联系的多样的生产生活方式，最终形成了十里不同天、十里也不同俗的文化格局。在这一过程中，人们或就地取材备忘，或口耳相传进行传承，或描摹原始事物进行记录，一代一代传承积累，随之产生了对多样的民族文化记录的记录人、记录载体、记录工具。于是，多样的民族形成了多样的民族档案。

2. 考察现存的反映西南地区各民族文化的古铜器铭、碑文、印章、史志、诗文集、笔记、专著、杂录等各类文献记录，可以看到历史上西南地区各民族文化发展的丰富多样性。仅从语言文字来说，有的民族有自己的语言却没有自己的民族文字，如独龙族；有的民族虽是同一个民族但由于聚居区不同，在历史上曾经采用过多种不同的文字，如傣族地区就存在过西双版纳傣文、德宏傣文、傣崩文、金平傣文和新平傣文五种文字；有的民族在汉字基础上创制了本民族的文字但目前已不再使用，如白族；有的是创造并长期使用了自己的文字，如藏族。又，从记录的文字符号来看，字形上有利用图形来指代事物的象形文字，如纳西族的东巴文和水族的水书；也有用音节为单位表意的音节文字，如傈僳族文字。它们在字的形、音、意方面，或象形或指代，意与形音互配，形与意音相辅。

此外，云南的藏、彝、傣、白、纳西、壮、蒙古等民族留存至今的民族档案较为完整。从记录的载体材料来看，各民族生活原地有什么样的材料就有什么样的记录载体，产生了诸如以竹、木、石、兽皮、贝叶、金属、纸墨、胶片等为载体的民族档案；从记录的手段来看，就地取材获得的载体质地又决定了其记录的方法，产生了口传、刀刻、笔书、印刷、摄影等多样的记录方式。相应的，记录的符号多为声音、实物、图画、文字；记录的内容则为各民族的文化发展历史。由此可见，各民族自有与当地自然经济发展相适应的文化体系和民族档案制成体系。正好应验了这样一个特点：一方水土养一方人，一方人也适应、利用和养护一方水土，一方人与一方水土滋养出一方档案。

其三，西南多源文化类型的和谐共处铸就了西南民族档案资源的多彩性。多元文化类型的共处与并存是西南地域文化的存在形式，同源异流、异源同流、和谐共处的民族文化特点决定了西南民族档案资源的丰富多彩。

1. 西南各民族文化之源是多向的。考古研究表明西南地区是中国境内重要的古人类发祥地之一。至晚从新石器时代开始，西南地区的早期人类就活动并创造了西南区域文化，从这以后，西南少数民族的先民们就一直开发、建设着祖国的西南地区；秦汉以后，西南地区逐渐纳入中央封建王朝的版图。回顾历史可以发现，处于漫长而复杂的演变过程中的各民族，由于受政治、经济、军事等外在的民族互动因素和人口自然增长等民族自身的内在因素的交互影响，在不断地聚居或杂居、同化或融合、迁徙或分化的过程中获得了发展、壮大。[1] 但是，由于较多少数民族长期以来没有自己的记录文字，无法详尽地记录下这一历史演变过程；即使有了记录并留存下部分文字材料，却也同时留存下了或付之阙如，或语焉不详，或指称歧异，或传说不确等遗憾，以致在西南古今民族演变的时序、族群间的渊源流变、族群关系的识辨等细节方面的研究上，歧说迭出。

目前，学术界在宏观层面对西南古今民族源流的演变有一基本共识，即氐羌系统原始族群原来居住于我国西北高原，大约在秦汉前后，从西北高原不断南迁而进入四川、云南、贵州乃至东南亚地区，在与当地民族融合后形成现今汉藏语系藏缅语族的各民族；百越系统的原始族群秦汉以前分布于我国西南地区、两广、东南沿海及中南半岛，逐步分化、融合后形成现今汉藏语系壮侗语族的各民族；百濮系统原始族群自远古时代就居于西南地区，其中一部分散居于中南半岛，后来逐步分化、融合为现今的南亚语系孟高棉语族的各民族；槃瓠系统原始族群原来居住于中南地区，唐代以后先后迁徙入西南地区，分化、融合成为现今汉藏语系苗瑶语族的各民族。大约在13世纪前后，回族从西北迁入西南地区，蒙古族开始定居云南。[2] 当然，毋庸讳言，这一宏观层面的分析仅只是揭示了西南地区各民族表层的文化变迁。

事实上，这一历史过程延续了几千年，这期间的西南各民族并不是孤立

---

① 贾仲益：《西南民族研究中的族属研究及其意义》，《中央民族大学学报》2002年第1期。

② 参见汪宁生《云南考古》，云南人民出版社1992年版；尤中《中国西南民族史》，云南人民出版社1985年版；王文光《中国古代的民族识别》，云南大学出版社1997年版；马曜《云南各族古代史略》，云南人民出版社1997年版；陈瑛《黔西北民族关系史简论》，《贵州民族研究》1992年第4期。

和封闭的发展，他们之间不断地发生着联系、不断地分化和融合，各民族文化在保留所属的原始族群的古文化因子的同时，在长期的互相依存、互相交融中，又吸纳了许多其他族群的异质文化，从而形成了各民族同源异流、异源同流的复杂的历史。这种情况决定了西南地区的古今族群是不能简单地画等号的，由此决定了不同历史时期的西南民族档案具有多源一体性。例如，《南诏图传》，又名《南诏中兴二年画卷》《南诏中兴国史画卷》。长5.73米，宽0.3米。为南诏忍爽张顺和王奉宗于中兴二年（899）组织绘制而成。图传以《巍山起因》《铁柱记》《西洱河记》《国史》等南诏典籍为依据进行绘制。分为画卷和文字卷。画卷是把佛教故事和历史材料糅合在一起的连环画式巨幅画卷，文字卷是对图画的详细说明。这一画卷是南诏时期的民族艺术珍品，属珍贵的纸质绘画艺术档案。然而，由于南诏时期多元文化类型的共处与并存，决定了这一画卷的多元与多彩。也正因为如此，我们可以这样说：如同今天的西南地区的白族并不等同于唐宋时期西南地区的白蛮，今天的西南地区的白族档案并不直接等同于唐宋时期西南地区的白蛮档案。以此类推，西南其他民族亦如此，西南民族档案资源也如此。西南民族文化的多源一体既决定了西南民族档案资源多彩性的特征，同时也为开发利用西南民族档案资源留下了广阔的空间，极大地激励开发者运用更科学的思维方法和研究手段去探索其开发利用之途。

2. 西南地区目前的民族格局源于历史上各个发展阶段多维的民族识别。司马迁在《史记·西南夷列传》中从客观存在实体出发，基于生产生活、风俗习惯等民族特点，对部分西南族群有了大体的分述。受此影响，二十四史都立有少数民族专传，对一些重要族群脉络有一较详细记载。唐朝的樊绰《云南志》、元朝的李京《云南志略》、明朝的天启《滇志》、清朝的《滇南志略》等历史文献，对西南地区尤其是云南地区的族群有了分类与记录。到了民国时期，丁文江、凌纯声、陶云逵等学者对云南民族的分类、分布及与地理之关系做了初步研究。1946年，民国云南省政府曾公布了《云南全省边民分布册》，其中列出了对云南少数民族族群的初步识别情况，除少量的难以识别以外，已将原来的150余种识别归并为85种，绝大多数都成为今天云南省的民族。

新中国成立后，西南民族识别工作进入了一个新的历史时期。1950年6

月，中共中央派出西南民族访问团，赴西南各少数民族地区进行慰问，宣传中国共产党的民族平等政策。西南访问团分三个分团，一分团访问西康，二分团访问云南，三分团访问贵州。"面对民族状况不清，民族称谓混乱，不利于落实中国共产党的民族政策这一现实情况，中共中央提出了民族识别的工作任务。"[1] 1952—1953 年，国家组织调查组对云南、贵州、广西等省区对自报的民族群体进行了广泛的调研，尤其是贵州调查组对贵州自报的 80 多个族体初步划分了归属；云南调查组对自报的云南 260 多个不同族称的族体进行了重点调研。1954 年 5 月到 10 月，中央民委派出云南民族识别调查组，奔赴云南各地，对彝族、哈尼族、壮族、傣族等民族的支系进行民族归并和调查。到 1954 年 9 月以前，全国已确认了藏、壮、彝、白、纳西、羌等 38 个少数民族。1956 年，进入全国民族识别的高潮阶段，中共中央在全国范围内开展少数民族情况的大调查，从基本情况、社会状况、经济发展、阶级结构、风俗习惯等方面系统开展综合调查。当时，西南的四川调查组分为凉山、甘孜、阿坝和羌族、苗族 5 个小组赴四川少数民族地区进行实地调查；贵州调查组下分 10 个小组，参酌历史，结合民族特征对各族体进行了进一步的比较、识别、归并；云南调查组下分 6 个调查小组和 7 个资料收集组，对云南各民族进行实地调查和情况分析，获得了大量第一手珍贵资料，最终将自报的云南260 多个不同族称的族体归并为 22 个，识别了 68 个大小族体，有的给予正名，有的划分了归属。与此同时，为尊重少数民族人民的意愿，"佧瓦族"改为佤族（1963 年），"僮族"改为壮族（1965 年）。到 1964 年全国第二次人口普查登记时，通过实地识别调研，又识别了西南的土家族、仫佬族、布朗族、阿昌族、普米族、怒族、德昂族、独龙族、毛南族、基诺族等民族，全国自此已确认 53 个少数民族。1979 年，全国民族识别工作进入恢复阶段。在中央民委的领导下，各省、区民委又开展了对一些未识别民族群体的调查，如四川民委组织了对平武县"达布人"的识别调查，对凉山"西畬人"的调查；云南民委也组织了对苦聪人、克木人等的调查。1981—1982 年，贵州省在全省 8 个地、州、市和 60 多个县市区（特区）范围内，对需要识别的 23

---

①　龙晓燕、王文光：《中国西南民族史研究的回顾与展望》，《思想战线》2003 年第 1 期。

个自称为少数民族的族体进行了调查识别。① 不过，1979 年 6 月，云南基诺族被国务院正式认定为单一民族后，全国民族识别工作暂告一段落。其间，为尊重本民族意愿，"崩龙族"改为德昂族（1985 年），"毛难族"改为毛南族（1986 年）。至此，56 个民族成为中华民族大家庭的象征。②

总之，民族是个历史范畴，对民族的识别从古代自发的、不自觉的识别到新中国有组织的、自觉的民族识别，解决了历史上遗留下来的民族成分、民族名称问题；民族识别是民族研究的基础，有关民族居住、民族文化分布状况的识别成果在后来的"民族问题三种丛书"即各族简史、简志、概况等中有了更加精细的揭示，成为诸多民族研究的思维起点、实证对象，民族档案学研究也不例外。

档案学界对民族档案的梳理也是依据民族识别出的 56 个民族的文化分布来进行阐释的。56 个民族有 56 种民族文化和民族档案的视域。此外，民族识别工作由于受当时主观认识的局限和客观方面一些条件的限制，识别工作难免留下一些遗憾和不足。这在一定程度上也给民族档案研究留下了更宽阔的研究视域。例如，"四川、云南毗邻的泸沽湖畔的纳日人（摩梭人），云南民族识别时，已归并到纳西族中，成为纳西族的一个支系，而在四川的部分却成了蒙古族"。③ 民族档案学界更多地关注研究纳西族的东巴档案，却忽视了纳西摩梭人档案的研究，更忽略了今天的云南省摩梭人与四川省部分的摩梭人族属不一致带来的档案变化等情况。再如，云南的普米人在民族识别中被认定为单一民族，而四川境内的普米人则划入了藏族当中；四川西北部黑水县的主要居民为羌族，新中国成立初期，将他们确认为藏族，但迄今这部分人仍称为"讲尔玛（羌族的自称）语的藏人"；运用四川凉山彝族的识别标准来识别云南彝族带来的某些支系文化认同的特殊性；苦聪人、阿克人、他留人、摩梭人对族属尚存争议，云南的克木人、莽人、拉基人、普标人、老缅人至今未定族属……这些现实生活中尚存争议的民族问题，无疑更多地

---

①　龙晓燕、王文光：《中国西南民族史研究的回顾与展望》，《思想战线》2003 年第 1 期。

②　黄光学、施联朱：《中国的民族识别——56 个民族的来历》，民族出版社 2005 年版，第 59—117 页。

③　李绍民：《我国民族识别的回顾与前瞻》，《思想战线》1998 年第 1 期。

留给民族档案学研究进一步深入挖掘探索的潜力：一方面，收集、整理这些民族群体的档案，一定会丰富西南民族档案资源，使之更加独具风格、异彩纷呈①；另一方面，对西南民族档案资源的关注既要以历史档案为主，也要正视当下生成的多样性的民族档案；其研究内容以移植传统民族档案资源为主，也要勇于深入研究民族档案实践的现实问题。

其四，特殊的西南地缘政治文化凸显出西南民族档案资源的兼容性。

这里的兼容性是指西南民族文化作为地域文化，不仅允许其他地区或其他民族的文化在本地域文化内传播，并积极主动地吸收和融合其他地区或其他民族的文化；而且在容纳了其他地区或其他民族的文化因素的同时，西南民族文化依然保持着自身文化的主体地位。西南民族档案作为西南民族文化的固化产物，也蕴含了这一兼容性特征。具体表现在如下三个方面。

1. 西南民族档案对汉文化、东南亚文化的吸收与熔铸有着悠久的历史。从世界地理位置上看，我国西南地区位于亚洲大陆的南部，北接黄河流域，南与南亚、东南亚各国为邻，是连接亚洲大陆腹地与印巴次大陆及中南半岛的枢纽。西南地区具有与周边地区通达的地缘优势，对内可越过千山万水，深入中原腹地；对外可穿越群山峻岭而远达域外诸方。就西南地区通往内地的通道来讲，史料记载的通道比较多。《水经注》《华阳国志》等书记载的"石牛道"就是川陕通道。《史记·西南夷列传》记载的庄蹻至滇通道就是滇黔川鄂通道。秦时的"五尺道"、汉武帝时的"夜郎道"就是由川滇黔桂东通广东的通道。这以后，西南地区通往内地的古道有了新的发展，尤其是唐宋时期滇黔桂商道、唐蕃古道颇具代表性。元明清时期，西南与内地有了邮驿，水路、陆路的驿站俱全，双边的交往更加广泛而深入。

越西南地区，远达域外诸方。其中，西路为纵贯亚洲的最古老的交通线。《史记》《汉书》中所说的"蜀身毒道"指的就是这条路。大体路线是从成都出发到云南，再从云南到缅甸八莫，然后到印度、巴基斯坦以至西亚。中路为沟通云南与中南半岛交通的最古老的水陆相间的交通道。从位于蜀、滇之

---

① 参见李绍民《我国民族识别的回顾与前瞻》，《思想战线》1998 年第 1 期；王文光、朱映占《中国西南民族史研究论纲》，载何明主编《西南边疆民族研究》第 7 辑，云南大学出版社 2010 年版，第 32—33 页。

间的五尺道陆路出发，到达云南的晋宁，再从晋宁经过通海，沿红河下航至越南。东路属西南地区与东南亚地区交往的又一条古道。由蜀入滇，出昆明经弥勒，渡过南盘江，经文山出云南东南隅，再经越南河江、宣光，循盘龙江（清水河），直抵河内。① 此外，西南地区还有一条茶马古道。它以马帮运输为主要特征，起源于西南边疆的茶马互市，历经唐宋时代，兴盛于明清时期。分川藏、滇藏两路，分别连接着川滇藏地区，延伸入不丹、锡金、尼泊尔、印度境内，直到抵达西亚、西非红海海岸。在西南地区，它既是一条民间的国际商贸通道，也是一条西南各民族从事经济文化交流的走廊。② 上述这些通道为西南地区各民族与中原汉族的文化交流、西南地区与相邻的东南亚、南亚地区的文化往来提供了便利条件。

事实上，每当发生民族迁徙、经济流通、使节往还、宗教传播、社会变革等重大历史事件时，西南地区的巴蜀文化、中原文化、滇南文化、印度文化、西亚文化等多种文化亦藉兹互通，中外文化、东西方文化相互交流、相互融合，③ 从而使西南民族档案具有多民族文化聚合的内容和多元文化并存的形式。例如，四川三星堆遗址是中国西南地区的青铜时代遗址，位于四川德阳广汉南兴镇，因在成都平原上突兀出三座黄土堆而得名。它应是中国夏商时期前后，甚至更早时期的一个重要的文化中心。三星堆文化中含有外来文化因素，一是来自我国的中原地区，其遗物中的绝大多数与二里头文化或商文化的同类器物十分相似。二是来自辽远的西亚地区，其遗留的金杖、金面罩、青铜人像、兽面像等极有可能是吸收了西亚文明再创作而成。这些文化的相互交流、相互往来都是经由前已所述的南方丝绸之路进行的。④

在三星堆二号坑出土的一件镂刻图像的边璋，长 54.2 厘米，厚 0.8 厘米，顶端的"射"宽 8.8 厘米，底部"邸"宽 6 厘米，从顶部到底部明显缩

① 李远国：《南方丝绸之路上的宗教文化交流》，《中华文化论坛》2008 年第 2 期。
② 参见李子贤主编《多元文化与民族文学——中国西南少数民族文学的比较研究》，云南教育出版社 2001 年版，第 243—250 页；吴维羲、邓懿梅等《三星辉耀丝路流长——"三星堆与南方丝绸之路青铜文物展"》，《中国文化遗产》2007 年第 3 期；《生存之路探险之路以及人生之路千年茶马古道》，《重庆与世界》2011 年第 6 期。
③ 李远国：《南方丝绸之路上的宗教文化交流》，《中华文化论坛》2008 年第 2 期。
④ 同上。

窄，在宽窄变化的地方穿了一个口径 1.2 厘米的圆孔。边璋两面都镂刻着同样的图像，每面都有两幅，一颠一倒，分别刻在射部和邸部，两部的图像内容也基本相同。经考证，图像内容应该是同一篇古蜀记事，应该是巫师的文书档案。这件边璋档案与其他三星堆遗物一样，其雕刻工艺、制作风格、图像表达等方面既是中原夏商文化与蜀文化交流融会、互补互融的产物，又是受中华文明与东方文明不同地域文化影响而发展的产物。①

又如，"贝叶文化，就是对以贝叶经为核心的傣族传统文化的一种象征性提法"。② 它包括贝叶经、用棉纸书写的经书和存活于民间的傣族传统文化事象等方面。"贝叶文化不仅仅是存在于我国的傣族地区，在东南亚、南亚各国，如泰国、缅甸、老挝、印度、斯里兰卡等都存在，是一种国际性的文化现象。"③ 历史上，西南地区的傣族就很注意同中原文化的接触和交流，并注意对内地汉族文化加以融合和创造，形成自己独具特色的文化，傣历与汉历相似，傣文《西游记》和傣戏《杨家将》等都留存有大量移植汉文化的痕迹。另外，西南地区的傣族还吸收了东南亚、南亚各国的文化，尤其是吸收了从印度传到斯里兰卡，再传到泰国、缅甸、老挝后传入西南的南传上座部佛教文化，进而促成了傣文的产生和完善，促进了傣族文学大量吸收佛经文学作品的养分和气息，发展出具有浓郁傣族风格的叙事长诗。其中，书于贝叶经的著名长诗《兰嘎西贺》，源于印度史诗《罗摩衍那》，经过傣族人民的加工再创造，已经变为傣族人民自己的文学作品。④ 值得注意的是，贝叶文化在经历了中国化历程的过程中，从西南地区又继续沿着南方丝绸之路进入中原。⑤ 千百年来，傣族人民将自己民族的历史和文化都刻写在贝叶上，尤其是把自己信仰的佛教经典刻写在贝叶上，从而留下了大量文字遗存，大多为贝叶经书稿，这就是贝叶档案。

贝叶档案的生成过程正是贝叶文化开放与兼容外来文化的结果。贝叶档

---

① 冯广宏：《三星堆边璋图像与古蜀记事》，《西华大学学报》2010 年第 4 期。

② 秦家华：《贝叶文化的内涵和特点》，《思想战线》2006 年第 3 期。

③ 同上。

④ 杨寿川主编：《云南特色文化》，社会科学文献出版社 2006 年版，第 531—548 页。

⑤ 张泽洪：《贝叶经的传播及其文化意义——贝叶文化与南方丝绸之路》，《贵州民族研究》2002 年第 2 期。

案的书写载体为生长在热带、亚热带地区的贝叶，是古印度贝多罗树叶经移植、成长和变异而来。这种贝叶作为书写材料，具有耐久性强，不怕潮湿，不易磨损，刻在上面的字迹经久不变，便于携带，便于书写和保藏等优点。随着佛教传入云南傣族地区，佛教的文化之树贝多罗也移植过来，贝叶自然成了书写材料。傣族贝叶经的书写文字以傣文为主，而不是古印度的梵文。傣族贝叶经的制作工序，和斯里兰卡大同小异，承袭了古印度贝叶经的制作方法。通常，写经人用铁笔在贝叶纸上刻写；全篇经文刻写完成后，用植物果油掺墨垢涂抹贝叶，使字迹显黑，成为清晰可读的贝叶经文；最后用细绳将贝叶经装订成册，在每册经文边涂上一层金粉，也可以涂上红漆或黑漆作为装饰；每册五十页或一百页，用布包裹或放入漆盒中收藏。至于记录内容，最初的贝叶档案仅限于佛教经卷，随着佛教的传播，贝叶档案中出现了世俗文书、文学手稿。现存的贝叶档案以南传佛教经典居多，同时还涵盖了傣族的历史、医药、农业、文学、艺术与建筑等方面内容，可以称为傣族传统文化的百科全书。贝叶档案发挥着记录和保存文明古国历史文化的重要作用，具有凭证、查考等价值。①

2. 西南民族档案对本区域内各民族文化的吸收与交融呈现多元一体的发展格局。西南地区各民族分布上呈现大杂居与小聚居态势，为相互交往提供了必要的地理空间。在西南地区，有的民族居住在坝区、河滨、山脚，也有的居住在山腰，还有的居住在山顶；即使在一个狭长的地形区域内，也在不同的海拔高度居住着不同的民族。例如贵州民谚称："苗家住山头，仲家住水头，客家住街头。"又，"高山苗，水仲家，仡佬住在岩旮旯"。② 这里讲的住在水边上的仲家是布依族，住在城市里的客家是汉族，而苗族则多聚居于深山中。在云南，较为普遍的现象是傣族居住在低海拔的热带区，彝族、哈尼族多居住在山区、半山区，白族多居住在坝区和交通沿线。③ 在云南文山，"苗族住山头，瑶族住

---

① 参见张泽洪《贝叶经的传播及其文化意义——贝叶文化与南方丝绸之路》，《贵州民族研究》2002年第2期；刀国雄《贝叶经是怎样制作的》，《版纳》1988年第4期。

② 周相卿：《规模村布依族习惯法调查与研究》，《贵州民族学院学报》（哲学社会科学版）2009年第1期。

③ 王文光、龙晓燕：《中国西南民族关系研究散论之二》，《思想战线》2002年第1期。

篦头，壮族住水头，汉族住街头"①。这些居住在同一区域的各民族，其生存的经济模式主要有农耕、畜牧、游耕三大类型。由于生产力低下，农作物单一，人们仅仅依靠单一类型的生产方式、生产工具以及生产品种难以满足生存需要，于是也促成区域内各民族之间生产的取长补短、生活用品的互通有无、经济和文化方面的相互渗透与彼此影响。如，在云南西双版纳地区，傣族将每年收获的稻米供应区域内居住在山区的哈尼、布朗、拉祜、基诺等民族，而居住在山区的各民族则用自己所种的棉花、苏子、芝麻、茶叶、紫胶等土特产及手工品与傣族交换稻米等食物。② 另，"德昂族、布朗族和佤族都有自己的原始宗教，他们的原始宗教与傣族的原始宗教并不相同，但由于与周边的傣族长期共处，并受其影响，德昂族和布朗族皆先后改信小乘佛教"。③ 又，云南德宏州的阿昌族长期同周围的汉族、傣族、傈僳族以及邻国缅甸人交往，以致阿昌语中吸入了汉、傣、傈僳、缅等族的语言成分，很多阿昌人会说多种民族语言。此外，这种开放与兼容的现象还集中体现在各民族日常生活中的民族风情、民俗礼仪、民族服饰、节日庆典、民间乐舞、神话传说、建筑艺术、工艺美术以及宗教信仰等方面。譬如，"历史上，道教、佛教及儒家思想都在云南大理白族地区产生过很大影响，号称'三教并列'，而白族尚有自己的民族宗教信仰，即'本主'崇拜。"④ 白族的本主教信仰就因其儒、释、道、本主、巫等杂糅并存而构成多元的文化组合。

　　西南民族档案的开放性与兼容性还表现在各民族杂居共处中对文化的共创。例如，从西南少数民族档案源头来看，如果严格按照档案产生的前提是国家、文字的标准来判定，多数民族在历史上都没有形成档案的条件。但生息、繁衍在西南土地上的各民族先民，事实上早已把结绳、刻契、绘画作为一种本民族记录事物和交流思想的方式，以满足人们处理某种事务的备忘需要，这种方式约定俗成，自然成为人们进行社会实践活动的工具。⑤ "它不仅

---

① 高立士：《西双版纳山区民族历史上的传统生态保护》，《云南民族学院学报》1999 年第 1 期。
② 王文光、龙晓燕：《中国西南民族关系研究散论之二》，《思想战线》2002 年第 1 期。
③ 方慧：《历史上我国南亚语系民族与周边民族的经济文化交流》，《中国边疆史地研究》1993 年第 1 期。
④ 王锋：《白族的本主文化》，《中国典籍与文化》1996 年第 1 期。
⑤ 杨毅：《论西南少数民族档案的源头》，《云南社会科学》2000 年增刊。

被广泛用于各民族人民的社会生活中，从而产生了结绳等形式的原始记事档案，而且它也被用于西南地区的行政管理中，产生了特殊形式的文书档案。"① 西南地区"即使后来已传入汉文字或有了本民族文字，但这种记事方式仍然受人们的青睐，甚至到 20 世纪五六十年代还使用。因此，与内地档案的起源相比，它们不仅是西南少数民族档案的前身，而且在文字产生后一段时间内还是一种特殊的民族档案。这些原始记事档案在内地只有在文献记载中寻找到踪迹，而在西南民族地区却存在着大量的物态材料，是西南少数民族活生生的历史记录"② 。又如，西南地区各民族口述档案中流传的人类再生神话丰富精彩，涉及人烟发展、姓氏来源、氏族来源、民族来源等不同内容，但据此仍很难去分清此民族的传说与彼民族的传说究竟是哪个影响哪个。不过，其根本核心都是人类再生后，有共同的始祖和共同的渊源。这其实是西南各民族在长期的相互交往中共同创造的同源共主文化。③

3. 西南民族档案具有跨国跨境的特色。我国喜马拉雅山北麓是印度河、雅鲁藏布江的发源地，这一河一江联结着印度、巴基斯坦、孟加拉国、尼泊尔、不丹及锡金等国；我国青藏高原东部是独龙江、怒江、澜沧江发源地，这三江联结着缅甸、泰国、柬埔寨、老挝等国，南通马来西亚、新加坡；红河及其支流联结着越南，与文莱、印度尼西亚、菲律宾隔海相望。沿着西南的这一山脉走向和水系，在西南地区的"边境线上有一条绵亘的边境民族带，那里居住着同一民族或有共同族源关系的民族，只是由于国家界限，才使得同一民族跨境分居在两个甚至多个不同的国家"。④ 其中，"云南在西南边境民族文化圈中最具代表性。云南地处中国西南边陲，与缅甸、老挝、越南三国接壤，与泰国、柬埔寨、印度、孟加拉国等东南亚、南亚国家为近邻，云南是连接亚洲大陆腹地与东南亚、南亚大陆的链环，中国通往东南亚、南亚的门户"。⑤ 云南与东南亚属于同一个地理单元，山水相连，通道众多。红

---

① 杨毅：《论西南少数民族档案的源头》，《云南社会科学》2000 年增刊。

② 同上。

③ 李子贤主编：《多元文化与民族文学——中国西南少数民族文学的比较研究》，云南教育出版社 2001 年版，第 268—282 页。

④ 杨毅、张会超：《论当下民族档案学科研究对象的塑造》，《档案学通讯》2012 年第 3 期。

⑤ 刘稚：《面向东南亚、南亚的云南民族文化区位优势》，《思想战线》1998 年第 11 期。

河、湄公河、萨尔温江、伊洛瓦底江等东南亚著名江河流域的上游地带分布在云南；中南半岛东部和中部的广大山地均系云南横断山脉向南延伸的亲缘山脉，周边国家各民族依山水而居，往来密切。"直至现在，在云南与缅、老、越三国4060公里的共同边界上，仍有壮、傣、布依、苗、瑶、彝、哈尼、景颇、傈僳、拉祜、怒、阿昌、独龙、佤、布朗、德昂16个民族与境外同一民族相邻而居。他们语言相通，风俗习惯、宗教信仰相同，相互之间保持着密切的经济、文化联系。"① 据学者研究，傣族、氐族、布朗族、德昂族居住的房屋皆是高屋脚的干栏式建筑，纹身、黑齿、瞻耳等方面的习俗相同，且有共同的歌舞、乐器、民族节日，显示出了历史上南亚语系民族和周边的傣族在文化方面的相互影响和交流。② 如果我们运用文化人类学意义上的民族群体视角研究，能更多地看到跨国跨界而居的各民族在文化上形成了一种以跨界民族为载体的区域、次区域文化生态群落。

跨境而居的同一民族共同体的民族档案在形成的环境、表达的方式、记录的内容等方面都带有边境左右两边民族文化的交汇与冲积、开放与兼容的痕迹。例如，今天中国的傣族、老挝的老族、泰国的泰族和缅甸的掸族以及印度阿萨姆人及其他一些同源民族支系是有着共同历史渊源的民族群体，被学界称为"傣—泰民族"。"打开亚洲地图就会发现，傣泰民族分布区域正好是亚洲大陆腹地与中南半岛和印巴次大陆的结合部，是连接东亚、东南亚和南亚的枢纽地带。这一特定的地理位置使这一地区自古以来成为中国文化和东南亚文化、印度文化三大文化圈的交汇点和边缘重合地带。数千年来，在这片土地上生存繁衍、辗转迁徙的傣泰族群各民族，既是本土文化的创造主体，也是多元文化传播的客体和载体。"③ 有学者尝试着打破国家界限，把傣族和境外傣—泰民族视为一个整体，充分利用国内外的资料和研究成果来对之进行更深入的研究。④ 这一做法给我们从事跨境民族档案研究以启示，"跨境民族的民族档案维系着国界两边的民族感情、民族心态、民族认同等深层

---

① 刘稚：《面向东南亚、南亚的云南民族文化区位优势》，《思想战线》1998年第11期。

② 方慧：《历史上我国南亚语系民族与周边民族的经济文化交流》，《中国边疆史地研究》1993年第1期。

③ 刘稚：《傣泰民族多元复合的民族文化特征与民族形成》，《云南社会科学》2005年第3期。

④ 参见何平《从云南到阿萨姆——傣族—泰民族历史再考与重构》，云南大学出版社2001年版。

次的文化问题"。① 其开放性和兼容性是一种文化生态群落中呈现的特征。

另，我国著名的傣族民间叙事长诗《召树屯》（即《召树屯与嫩吾婼娜》或《孔雀公主》）在云南西双版纳和德宏傣族地区几乎家喻户晓。它最早源于刻在贝叶经档案上的召树屯故事，经书为散文体。发展到今天，主要分为口述档案和韵文体"赞哈"唱词的手抄本档案两种形式，已有了叙事诗、民间故事、戏剧、木偶戏、舞剧、电影等档案利用形态；也有了傣、汉、俄等文字版的出版物。另外，这个故事在东南亚各国也广为流传：泰国叫《拍素吞》，早期的记录为桑皮纸折叠式手抄本，后经整理铅字出版；老挝叫《陶西吞》，抄本多为用老挝佛经使用的"经书文"编写的韵文体唱词；缅甸、柬埔寨和印度等地也有用本国文字记载的诸多版本。据学者追本溯源，认为：印度故事《素吞本生经》源于佛教经典与印度传说；随着佛教的传播与文化交流，通过泰国清迈的《班雅萨》传到了老挝、柬埔寨、缅甸和西双版纳等地的泰、老、傣、掸等各族中；经历史上各族人民的改编与创作，在东南亚各国形成了具有各国特征又有共同特点的《召树屯》文化现象。② 当然，从微观上来讲，作为生活在不同国家的东南亚各国民族，其历史和文化发展也有不少不同之处，尤其经历了近、现代发展，在今天更是呈现出较大的不同之处，《召树屯》在各国也处于变化和发展之中。由此可见，"同一民族共同体的文化并不存在硬性的族群边界，更多的则是由其外部的相似性和内部的差异性构成的民族文化生态环境"。③ 我们在谨守国家的政治分界线的同时，也要尽力走出区域内封闭循环的格局，关注民族档案资源的开放性与兼容性，构筑起西南民族档案研究的学术共同体。

总之，西南民族档案资源具有多元性、多样性、多彩性与兼容性的特征。这样多个特征集于一身，是西南地区社会发展的一大有利因素，也充分表明了西南向度的民族档案的独特优势和所具有的巨大潜力。

---

① 杨毅、张会超：《论当下民族档案学科研究对象的塑造》，《档案学通讯》2012 年第 3 期。

② 谢远章：《〈召树屯〉渊源考》，《云南社会科学》1982 年第 2 期。

③ 杨毅、张会超：《论当下民族档案学科研究对象的塑造》，《档案学通讯》2012 年第 3 期。

四　西南民族档案资源的现代意义

意义即作用或价值。论及西南民族档案资源的价值，学界通常易于被西南民族档案资源丰富多彩的外部载体所感知而使自身的认识止于其表面，也易于从民族档案所固有的原始记录属性和文化传承作用来定位西南民族档案资源功能。诚然，西南民族档案资源如实地记录和反映了各民族在历史演进、科技创造、文学艺术、宗教民俗等方面的发展轨迹，在具有重要的凭证价值的同时，也具有重要的历史研究价值、文学艺术研究价值、科学研究价值和宗教与民俗研究价值等等。不过，西南民族档案资源所具有的独特优势决定了其在当今应该还具有更重要的价值和更深远的意义。

首先，国家的快速发展，使西南地区在国家建设中居于前所未有的重要位置，由此决定了西南民族档案资源能够为西南地区的建设和发展提供有效的支撑，为西南地区在国家发展中发挥更加重要的作用提供有效的动力支持。今天的中国"随着改革开放推动下的现代化的快速发展，以及这种发展成果的长期积累，国家已经跨越了国家建设阶段而进入了国家发展阶段，国家的发展形态、发展环境、发展目标、发展方式等都发生了巨大而深刻的变化。国家在综合国力增强的基础上已经走上了崛起之路，完成国家的崛起和实现中国梦成为国家发展的根本目标"。① 在这样一个国家自身从全面建设时期向全面发展时期转变的过程中，也不同程度地惠及了西南地区。国家实施西部大开发战略以来，西南地区实施了一批重大公共设施和基础设施工程，进一步拓展了西南地区的基础设施建设空间。随着时代发展，国家适时提出了建设"丝绸之路经济带"和"21 世纪海上丝绸之路"的发展战略，为进一步促进西南地区发展提供了又一个崭新机遇。② 如此一来，当下的西南地区已不再是传统观念中的西南边疆；当下的西南民族档案也不再滞留于民族文化的历史记录层面。在国家发展的大格局中，西南民族档案既可以记录和见证区域

---

① 周平：《我国边疆研究的几个基本问题》，《思想战线》2016 年第 5 期。
② 葛剑雄：《存在与影响：历史上中外文化交流对"一带一路"建设的启示》，《思想战线》2016 年第 5 期。

与国家发展的历史进程，也可以进一步彰显西南民族档案所具有的多元性特征。这几年来，国家对西南的投入越来越大，西南地区的档案管理依照国家标准，逐步实现了升级换代，较多的综合档案馆目前已新增了政府公开信息查询中心、爱国主义教育基地等现代功能，广大的档案工作者完全有条件借助现代信息技术，将西南民族档案资源的特色与优势同西南区域的发展命运以及国家的发展目标紧紧连接在一起，发挥出西南民族档案资源在凝聚智慧、注入活力方面的重要作用。

其次，中华民族建设的现实必要性，决定了西南民族档案资源能够为西南地区的民族团结提供同宗同源的文化和价值观念，为中华民族共同体的建设提供丰厚的土壤和源头活水。中国作为一个统一的多民族国家，中华民族是当代中国国家认同的基础和保障。"从中华民族发展的现状来看，推进中华民族建设是一个历史性的选择，直接关系到中华民族的发展，以及国家的统一、稳定和发展，也是一项筑牢国家统一、稳定的社会基础和政治基础的重大工程，将会对国家的统一和稳定产生深远的影响。"[①] 就西南地区来讲，世居民族除了汉族之外，还有 35 个少数民族。由于客观存在的诸多差异，各民族的档案都自有完整的文化系统，对于今天的国家和人民的需求来讲，相对于过去人们对西南民族档案的需求，已经是不能同日而语了。为此，西南地区各级档案部门在收集、留存、留全民族档案方面做了较多的实践探索，大大地优化了民族档案结构，彰显了西南民族档案的多样性和多彩性特征。这些成绩充分表明，西南地区的发展本质上就是西南各民族的发展；西南各民族的发展就是中华民族大家庭成员的发展。没有各民族的和衷共济、和谐发展，就没有西南地区发展的美好明天。西南民族档案无疑在各民族群体交往、交流、交融的过程中，发挥着你中有我、我中有你和手足相亲、守望相助的凝聚作用；在国家发展一方，富裕一方，制定并实施增进各族人民福祉的政策过程中，则发挥着凝心聚力的作用；在增强中华民族意识、建设中华民族文化、促进中华民族建设方面又发挥着强基固本的作用。

最后，在全球化浪潮之下，促使对西南民族档案的价值考量放在全球视野下，遵循西南民族档案的产生发展规律，与时俱进地更新不合时宜的管理理念，

---

① 周平：《中华民族：中华现代国家的基石》，《政治学研究》2015 年第 4 期。

寄予西南民族档案在维护国家民族利益方面发挥更大的作用。"全球化是一种实践，因而尽管流动的经济要素、技术、信息、体制机制乃至文化产品和价值观念具有西方的意义或普遍化的倾向，但在世界各地都以其具体的地方性社会文化语境而实现，即'地方化'（indigenization），从而形成全球化与地方化交互的实践活动和文化景观，也就是所谓'全球化的地方化'和'地方性的全球化'。"① 于是，在当今全球化加速推进的时代，世界文化会发生碰撞，② 档案信息的跨文化交流也会日益成为人们生活的常态，档案信息的共享空间已突破有限的区域乃至国界，全面进入全球范围的每一个角落。就西南地区来讲，这几年，伴随国家实施全国农村档案信息资源共享建设工程、全国开放档案信息资源共享平台建设，西南地区实现档案信息化的硬件设备有了新的更新和改善，档案数字化立档、多媒体传播、网络共享方面的理论规范和实践规程在逐步建立和完善。档案馆也已开始陆续向全国开放档案信息资源共享平台上传民族档案数据。③ 然而，在当今这样一个挑战频发的时代，对西南民族档案资源的需求的全球化与提供利用的高效化势必成为一对矛盾，对西南民族档案信息超越主权的无界控制与反控制势必接踵而来，区域问题、边疆问题、民族问题难免纠缠不清，国家认同面临严峻挑战。这样的发展态势，就需要人们遵循西南民族档案资源的产生发展规律和发挥所独有的兼容性特征，赋予西南民族档案资源以更多的家园故土情怀，寄予西南民族档案资源在传播中华民族文化、维护国家民族利益方面发挥更多的精神纽带作用。

　　上述一切的变化都指向一点：西南地区作为国家战略发展的关键区，是国家实力的新增长点；在当今全球化以及国家快速发展的时代，西南民族档案资源对于国家、民族的意义比历史上任何时候都更加重要。只有明确了西南民族档案资源的个性特征及其现代意义，才能找准西南民族档案资源在今天国家发展时空中的位置，进而才能激发出西南民族档案的潜在活力，借助国家建设的实力，形成助推西南地区发展的强大合力。

---

① 何明：《全球化及其人类学论题》，《思想战线》2016 年第 4 期。

② 谬家福：《全球文化与民族文化多样性》，云南人民出版社、云南大学出版社 2012 年版，第 262—265 页。

③ 杨毅、何瓦特：《论西南民族档案资源集成管理的战略构建》，《广西民族大学学报》2017 年第 2 期。

第三章

西南地区的民族档案资源管理

学术界有较多西南民族档案的介绍性研究，却少有对其管理问题的研究，甚至就没有将这类问题纳入研究视野。事实上，有西南民族档案就一定存在着西南民族档案的管理；西南地区的民族档案及民族档案资源管理的历史，起源于助记忆时代；历经历史更替、时代变迁，留存到今天的西南民族档案资源管理的思想与方法、经验和教训，都是十分宝贵的财富。通过对西南地区民族档案资源管理的历史梳理，自然会对西南民族档案资源集成管理研究直接产生重要影响。

一 西南地区民族档案资源管理的历史回顾

（一）西南民族档案资源管理的源头

近半个多世纪以来的考古发掘研究表明，"我国西南和黄河流域、长江流域一样，也是哺育我国古代民族祖先的摇篮"。"在旧石器时代的中晚期，西南地区的人类已有了较稳定的社会组织并进入了早期氏族社会。"① 西南地区有了人类的繁衍生息，就逐渐会产生人类社会；有了人类社会，就逐渐产生和形成了各种社会组织、社会经济与生活。"而事实上，在中国，对祖先世系的追忆、传承、记录与重塑，在文字发明之前的原始社会就开始了。"② 由此来看，西南地区也出现了人类社会活动的记事备忘行为。只是由于受西南地

---

① 方铁：《西南通史》，中州古籍出版社 2003 年版，第 8—16 页。
② 龙迪勇：《世系、宗庙与中国历史叙事传统》，《思想战线》2016 年第 2 期。

区不同自然条件和发展程度的影响，西南各地人群的记事备忘行为又呈现出多姿多彩的形态。

从西南各民族的历史发展来看，实物记事作为人类文明发展史上一个阶段性的产物，在西南地区各民族生活中也曾经广为流行。即使后来社会发展中有了本民族文字或已流行汉文字，人们还保留着借用具体的生活物件或在物件上做标记符号来表达意思和传递信息的习俗。直到 20 世纪五六十年代，在西南地区一些少数民族的生活中，还可以见到实物记事的例证。笔者研究认为西南地区的这些实物记事虽不是档案，但应该属于西南民族档案起源的形态。[①]

梳理研究西南民族档案起源的产生、演变历程，可以看到早期西南民族档案管理的基本情况：

首先，从管理需求来看，西南地区各民族先民最初是把实物记事作为一种人们之间交往的方式，以满足备忘、信守的朦胧需求；随着社会交往的广泛深入，这种实物记事备忘行为逐渐融入人们的生活，其管理从不自觉到自觉，从随意趋向有意保存。据学者研究，四川的北川在唐以前主要居住着羌人，唐以后逐渐成为汉藏羌等民族杂居区域。各民族在长期交往的相互影响下，生活习俗中就有了共同认可的实物记事的习俗。元朝至元二十七年（1290），当地政府与当地藏羌民族之间为维护安宁和稳定，盟誓立碑，并在碑中专门书有"木刻记事""打狗埋石为誓"习俗，通过《北川小坝羌族藏族乡元代摩崖石刻》留传至今，为世人所知。[②]

从有关西南地区的历史记载来看，随着社会生产的发展以及人们实物记事能力的逐渐增强，实物记事备忘成为人们进行社会实践活动的工具，人们对实物记事备忘产生了管理要求，出现了实物记事在一定区域范围内由简单到复杂、由直观到抽象，趋于统一和规范；再发展到后来，实物记事有了更深的社会意义，成为西南地区与内地文化交流的重要方式，有时还成为特殊

---

① 关于西南少数民族档案起源问题，可参见杨艺（毅）、王蓉《我国部分少数民族的实物记事》，《档案学通讯》2000 年第 3 期。

② 李绍明：《北川小坝元代至元石刻题记考略》，载北川县政协文史委编《北川羌族资料选集》，内部资料，1991 年 10 月，第 23—28 页。

表意的"文书档案"。据《华阳国志·南中志》记载：诸葛亮征服南中后，"乃为夷作图谱，先画天地、日月、君长、城府；次画神龙，龙生夷，及牛、马、羊；后画部主吏乘马幡盖，巡行安恤；又画牵牛负酒、赍金宝诣之之象，以赐夷。夷甚重之，许致生口直。又与瑞锦、铁券，今皆存。每刺史、校尉至，赍以呈诣，动亦如之"。[①] 又，樊绰《蛮书》卷十记载：南诏曾经向唐王朝呈送"绢书一封"的同时，还附呈"金缕合子一具"，以此表达归附之意。这一合子里有绵、当归、朱砂和金四物。"其使味言，送合子中有绵者，以表柔服，不敢更与为生梗，当归者永愿为内属，有朱砂者盖献丹心向阙，有金者言归义之意，如金之坚。"[②]

其次，从管理的目的来看，实物记事作为凭证备忘的重要方式，更多的则是留存并使用于各民族的社会交往、民族管理中。万历《云南通志》记载：明代云南傣族先民的"一切借贷、赊佣、通财、期约诸事，不知文字，惟以木刻为符，各执其半，如约酬偿，毫发无爽"。[③] 又，内地民间汉人到了云南入乡随俗，在与云南少数民族交往过程中，也常常借助当地民族固有的表意方式来增进相互的理解。方国瑜先生在《滇缅南段未定界管见》及《班洪风土记》（上卷）中说：清初吴尚贤在佤族地区开银矿，吴尚贤与佤族订约就是把汉字书写与刻木记事相结合：在一块木板上刻契为凭，并书以汉文说明及日期。在 20 世纪 30 年代，班洪的"锡龙散猛家中收藏吴尚贤与乃祖订约之木契，立于乾隆八年（1743）六月十二日，虽以墨写，字迹间有磨灭，然其重要语句尚清楚可读。土人重视此物一如爱护银厂焉"[④]。

近代，贵州苗族每逢过年或举行婚礼，都有两人对唱的节目。每到对歌时节，歌手们就把收藏的刻有各种符号的木刻拿出来，在木刻的提示下，双

---

① （晋）常璩撰，刘琳校注：《华阳国志校注》，巴蜀书社 1984 年版，第 364 页。
② （唐）樊绰撰，向达原校，木芹补注：《云南志补注》，云南人民出版社 1995 年版，第 144—145 页。
③ 方国瑜主编：《云南史料丛刊》第 6 卷，云南大学出版社 2001 年版，第 646 页。
④ 方国瑜：《滇缅南段未定界管见》《班洪风土记》（上卷），《方国瑜文集》第 4 辑，云南教育出版社 2001 年版，第 460—522 页。

方一问一答，竞相答唱。① 笔者出生在云南省怒江州贡山县，小时候听父辈讲述，当地傈僳族在解放后的生产队劳动中，每个社员各备一根麻绳，自己每出工一天就请记工员打一个结，积攒一段时间后，大家就把麻绳汇总在生产队记工员那里计算工分，并在每根麻绳上系上一点头饰或烟嘴之类的信物以避免混淆。这根麻绳实际上就是他们出工的原始记录与事后生产队分粮食分物品的凭证，类似于汉族的文字记录本"工分簿"。②

最后，从管理的延续发展来看，实物记事始终在民间得以保存、利用、流传，具有很强的文化性和传统性。例如云南省博物馆至今保存着一根西盟佤族的传代木刻。木头两侧刻有许多的缺口，一个缺口只表述一件事情，各个缺口刻下的深浅度不一，表明所表述的事情的大小不一。在每年全村老少聚会尝新米的时候，便拿出这块保存的刻木，由一位村中长者逐一讲述每一个刻口所代表的事件。年复一年，村里人由此了解或记住了村中各种大事，本村本族的历史也就得以口耳相传，延续下来。另，现存的纳西族《东巴经》是象形文字的经典，当中保存了不少图画记事的痕迹，"东巴"（巫师）看了就能传颂出长篇的诗句。笔者在丽江作田野调查时，看到那些村里的老东巴能读着东巴文传颂很多宗教故事。③

"在文字发明以前的助记忆时代，我国古代内地也曾使用过实物记事方法。有关的文献记载虽不全面，但从不多的材料中可窥其踪迹。"④ 可以说，西南地区的各民族先民的实物记事以及对实物记事的管理属于人类文明发展史上一个阶段性的产物，是西南地区的各民族先民为生存和发展而探寻出的智慧结晶。当然，它同时也存在着原始落后的一面，存在着极大的历史局限性：实物记事档案管理具有短暂性和无规范性；载体材料就地取材，随意制作；记录的思想和传递的信息不系统明晰，妨碍异时异地的交流；缺乏长久保存意识，往往事情结束就随意丢弃。基于此，笔者认为如同文字起源于图画，但图画并不等于文字一样，西南民族档案管理起源于实物记事管理，但

① 汪宁生：《从原始记事到文字发明》，《考古学报》1981年第1期。
② 杨毅：《云南少数民族档案早期表现形式探析》，《云南民族学院学报》2000年第2期。
③ 同上。
④ 杨艺（毅）、王蓉：《我国部分少数民族的实物记事》，《档案学通讯》2000年第3期。

实物记事还不属于档案；对实物记事的产生、利用、留存仅仅只属于西南民族档案管理起源的形态。

不过，实物记事行为发展的必然结果便是语言文字的产生，以及后来档案的产生。随着西南地区各民族社会生产力的不断发展，一部分民族的先民在生产生活中，因地、因时制宜地形成了自己独特的文化，创造出自己的语言，创制出自己的语言文字。据研究，有的民族创制的文字属于自源文字；其创制的绝对年代虽不及甲骨文早，但其文字原始古老，有些文字至今在西南地区还在使用。由此，西南民族档案管理进入了新的发展阶段。

（二）西南民族档案资源管理的历史考察

有文字符号形成以来到新中国成立前这一时期，出现了大量用汉文或少数民族文字书写的反映西南民族文化发展的档案文献，这些档案文献都属于西南民族档案，都是探究西南民族档案管理历史的基石。不过，对这一历史时期西南民族档案管理的历史梳理，颇具挑战，因为留存至今的原件材料不多，加之传统研究中也并未对其做出全面、系统的阐释，因而更多的研究只好依据现存的文献记载、散存在各地的手抄本、复制本及笔者长期积累的人类学调研材料。

首先，从管理对象来看，这一时期的西南民族档案主要是由如下来源单位在民族地区的治理过程中形成的。这些来源单位留存下来的历史档案是今天西南民族档案的主体，大体有如下五种情形：

1. 历代中央政府及派驻西南地区的各级地方政权机构产生的有关西南民族问题、边疆民族地区发展的记录材料。早在远古时期，西南地区与内地之间、西南各民族先民与华夏民族之间就存在着密不可分的文化联系。秦代开始建立统一的多民族国家政权，把西南地区置于中央王朝统一管治之下。虽然历史上西南地区发生过分裂和割据，但不是中华民族历史发展的主流。这些各级政权机构在国家管理中产生了大量有关西南地区的档案文献。现存的《尚书》是我国最古老的档案史料汇编，其中的《牧誓》篇记载了西南各部族参加周武王起兵伐纣的牧野大战。在先秦典籍、《史记》等二十四史所收录的档案文献大多就来自历代朝廷中央政府对西南地区管治的记录，从一个侧面也说明历朝历代中央政府在对西南地区的管理中产生留存下了大量的档案文献。

仅就一个地区来讲，国民党时期四川省、西康省政府内置的秘书处、民政厅、建设厅、水利厅、教育厅、田赋管理处、粮政局、禁烟善后督理处等机构产生了大量的汉藏文档案，载有民国藏区的一些重大史实，集中记述了当时民国川西北藏区和康区的历史概貌。这部分汉藏文历史档案今存留在四川省档案馆相应的全宗及类别中。① 又，民国时期留存在云南的大部分档案因云南的和平解放而得到妥善保存。云南省档案馆目前所保存的记述云南民族问题和边疆发展的档案约计 1200 余卷。"主要分布在省民政厅、教育厅、人事室、省政府秘书处和法国驻滇总领事馆的全宗内。其内容有国民政府和省政府当局对云南边疆民族地区治理的政策和方案；云南少数民族调查、部分家谱、族谱、傣文贝叶经、纳西东巴经档案和佤族土司实物档案。这部分少数民族档案数量虽少，但载体不同、文字各异、形态多姿多彩，是民族文化遗产的一个重要组成部分。"②

2. 历代在中央政府内部和民族地区设置专门的民族机构和组织产生的有关西南民族地区管理的记录材料。历史上，西南地区各民族的政治制度较为复杂。云南、贵州、四川和广西的许多少数民族地区不同程度和不同范围地保存着山官、土司、头人制度，如西藏地区实行的是政教合一的僧侣贵族专政制度，而凉山彝族地区则保存着黑彝父系血缘为特征的家支制度。为此，历代王朝在中央政府设置管理少数民族事务的组织机构同时，在西南民族地区也建立不同形式的地方政权机构和基层政权组织。这些组织在与各民族交往、处理各民族事务过程中产生的文书档案，有时用汉文，有时用各民族文字，甚至会形成几种民族文字并存的文本文书。例如，南诏大理国时期的档案，既有中原王朝的汉文档案，也包括少数民族地方政权的档案；清代朝廷的部分谕旨和官方文书就是汉文与满文或与别的民族文字合璧行文；在云南傣族地区的土司衙门就设有"夷书办""汉文办"，说明土司衙门文档工作需

① 王晓春：《民国四川藏族档案史料评介》，《西藏研究》1993 年第 3 期。
② 张文芝：《试析馆藏档案结构与社会发展的关系——以云南省档案馆馆藏民国档案为例》，《云南档案》2011 年第 8 期。

要傣文和汉文合璧使用。

另，清政府曾经设置松潘直隶厅管辖今天的四川省阿坝州地区。由于当时辖区范围内各民族的社会文化发展水平差异较大，松潘直隶厅便制定了不同的管理政策。对关外牧区（多为藏区），实行土司制度，施行羁縻政策；对关内农区、半牧区（藏、回、汉多民族杂居），实行直接统治。于是，除了清政府直辖范围内产生的文书档案之外，对关外牧区管理也产生了谕、札、委牌、功牌、命牌、执照、印信、号纸等给各土司、土千户、土百户等藏族统治者的文书档案，为汉藏文合璧书写；至于在未"改土归流"的土司管辖区内，则产生了土司衙门的法令法规、赋税徭役、宗教仪式、民间纠纷等土司档案，还有土司家谱，皆为藏文书写。这些历史档案现存于四川省阿坝州档案馆。①

又，佤族历史上主要分布在云南省西盟、沧源、孟连、耿马等县，主要与傣族、拉祜族、汉族交错居住。"清代，在阿佤山区设有傣族耿马宣抚司、勐勐土巡检、勐角董土千总、孟连宣抚司、上勐允土千总、下勐允土千总、拉祜族西盟土一千总、瓦族班洪土都司，对当地佤族和傣族、拉祜族以及其他民族进行统治。民国年间，镇康、双江、澜沧（包括孟连和西盟）皆改设为县，沧源、耿马置设治局，以直接统治当地各民族。同时仍保存原有各土司，加以利用。"② 这些机构在统管佤族地区的过程中，形成了大量的文书档案。其中的一部分文书档案和实物现存于云南省档案馆，共计 262 件，涉及时间约为清乾隆年间至 20 世纪 50 年代。

3. 寺院、庄园及民族民间宗教活动形成的宗教档案。如傣族、彝族、藏族、纳西族等民族在其宗教祭祀活动中形成的大量反映其宗教信仰、民俗民情内容的经卷，有的经卷还涉及政治、法律、历史、医学、艺术等内容。在西南地区留存下来较多的宗教类经卷，就数藏文大藏经、藏文佛教经典最为丰富，傣族的贝叶经档案、纳西族的东巴档案、彝族的毕摩经卷、壮族的壮文宗教经书等现今在民间还有留存。另，在今天四川省甘孜藏族自治州、阿坝藏族羌族自治州及木里藏族自治县，主要聚居着藏族，历史上这些地区的

---

① 曹智荣：《阿坝州部分藏族历史档案述评》，《历史档案》1990 年第 3 期。
② 云南省档案馆编：《云南省档案馆指南》，中国档案出版社 1997 年版，第 474—475 页。

藏族全民信奉佛教，产生了许多宗教类档案，目前留下来较多的是民国年间的档案。有国民政府与寺庙交往记录、喇嘛寺庙沿革及主持变化记录、寺庙对僧众管理的规章制度、佛事法事活动、布施捐赠救济活动、信教人口统计、寺庙土地财产器物登记、寺庙山林租佃经营记录、寺庙内外纠纷与裁决等。①这些历史档案现较多地保存在四川省的甘孜、阿坝两州。

4. 各民族掌握文化的知识分子记录传承本民族文化留存下来的历史档案。如藏族喇嘛、彝族的毕摩、纳西族的东巴、哈尼族的摩匹和大咪谷等在从事节日、婚丧、收成等的祭祀活动时产生了一些反映本民族社会生活、宗教信仰、民俗民情、天文历算、文学艺术等方面的记录材料。这些材料一般是用本民族古老文字书写的，如纳西族的东巴档案。也有个别民族是口述历史，最初没有文字记录。2008 年，笔者到云南省红河州元阳县新街镇土戈寨村委会所辖的箐口村哈尼族聚居的村子调研，采访了主持村寨祈福祭祀及各种重大仪式的主角——摩匹和大咪谷。他们在日常生活中仅只是个普通村民，但他们几乎能准确记忆和背诵哈尼族所有的神话、传说和历史，尤其在村寨仪式的特定时空中享有极高的威望和权力，为村民的吃、穿、住、行及生产提供行为规则，可以说他们就是村里的民间知识分子，是该村的传统文化人。有意思的是这些摩匹和咪谷的知识多为家族传承、师徒相传与来自神授，口口相传，没有文字记录。笔者在调研中没有见到现成的"摩匹—咪谷"宗教组织的纸墨档案。他们的大脑就是哈尼族文化的"储存器"，尚需要人们通过某种载体将其知识物化，生成口述档案。

5. 民族民间组织或个人形成的契约文书账册、乡规民约、民族产业记录、民间科技等历史文化档案。例如，侗族没有自己的民族文字，但侗族的款师、巫师能用汉字记录侗音，出现了款词手抄本和侗族用以规范行为的乡规民约款碑，成为侗族口耳传承侗族文化的辅助手段②。今天在广西侗族地区还能采访到老款师，见得到款词手抄本。另，在今天的四川省自贡市盐业历史博物馆收藏、研究、陈列、保存有清乾隆至民国时期，反映井盐生产采用

---

① 王晓春：《民国四川藏族档案史料评介》，《中国藏学》2002 年第 2 期。
② 王红：《民间规约的诗性展演：侗族款词研究》，《吉首大学学报》（社会科学版）2012 年第 11 期。

传统方式钻井的原始记录——岩口簿、盐业生产经营过程中的契约、账册以及钻井、采卤、输卤、制盐的生产工具和生产设备等，充分反映出当时自贡盐业的兴盛和行业契约文书账册等档案的应运而生之盛况。①

其次，从管理的场所来看，其收藏方式受其所处的社会条件、文化发展水平影响，其样态多样，其方法各异，大体有如下六种方式：

1. 档藏于官衙。历代中央政府及派驻西南地区的各级地方政权机构内部、历代在中央政府和民族地区设置的专门的民族机构和组织内部、羁縻政策下的民族内部管理衙门等机构，都有相应的管理民族档案的组织和人员。例如，清崇德三年（1638）设立的理藩院，在管理蒙古地区和部分邻国事务的同时，还管理其他各少数民族地区事务，由此产生了大量的文书档案。今天在国家第一历史档案馆理藩部档案全宗中，还保存有"川滇黔土司事务""藏地事务"等案卷。② 又，以藏族为例，据藏文史籍记载，藏族开始有藏文文字记载的历史是从公元 7 世纪中叶吐蕃王松赞干布时代开始的。也就是说，从那时开始，有了藏文档案，自然就出现了藏文档案的管理。历史上，存藏藏文档案最多的地方首推中央政府和西藏地方政府。自元宪宗时代到民国时期，历代中央政府与西藏政府之间的交往越来越频繁、密切，中央政府对西藏行使主权也日益完善。乾隆十五年（1750），清政府在西藏设立噶厦政府（即西藏地方政府），其下设机构中最重要的是"译仓"，意为文库，其职责为主管全藏佛事、管理全藏区寺庙、监管达赖印章等事务，履行着达赖秘书处的职责。在西藏各级地方政府机构内部，都设置有档案管理人员，有专职的，也有兼职的。比如 1652 年，在拉萨布达拉宫下面设置有"雪列空"（亦称"雪涅列空""雪第巴"），专管拉萨近区十八宗溪的治安、司法和收缴后藏等地的农业等差税以及全藏区的牧业差税，还承办噶厦所摊派的各种差役。在"雪列空"内就设置有"雍康"职位，由大贵族朗顿挑选核用，在严格的"雍康"职位管理制度下，专门从事文书档案管理。③ 随着西藏公文交往的日

---

① 黄贵荣：《让千年盐都的历史再现——自贡市盐业历史博物馆简介》，《井矿业技术》1982 年第 1 期。

② 中国第一历史档案馆编著：《中国第一历史档案馆馆藏档案概述》，档案出版社 1985 年版，第145—146 页。

③ 高贺福：《整理利用藏文历史档案的管见》，《西藏研究》1984 年第 2 期。

益密切，文书档案越积越多。"历代皇帝给达赖、班禅及各大呼图克图的敕谕、诏书、诰命、谕旨、册书、朱批等；以及历辈达赖、班禅、摄政王、各大呼图克图、噶伦等僧俗官员给历代皇帝的题本、奏折、谢恩折、表文、贺文、笺文等等，都被妥善保存，有案可查。"① 又，在《蛮书》《新唐书·南诏传》《全唐文纪事》等史籍记载，南诏各级各类政权组织中均设置类似文书工作的职务，负责文书的起草、管理等工作。史载：常书云南木夹，实行木夹行文。②

2. 档藏于宗教、文化活动场所。历史上，西南地区的许多民族都有自己信奉的宗教，都有自己相对固定的宗教活动地点。这些固定的场所，既是宗教活动的场所，也是本民族文化传播的中心，同时也常常是民族档案产生、保存、使用的场所。这方面，藏族的藏传佛教寺院最具代表性。据研究，早在吐蕃王朝时期，藏族就有保存档案的习惯，而且保存历史档案的方法比较独特，即把档案卷子藏在寺院的柱子里，以兹永久保存。藏文史书上称之为"代玛"（即"伏藏"），一般分"地藏"和"寺院藏"两种。③ "最有名的藏文'伏藏'文献就是《莲华生遗教》和《五部遗教》。据传这两部文献是珍藏在吐蕃时期建立的第一个佛教寺院——桑耶寺里的一个柱子中，最初发掘时是手稿。"④ 又，建于 1926 年的雪巴尔康印经院，位于布达拉宫脚下，当年存放着藏传佛教木刻经版十几万块，具有很深的历史渊源。其中最为珍贵的是藏传佛教核心典籍《甘珠尔》，还有佛教大师对佛教经典的注疏、阐意的文集，如《布顿仁庆珠著作集》《土欢·洛桑尼马著作集》等。该院现名为西藏自治区经版档案馆。⑤ 此外，20 世纪五十年代初，在四川西川羌族地区不少地方遗存有钟鼎，铭文及钟铭，以明清以来的遗物居多。其中，茂县土门庙内收藏有明万历十四年钟铭，汶川雁门萝卜寨庙内收藏有清道光四年

---

① 高贺福：《整理利用藏文历史档案的管见》，《西藏研究》1984 年第 2 期。

② 参见（唐）樊绰撰，向达原校，木芹补注《云南志补注》，云南人民出版社 1995 年版，第 120 页；方国瑜主编《云南史料丛刊》第 1 卷，云南大学出版社 2001 年版，第 388 页；（清）陈鸿墀《全唐文纪事》卷十，中华书局 1959 年版，第 119 页。

③ 高贺福：《整理利用藏文历史档案的管见》，《西藏研究》1984 年第 2 期。

④ 格勒：《急待整理、发掘的文化宝库——藏文历史档案》，《档案学通讯》1980 年第 1 期。

⑤ 赵跃飞：《见识古藏文档案的留存与保护》，《中国档案》2005 年第 2 期。

钟铭，汶川三江口四圣庙留存有清雍正六年铸造的钟和清嘉庆十五年铸造的喇嘛寺钟。①

3. 档刻于金石留存。西南地区的许多民族大都经历过繁衍、迁徙、定居的历史发展过程，虽然各民族当时所居处的自然环境、社会生活水平不同，伴随的文化传统也各有不同之处，但都善于利用金石记事来保留自己的文化记忆，现今留存下来的金石档案多以铜（铁）刻、碑幢、摩崖等为载体，涉及记事、告示、功德、宗谱、祠庙、墓冢等内容。有学者研究认为"从考古学发现和目前已有的在石碑上所写的文字来看，我国有文字的各少数民族都有在石碑上刻写自己本民族历史重大事件的习惯，而且这一习惯一直沿用至今。"② 如藏族有一种长久保存档案的传统方法，就是将档案原文铭刻在石碑、崖石、佛塔、铜钟、器皿等上面。《唐蕃会盟碑》就受益于这一传统，今天仍完好树立在拉萨市中心大昭寺前。此碑立于唐朝长庆三年（823），为天然之石加工而成，呈方柱形，由碑首、碑身和碑座三部分组成。高 4.78 米，宽 0.95 米，厚 0.50 米。碑的四面均书写有碑文，多为藏汉双语，记载了吐蕃赞王可黎可足（赤祖德赞）与唐朝皇帝穆宗时代藏族和汉族友好会盟的历史。③ 又，唐大历元年（766），南诏王阁罗凤为表达对唐朝的忠诚，在当时的南诏古都太和城，把南诏与唐王朝、南诏与吐蕃的关系、南诏对西南边疆的经营等情况刻写在高 3.02 米、宽 2.27 米、厚 0.58 米的砂岩石碑上，计 40 行 3800 字；把南诏清平官、大军将等职衔和姓名详列在碑的背面，计 41 行 1200 多字。全碑总刻汉文 5000 多字，史称《南诏德化碑》。原保存在云南大理市太和村，后搬迁到大理州博物馆新建的大理碑亭内。有学者评价说："《南诏德化碑》保留着南诏真实的历史标记，不论是内容上还是形式上都具有高度的原始凭证性，是有关南诏的第一手档案。"④ 再，"大理国王段素顺明政三年北宋开宝四年（971），平定滇东诸爨部，与乌蛮 37 部会于石城（今曲靖市麒麟区）刻石为盟而立。清康熙十八年（1679）在曲靖城北旧石

---

① 何永斌：《西川羌族特殊载体档案史料研究》，四川出版集团·巴蜀书社 2009 年版，第 196 页。

② 包金花：《少数民族档案的类型特征和收藏方法》，《档案》2002 年第 3 期。

③ 王尧：《吐蕃金石录》，文物出版社 1982 年版，第 39 页。

④ 张永钦：《〈南诏德化碑〉档案价值刍议》，《中央民族大学学报》1998 年第 6 期。

城遗址出土。碑高 1.25 米，宽 0.58 米，11 行，每行 13 字。碑末有职官题名 8 行，全碑共 200 余字。碑文中有几个是汉字记白语，还有白文自创字。此碑今存于曲靖市第一中学碑亭内。"①

4. 档藏于私家。西南地区很多民族自古以来就有珍爱本民族文化记录的风俗习惯，甚至有的还利用这些档案材料，编修同宗共祖的家族发展史、重要人物事迹、本民族迁徙繁衍史等，并将材料藏于私家书房、宗庙祠堂，一代一代留存下来。例如，"西藏的大大小小贵族，一般都有收集保管档案文书的传统。甚至在过去被称为'野蕃'地区的四川省甘孜藏族自治州色达县的大头人仁真邓珠家的牛毛帐房里，也还保存着清朝宣统三年的封文原件。可见在藏族地区档案私藏是极为普遍的。可以说每一个宗政府，每一个贵族家中，每一所寺院里都收藏有各种历史档案材料"。② 1958—1959 年，中央政府派到西藏地区进行社会调查的研究人员，从原西藏地方政府机构和拉萨地区的部分贵族府邸、僧俗官员、寺庙拉章以及上层高僧等处征集、接管历史档案文书及各种珍藏品达上万多件，内容非常丰富，现主要收藏在西藏自治区档案馆。③ 又，云南剑川沙溪乡甸头禾村段家珍藏有剑川《段氏家谱》，"为白棉纸 16 开线装手书写本。清道光四年（1824）编。共 22 页。其中《滇南段氏世系》辑录了宋代大理国从段思平到段兴智的 22 代国王名号、在位时间、主要事迹及元代 11 代段氏总管的名讳、功业等；《剑川州段氏世系》辑录了从明洪武十六年（1383）傅友德擢段顺为剑川州义督千户起到康熙五十五年（1716）段国珍止的剑川段氏 12 代列祖列宗名讳、世系及科第功名业绩"。④ 该谱牒抄本现藏于大理州文物管理所。又，《太和段氏族谱》，共 7 本，皆为手抄本，蝴蝶装。现存大理市阁洞塝村段家长辈段克瑞家。据谱可知大理阁洞塝段氏为宋代大理国国王段思平之后，亦为元代段总管段平章之后。⑤

① 杨艺（毅）：《白族古代文字档案史料研究》，《云南社会科学》1999 年第 5 期。

② 格勒：《急待整理、发掘的文化宝库——藏文历史档案》，《档案学通讯》1980 年第 1 期。

③ 扎雅·洛桑普赤、洛龙：《西藏历史档案遗产的传承及管理——略介西藏自治区馆藏藏文历史档案的保护、整理及利用》，《西藏研究》2007 年第 1 期。

④ 杨艺（毅）：《现存白族谱牒档案述评》，《中央民族大学学报》2000 年第 3 期。

⑤ 云南省编辑组：《白族社会历史调查》（四），云南人民出版社 1991 年版，第 9 页。

5. 档藏于洞穴。洞穴对于早期人类的活动来说，既是人类避风遮雨的居所，也是人类保存物品的场所。同样，早期西南地区也有部分少数民族曾在野外洞穴中饮食起居，繁衍后代。由于洞穴具备不易被自然灾害、战乱人祸所危害，安全保障性较高的特点，在一些洞穴中留下的生活用品、洞壁绘画等遗物还能被后人寻到。"从目前已知的报道来看，洞穴中不仅收藏有实物档案，而且也发现了文字档案、图片档案等。"① 就以敦煌莫高窟藏经洞为例，那是莫高窟诸多洞窟中一个很小的洞窟（现编号为第 17 窟）。"大约从 10 世纪上半叶开始，这个洞窟就成了收藏图书、经卷的地方。11 世纪初，莫高窟的僧人为了躲避兵燹之灾，将藏经洞的洞口用泥封住，并在外面画上壁画，巧妙地把洞口掩藏起来。自此，藏经洞便被尘封了几百年。直到 1900 年 6 月 22 日，看守莫高窟的道士王圆箓才偶然发现了这个洞。洞内藏有 4—11 世纪的佛教写经、文书、刺绣绢画和法器等文物 4 万余件。"② 其中，"迄今发现最早的藏文历史档案，绝大部分原藏于敦煌千佛洞第十七号藏经洞内"。③ 到如今，距藏经洞发现已整整一百多年。另，笔者在贵州省调研过程中，听水书先生讲述：因水书神秘的文字构造和特殊用途，水书从不轻易示人。老一辈水书先生常把水书偷偷存藏在岩洞或地洞里。后来改放在竹筐里，现在放在箱子或柜子里。

6. 档存于民间。西南地区的各民族在历史上，把自己在当时生产、生活中所发生的事情以及所获得的感知感悟，用最适合于他们的语言和文字记录表达出来；然后又以适应于他们需要的方式留存、使用；一代又一代地植根、存活在民间。其产生主体是民众，其保存的方法是自然生态法。笔者曾深入到一些云南省民族村寨调研丽江纳西族东巴档案、小凉山彝族彝文档案、沧源佤族口述档案过程中，感受到云南边疆民族地区保存民间档案的最大特征就是原始生态：村民家的火塘边，屋角的麻袋，屋檐下的竹篓、木筐，房屋的供桌，家里的楼阁、储物间等地常常是档案的存藏地。如果是口述档案，则保存在老祭司、老经师的记忆中，父承子袭、叔承侄袭，口耳相传；也有

① 包金花：《少数民族档案的类型特征和收藏方法》，《档案》2002 年第 3 期。

② 《资料：敦煌莫高窟藏经洞》，《文物天地》2000 年第 4 期。

③ 高贺福：《整理、利用藏文历史档案的管见》，《西藏研究》1984 年第 2 期。

个别地方的歌手借实体物化方式提示性记忆流传。另，四川茂县沟口乡一位老释比家里收藏有释比图经《刷勒日》原件，画卷长 1.76 米，宽 0.16 米，共有 108 幅图画，以香木板作为封面封底包夹存藏。①

最后，从管理的方式方法来看，其保管与利用方式因居住的环境条件、社会发展水平及文化习俗不同而独具地域和民族特色，呈现多样化形式。具体来讲：

1. 在档案的整理与保管方面，历史上有的民族有统一保存档案的组织和一套相应的整理方法；有的散存民间，自有一套保管与利用习俗进行约束；也有的为各家自行保存，自生自灭。例如，藏族对档案文书的整理一般不装订，自成一束、一卷、一包进行收藏。这是由于历史上藏族书写文书和其他来往文书没有统一的规范，留存下来的文书书写格式各异、外观大多数呈长方形，但大小不一，很难进行整齐划一的管理。于是，人们把"用于承上启下的呈文、表文、贺文、诉讼文、咨文、卜文、祷文、信函等来往文书，都折叠成'风琴式'的长方形，用绸缎包上存放。一般不装订。一事一文，一文一件，分别保存，便于利用"。② 不过，藏族对档案文书却有一套档案分类管理的传统做法，有的整理编目方法还带有现在的类、卷的内涵。有学者研究总结道："这种方法一般将文件按类别折叠后组卷分裹于布或丝绸内，对重要档案则加轴卷起存放于箱中，再于这些包或箱外用藏文字母编号并附上引文布条。其次，包或箱内文件的整理编目方法亦有几种，即按机构分门别类用数字标号编目；按档案的性质、地域分别定类，用藏文字母编号确定典藏次序；按时间顺序将某一问题和某一地区的档案分插于有格袋子中编目排号；按时间顺序将同类文件前后逐序张贴形成'连单'编目。"③ 至于档案的专用保管工具，有用木质夹板上下夹住档案，置于特制的网格式架子上，或装在专门的竹筒、金属筒，还有用"布包、插袋、木皮箱等，这些木

① 何永斌：《西川羌族特殊载体档案史料研究》，四川出版集团巴蜀书社 2009 年版，第 196 页。
② 泽仁邓珠：《藏族历史档案的制成材料和管理技术》，《档案工作》1987 年第 6 期。
③ 扎雅·洛桑普赤、洛龙：《西藏历史档案遗产的传承及管理——略介西藏自治区馆藏藏文历史档案的保护、整理及利用》，《西藏研究》2007 年第 1 期。

箱做得很考究，在箱外还包上一层牛皮，缝有皮环，环内可穿绳，便于绑在畜背上驮运。有的档案保存则在房中间的木柱上缠几圈布，把档案插在布里。还有一种档案保管措施叫'联单'，又称特长档案，它将每页档案纸粘连成长达300多米的'联单'，独具抗拉性"。①

另，历史上四川省凉山州彝族毕摩的档案文献虽是以民间自行保存方式留存，但彝族民间内部有一套严格的规矩：一有专门的空间收藏，如四川省美姑县柳洪乡曾经留存毕阿苏拉则藏经楼，碉楼状，泥土夯实而成，为凉山彝区最早的具有图书馆形式的毕摩文献馆（可惜该藏经楼在"四清"时被毁）。二有专人管理，这座美姑县柳洪乡的毕阿苏拉则藏经楼主要由其子孙后代轮流守护。平时划出公地由守护者自给自足，如果因故遇到欠收致生活困难，则由本家族成员共同凑出粮食，帮助守护者解决生活之需。三有特定的传承方式，由于毕摩世家的传承具有严格的职业承袭性，在一个家族、一个支系内部传男不传女，传内不传外，代代相传，因此其传承方式较为封闭。凉山彝族毕摩使用的文献大多在一个家族、一个支系内部以家传世袭为主导、旁系传承和非世袭传承为辅进行传承，大约传承五代至八代，传承的毕摩文献就破旧破损，需要抄录新的。四有约定俗成的保存利用方法，一般将每卷毕摩文献裹卷成筒状，再用一张皮或一层布包裹在外，并在其表面上写明该文献的名称，然后或装进竹筒收藏，或用绳索捆扎保存。凉山彝族民间普遍"认为毕摩文献是神圣之物，不能随意放置，必须放在锅庄上方的柜中。平时不得随意翻阅，并且必须定期打牲献祭。还要经常择日将文献拿来晒，以防虫害。如果文献残破严重，无法继续使用。则须举行特定的祭祀文献仪式，将旧的文献送到山洞或深林里"②。

2. 在档案的保存与利用方面，历史上西南地区许多民族都注意借助自然环境条件来长久保存档案的同时，充分彰显档案的内容，发挥档案的效用。例如，唐贞元十年（794），南诏王异牟寻与唐史崔佐时在点苍山神祠结"苍洱之盟"，书《云南诏蒙异牟寻与中国誓文》，为郑重保存，当时共制成四份，一份进献唐王朝，一份藏于南诏祖庙，一份投西洱河，一份留存南诏城

①　夏菁岑：《解密西藏尘封档案》，《中国档案》2002 年第 11 期。
②　阿牛史日、吉朗五野：《彝族毕摩文献》，《四川档案》2008 年第 1 期。

内府库。① 盟书原件没有保存下来，但盟书内容因樊绰《云南志》中有收录而幸存下来。又，在贵州省黔东南苗族侗族自治州剑河县小广寨庵堂里，立有一块清光绪十四年（1888）刻写的有关改革风俗的《永定风规》石碑。碑高 1.37 米，宽 0.83 米。碑额从右到左为"永定风规"四个大字，碑文刻有楷书 1078 个字。碑文分立碑缘由及经过、镇远府的告示、清江军民府的告示三部分，反映的是当地小广等三寨头人和"绅民"呈请官府改革婚俗和服装，以及当时官府的批示等内容。"从第一次出告示（嘉庆二十二年）到立碑（光绪十四年），其间相隔七十一年。"② 可见改革风俗不是一件轻而易举的事，勒石公布公文成为推进移风易俗的重要管理举措。

　　3. 在档案的保存与编研利用方面，西南地区各民族重视利用档案修文存史的行为由来已久；中原汉族官员和学者在一定范围内、一定程度上对西南民族档案也曾进行过收集、分析、摘编撰著。可谓历史悠久，传统优良。今天所见到的历史上许多重要的档案就是在编研成果中幸存下来的。就幸存的汉文西南民族档案文献编研成果来讲，《尚书》作为我国现存最古老、最完整的档案文献汇编，就有对当时西南地区较大部落的历史记录。《史记·西南夷列传》集中保存了上古时期西南少数民族先民的部分档案史料，同时也留下了司马迁寻访到的有关西南地区第一手资料，以及他本人耳闻目睹的记录。继《史记》为少数民族立传开始，历代史家都承袭了这一传统。二十四史中都不同程度地收集了有关西南地区民族的一次或二次或三次的档案文献。历代王朝组织的国家级档案文献汇编中，也收录了大量记载西南民族情况的档案文件，尤其是清代留存下来的实录、奏议、会典、方略或纪略等官方组织的汇编中，保存了大量涉及西南地区的文字记录。此外，一些汉族学者对西南少数民族建立的区域性政权也有专门的研究，常常抄录当地的档案文献，载入史册。如，唐代樊绰的《蛮书》，又名《云南志》，是现今能见到的一部较为完备的记载南诏历史的史书。其材料多源于唐人袁滋的《云南记》和韦皋的《开复西南夷事状》，而这两部书的资料又源于南诏的地方志和南诏人

---

　　① 杨集龙：《白族历史与档案史料》，载中国档案学会编《少数民族档案史料评述学术讨论会论文选集》，档案出版社 1988 年版，第 250—258 页。

　　② 黄新学、陆科闵：《侗族〈永定风规〉碑与它的社会意义》，《贵州文史丛刊》1986 年第 3 期。

士所编写的南诏图籍，可惜这些资料原件已不复存，只能在《蛮书》中寻觅到其踪影。值得一提的是，前述的《唐蕃会盟碑》至今已存一千一百多年，碑刻的铭文已缺失严重，有的已无法识读。幸好碑刻西面、右半盟约的汉文内容部分，在清人黄廷桂等监修、张晋生等编撰的《四川通志》卷二一《西藏》、清人和坤等奉敕撰的《钦定大清一统志》卷四一三《西藏·古迹》《嘉庆重修一统志》卷一九八《西藏·古迹》中都收录有相应的纸质汉文文本，无疑弥补了今人解读的遗憾。①

就藏族来讲，吐蕃王朝建立以后，藏族创立并使用了自己的文字——西藏文。"弃芒伦芒赞赞普在位期间，开始设史官，职掌是记录赞普与大相的驻在地，重要会议的地址和主持人，国家大政和国内外重要事件。"② 由此留存下了吐蕃王朝管理的历史记录。而这些历史记录成为吐蕃王朝后期汇编、整理档案文献编纂、官修史书的基础。现存于世的吐蕃时期的写本手卷吐蕃王朝统纪年，记录反映了吐蕃王国日常生活中所发生的大事，其体例类似于汉文纪传体史书中的本纪。它起自唐高宗永徽元年（650），终于唐玄宗天宝元年（747），历时 98 年。"王统纪年既代表了一批特殊的古藏文官方文献，同时也是一种特殊的史学著作，是由官方作为史学指南有意识地支使官员编纂而成的，其目的首先是要为政府和行政当局提供有关诏令的颁布、兵士的募集、外交和政治事件的情况，同时也提供年代学的日期。"③ 与王统纪年同时存在的还有各附属小邦、各地区的编年史。这些材料从王国各地区由下而上传到中央机构后，修纂者还需做一次系统的筛选、润饰，并对原文进行压缩，最后整理成编年体史书。王统纪年是西藏历史上第一部官修的编年体史书。进入元、明、清时代，由藏族史学家撰写的《红史》《西藏王统记》《贤者喜宴》等史学名著引用了当时大量的原始档案，实为重要的藏文历史文献汇编。

又，在今天西藏自治区档案馆收藏的军事档案文献《藏叶、孔、运、布

---

① 马玉臣：《清代地方志中的〈唐蕃会盟碑〉汉文文本及其价值》，《西藏民族学院学报》2009年第 6 期。

② 范文澜：《中国通史》第四册，人民出版社 1978 年版，第 52 页。

③ 王尧、沈卫荣：《试论藏族的史学和藏文史籍》，《史学史研究》1988 年第 2 期。

茹白红黄蓝旗军兵册》（以下简称《藏四茹兵册》），是一部清代早期西藏军事档案类大型文献丛书。其载体分别为质地上乘的特制藏纸，有朱红、淡黄、蓝墨色等颜色，为藏文乌梅手写体文本，现存 16 册（当时应有 20 余册），均据各茹军旗颜色，分别由黄、蓝、红、（白）色清代早期上乘花纹彩缎、包裹精装成册。据考证，为当时精通西藏传统军事理论及历算学的官员桑杰嘉措牵头，在参阅许多前代兵册、土地与人口清册、户籍名册等档案文献基础上编写而成。① 其"内容涉及自元代尤其是 16 世纪帕木竹巴名存实亡以来，后藏各地方割据势力统治者与后来居上者藏巴汗统治时期人户、土地清册、兵役兵差、军政建制等史料和甘丹颇章早期组建前藏、后藏藏军建制相关史料"。② 为目前国内仅存的一套藏文手写本孤本。

就白族来讲，云南白族的档案文献编纂历史可以追溯到宋代的大理国时期。当时，云南省的白族已用白（僰）文记录下唐、宋期间南诏、大理国的有关历史传说故事，名《僰古通》。该书普遍流传于大理一带的白族之中。元朝以后，有不少人获见《僰古通》其书，并在原书基础上掺入汉文史书中的不少记录加以演绎。今存的《僰古通纪浅述》为最后演绎《僰古通》的一部书，而且它引用了大量《滇考》的有关记录。尤中先生认为："元、明时期的部分，则与'正史'所载相符合一致，可以视为元、明时期的云南地方史。"③

综上所述，西南地区的民族档案及民族档案资源管理的历史，起源于助记忆时代。在以后的发展历史上，各民族运用自己独特的记录方式留存下了反映自身民族发展进程的历史记录，同时也留存下各民族与其他民族交往过程中产生的用各种民族文字符号记录的历史材料。历经时代变迁，留存到今天的西南民族档案资源管理的思想与方法、经验和教训，都是十分宝贵的财富。它们对西南地区各民族档案一代一代留传下来起到了积极作用。而且上述民族档案的管理方法也成为西南民族历史档案的重要组成部分。

---

① 群培：《试述西藏自治区档案馆馆藏珍稀文献〈藏四茹兵册〉之特点及研究价值》，《西藏研究》2014 年第 1 期。

② 同上。

③ 尤中校注：《僰古通纪浅述校注》，云南人民出版社 1989 年版，第 1—3 页。

不过，人世间事物的存在，受到语言叙述和文字记录的支配；而叙述和记录是人的行为，人的行为是在人的思想支配下发生的。① 由于受到时代发展的局限，这些档案管理的方法多为实践经验操作，更多地局限于本民族、本区域范围，缺乏系统性总结，欠缺严谨的科学论证。总体上，这一时期西南大部分地区的档案管理工作仍然存在着基础薄弱、发展层次低下、发展水平不一等问题。直到解放前，有些民族有语言但没有文字，还停留在实物记事时代；有的民族在社会活动中即使产生了档案，也是分散的，很难有档案管理的意识和实践；有的民族虽然产生了档案也有档案管理人员，但也没有产生专门的档案管理机构和专门的档案管理制度。这也是需要正视的历史事实。

总之，综观西南地区的发展历程，西南地区的档案管理工作在这一时期仍然处于发展水平低下的状况。

（三）西南地区民族档案资源现代管理体系的形成

中华人民共和国的成立，标志着一个统一的新的多民族现代国家的建立。西南地区作为中华民族共同家园的重要组成部分，全面建立了巩固的人民政权，实现了国家制度的统一。从 20 世纪 50 年代起，西南地区范围内的所有民族和村落逐步纳入了国家体制的统辖范围，党和国家确立了各民族不分大小一律平等、团结、互助的新型的社会主义民族关系，西南地区实现了各民族的大统一、大团结。西南地区各族人民与全国各族人民一道，在社会主义建设中共同劳动、共同生活、共同繁荣，共同经历了翻天覆地的变化。相应地，西南地区的民族档案管理，和全国其他地区一样，在国家的制度建设框架、社会关系和经济文化发展等方面的直接影响下，也迎来了蓬勃发展的时代。

首先，西南地区历史上分散且不统一的各民族档案逐步建设成为国家全部档案中不可分割的重要部分。

新中国是一个统一的多民族国家，各族人民当家做主人，共同创造着中华民族灿烂文化。伴随国家整体建设与发展步伐，西南地区各族人民在长期

---

① 李杰：《重建历史客观性》，《云南大学学报》（社会科学版）2017 年第 1 期。

历史发展过程中形成和积累下来的历史记录成为国家整个档案宝库中的一部分，西南地区各民族的档案工作成为国家档案事业的重要组成部分。具体来讲：(1) 在党和国家的统一领导下，西南地区建立健全了各级党政机关的档案工作，实行了机关文书立卷归档制度，培养了一批档案管理干部，整理了新中国成立以来的积存零散文件，实现了各级党政机关文书工作、档案工作的规范管理。(2) 西南地区配合全国形势发展需要，及时接收整理民国时期旧政权机关的档案。1951 年，重庆、成都和昆明等西南多地配合国家南京史料整理处接收了大量民国中央机关遗留下来的档案。1953 年，在四川巴县樵坪乡天成寺又发现了康熙九年（1670）至民国三十年（1941）期间反映巴县和四川地区历史发展的旧政权地方档案，即"巴县档案"，经西南博物馆接收、整理、保管后转交四川大学整理保管，1963 年正式移交四川省档案馆保管。① 在接收、整理、保管这些民国旧政权档案的过程中，西南地区的档案工作逐步建立发展起来。(3) 西南地区的各级档案部门，在为西南地区的社会主义革命和建设服务方面，在为西南地区的经济和文化建设服务方面，尤其是在国家于 1953 年组织的民族识别调查，1956 年组织的少数民族语言、少数民族社会历史调查过程中，提供了大批珍贵的民族历史档案和革命历史档案。在当时，"广西壮族自治区档案馆提供了广西的革命历史档案，配合中央民族学院中南分院广西党史调查团，编写了八册革命斗争史作为教材。广西壮族自治区很多档案部门，还为创制壮族文字提供了大批的档案资料。该自治区在改编歌舞剧——'刘三姐'过程中，曾参考了几个县档案馆所保管的县志等材料"。② 与此同时，西南地区的工矿、企业也建立了相应的技术档案机构，建立健全了有关的技术档案管理制度。(4) 西南地区的各级档案部门在民族历史档案工作方面，一是积极调查摸底民族历史档案和资料的下落，弄清档案的准确线索；二是对于可以集中性收集管理的民族历史档案，则有计划有步骤地收集入馆；三是暂时不便集中收藏的民族历史档案，则积极创造条件协助保管者妥善保管。

---

① 周雪恒主编：《中国档案事业史》，中国人民大学出版社 1996 年版，第 502—504 页。

② 曾三：《加强少数民族地区的档案工作——一九六零年八月二十六日曾三同志在全国少数民族地区档案工作会议上的报告》，《档案工作》1960 年第 9 期。

随着西南地区的社会主义革命和社会主义建设事业的发展，西南地区积累的民族档案主要由三大部分组成。一为西南民族历史档案（前已详述）。它是民族历史文化遗产，是研究国家历史、民族发展的珍贵材料。二为民主革命时期的西南民族档案。主要包括党的民族政策、党在西南地区开展的民族工作、西南各民族积极参加革命斗争等方面的档案材料，具有极其宝贵的价值。三为西南地区在社会主义革命和建设的发展过程中积累起来的民族档案。主要包括：党和国家制定的民族工作方针、政策及其贯彻落实过程中形成的档案；在西南少数民族聚居区建立的民族区域自治政府，以及国家和民族地区的各级组织推进民族地区各类建设过程中形成的档案；民族区域自治机关、民族事业机构、民族企业、民族团体及少数民族人士在社会实践活动中产生的档案等。

相比而言，西南民族现行档案较前两类档案，其形成的层次更加多样、种类更为浩繁、数量更为宏大、内容更为广泛。而且，这一时期积累的民族档案所记载的内容已不是反映单一的某个民族的社会实践活动，而是反映西南乃至全国各民族共同劳动、生活、奋斗的历史。既包括用本民族文字和非本民族文字书写成的档案，也包括汉族用汉文字或少数民族文字形成的档案。你中有我，我中有你。1956 年，国务院颁布了《关于加强国家档案工作的决定》，明确了国家档案所涉及的范围，指出国家的全部档案都是珍贵的历史财富。从此，西南地区的民族档案在国家集中统一管理的社会主义档案事业体制下，与汉民族档案并存为国家档案完整的不可分割的统一体。①

其次，西南地区的民族档案管理机构从无到有、从纵向到横向，逐步建设成为国家档案事业的一部分。

1954 年 11 月，国务院直属机构国家档案局成立，对全国的档案工作实行统一管理。1959 年 1 月 7 日，根据中共中央《关于统一管理党政档案工作的通知》精神，党和政府的档案工作实行了统一管理。于是，西南地区各省、市、自治区也依照规定逐步建立、健全了党政统一的档案管理机构，有的自治州、自治县还相应建立了档案馆。西南地区各省成立的具体情况是这样的：云南省档案局于 1959 年 5 月 30 日成立，其局下设立云南省档案馆筹备处，

---

① 周雪恒主编：《中国档案事业史》，中国人民大学出版社 1996 年版，第 524 页。

作为云南省档案保管的基地和档案利用中心，直属中共云南省委、云南省人民政府，负责统一管理和提供利用省级国家机关和社会团体的档案。贵州省档案局于 1959 年 6 月 1 日成立；贵州省档案馆于 1960 年 10 月 1 日成立。四川省档案局、四川省档案馆于 1959 年成立。西藏文物古迹文件档案管理委员会于 1959 年 6 月成立，其下设文件档案组；1963 年，在此基础上成立西藏自治区档案筹备处；1965 年，成立西藏自治区档案局（自治区档案馆）。1959 年 4 月，广西壮族自治区档案局成立；同年 8 月，广西壮族自治区档案馆成立；1960 年 8 月，正式开馆。

随着上述档案管理机构的建立和工作的开展，西南地区的各级档案馆建设蓬勃兴起，西南地区的档案业务工作从此得到了进一步加强，原来处于分散不统一的档案工作逐步得到了规范。西南地区的档案工作最终建设成为具有国家规模的集中统一管理的社会主义档案事业。与此同时，西南地区的各级档案部门在深入少数民族地区收集历史档案和资料的过程中，克服了地域辽阔、交通不便、语言交流困难等诸多特殊问题，把民族档案的收集工作开展得迅速而有效；对所收集到的少数民族档案，又及时组织人力整理、编目、保管；在工作中，既注意贯彻执行国家档案工作的一般原则，又尊重西南各民族的风俗传统，切实保证了民族档案工作的顺利开展。① 例如，20 世纪 50 年代，广西整理编纂了在少数民族社会调查过程中形成和积累的碑刻、契约等资料，出版了《广西少数民族地区石刻碑文集》《广西少数民族地区碑文契约资料集》。② 1960 年 4 月上旬，广西自治区党委办公厅与区档案管理局组织召开少数民族档案工作座谈会，就开展少数民族档案工作的调查、收集、整理、编目和利用等工作，广泛交流经验，为继续推进广西民族地区档案工作的发展确定目标，深化共识。③

西南地区发展到这一时期，西南少数民族之间的差别在逐渐减少，各民族之间的共同因素在逐步增加，西南地区各民族的档案管理工作实现了翻天

---

① 曾三：《加强少数民族地区的档案工作——一九六零年八月二十六日曾三同志在全国少数民族地区档案工作会议上的报告》，《档案工作》1960 年第 9 期。

② 郑慧：《广西少数民族档案史料编纂述略》，《档案学通讯》2012 年第 6 期。

③ 袁志祥：《广西召开少数民族档案工作座谈会》，《档案工作》1960 年第 5 期。

覆地的变化：从国家到西南地区的各级国家档案管理机构既要收藏管理那些用各民族文字书写形成的档案，也要管理那些用汉文字书写形成的档案。西南地区的民族档案工作既是西南整个档案工作的重要内容之一，也是国家档案事业的重要组成部分。

最后，西南地区的各级档案管理部门根据西南地区的民族特点，采取了一些符合实际的科学的管理手段和方法，积极开展民族档案管理工作。

为了进一步加强少数民族地区的档案工作，更好地满足国家发展的需要，国家档案局于 1960 年 8 月 25 日至 31 日，在内蒙古呼和浩特市召开了全国少数民族地区档案工作会议。乌兰夫副总理在会上强调指出：我国是一个统一的多民族的国家。我国少数民族地区的档案就是我们伟大祖国档案宝库中的一个重要组成部分。把这些宝贵的档案财富大量地收集和整理起来，对制定和推行党的各项方针政策，研究各民族历史具有重要意义。[①] 曾三局长提出了加强少数民族地区档案工作的五项任务。他强调要继续收集少数民族地区的历史档案和历史资料，以充实馆藏；少数民族地区的档案馆应该十分重视该地区历史档案和历史资料的收集工作，要进一步加强档案馆的建设，把应当向馆移交的档案有计划有步骤地接收入馆，并做好现存档案的整理、保管、利用等工作；在少数民族地区注意培养少数民族档案干部和培养能使用两种以上文字的档案干部，广泛提高档案干部的政治水平、业务水平和文化水平，巩固和发展少数民族地区的档案工作。[②] 会议还特别对从事民族档案工作中遇到的一些具体问题，诸如两种文字的档案如何进行整理、鉴定、统计、保管方法问题，对历史档案和历史资料的收集问题，根据少数民族地区的特点，如何加强业务指导和干部培训问题等等，明确指出要遵循党委的指示，根据档案工作的方针和基本原则以及本地区的情况予以研究解决。强调档案部门在少数民族地区开展档案工作，要贯彻中共中央、国务院关于档案工作的方针和基本原则，同时要照顾各个少数民族地区的特点，要认真执行党的民族

---

① 《乌兰夫同志在全国少数民族地区档案工作会议上的讲话》，《档案工作》1960 年第 9 期。

② 曾三：《加强少数民族地区的档案工作——一九六零年八月二十六日曾三同志在全国少数民族地区档案工作会议上的报告》，《档案工作》1960 年第 9 期。

政策。①

　　这次会议对西南少数民族地区档案工作的开展起到了积极的推动作用，有关会议精神和会上确定的一些原则、措施，对西南少数民族档案工作始终都在发挥着指导性作用。西南各省档案局根据会议精神先后颁布了关于调查收集少数民族档案资料的通知，要求各相关部门广泛收集整理与本民族有关的档案资料。各级档案管理部门积极响应，主动收集、整理和保管档案资料，协助指导相关部门在积累了大量的民族档案资料的基础上及时出版档案文献编纂成果。1961 年，广西政协文史资料研究委员会主持汇编、广西壮族自治区人民出版社出版了《辛亥革命在广西》。1964 年，中国科学院民族研究所与广西少数民族社会历史调查组共同把收集到的 16 篇《评皇券牒》文献编纂成《瑶族过山牒文汇编》，在内部发行。②

　　总之，新中国成立以来，西南地区的建设作为国家建设的有机组成部分，形成了统一稳定、经济发展、社会进步、人民生活大有改善、各民族团结和谐的崭新局面。与此同时，西南地区的民族档案管理工作也相应地得到了规范有效的建立与完善。新中国成立以前西南地区档案管理长期存在的有档无名、制度落后、缺乏体系、整体破败凋敝的局面得到彻底改变。西南地区在民族档案工作机构建设、少数民族档案管理人员的培养、民族档案的收集和整理利用方面有了显著发展。西南民族档案管理发生的翻天覆地的变化有目共睹：西南民族档案不再是单一的某个民族发展的历史记录，而是各民族在社会主义革命和社会主义建设过程中共同发展的历史记录；西南民族档案管理既包含西南各民族自身的档案管理工作，也包括西南地区的民族档案工作，它们是国家档案事业的重要组成部分。加强西南地区民族档案管理，不仅有助于西南地区和国家档案事业的发展，也将促进西南地区建设具有西南地区特色的社会主义档案事业，为国家建设与发展发挥更大作用。

---

　　① 曾三：《加强少数民族地区的档案工作——一九六零年八月二十六日曾三同志在全国少数民族地区档案工作会议上的报告》，《档案工作》1960 年第 9 期。

　　② 参见郑慧《广西少数民族档案史料编纂述略》，《档案学通讯》2012 年第 6 期；郑慧《1949年以来广西档案文献编研的特点及未来发展趋势》，《档案学通讯》2015 年第 3 期。

二　西南地区民族档案资源管理的当代发展

党的十一届三中全会的召开，拉开了国家改革开放的序幕。国家治理理论和制度结构的变动和安排，对西南地区经济的迅速发展、社会文化的深刻变化产生了根本性的推动作用。三十多年来，在西南地区，民族区域自治制度得到恢复和建设，各民族平等、团结、互助、和谐的社会主义民族关系更加巩固；从计划经济向市场经济的转型，使各民族地区的经济获得加速发展，民族文化呈现出多样性和现代性的发展态势。与之相适应，西南地区的民族档案管理在国家的统一部署下，遵照国家统一的政策和法规指引，进入了一个稳健有序的发展轨道。

（一）西南地区民族档案资源管理的现状扫描

党的十一届三中全会以来，西南地区各级各类国家级档案馆在发挥馆藏特色民族档案优势、服务国家建设、实现各民族共同发展和共同繁荣等方面发挥了重要作用，取得了显著的成绩。2014 年 5 月初，中共中央办公厅、国务院办公厅联合印发了《关于加强和改进新形势下档案工作的意见》（以下简称《意见》），为西南地区的档案事业发展指明了新方向，同样也给予了西南地区的民族档案工作以与时俱进的意识和理念，使西南地区的各级档案部门着眼改革，把握重点，更有目标和方向地开展民族档案工作，更有动力地主动适应全面深化改革的新需要和档案工作发展的新变化，从而推进了西南地区的民族档案工作进入新境界，迈上新台阶，使西南地区的民族档案管理发展呈现出了良好的发展态势。具体来讲：

第一，国家重视，各方支持，西南地区民族档案事业蓬勃发展。

西南民族档案工作作为国家档案工作的重要组成部分，首先要依据国家的档案工作方针政策和基本原则来开展工作，与此同时也要注意根据各民族文化发展的特点，采取一些符合民族地区实际的科学的方式方法。对于民族地区如何更好地开展民族档案工作，党和政府始终给予了高度重视、大力支持和热情指导。国家档案局在 1960 年 8 月首次召开的全国少数民族地区档案工作会议上，提出了根据各个少数民族地区特点贯彻执行档案工作的方针、原则。① 国家档案局曾三局长做了《加强少数民族地区的档案工作——一九六零年八月二十六日曾三同志在全国少数民族地区档案工作会议上的报告》的报告，提出了加强少数民族地区档案工作的具体任务。② 在这次会议上达成的共识对指导和开展我国的少数民族档案工作起着重要作用，也成为较长时期以来西南地区开展民族档案工作的重要指导。西藏自治区、广西自治区等地都先后制定了有关少数民族档案收集、整理、管理的规定和具体实施办法，并在实施中取得了很好的成绩。③

　　进入 20 世纪 80 年代，西南各省区市在民族档案工作的推进和认识上都有了长足发展。以贵州思南县为例，1983 年该县进行民族识别工作产生了大量有价值的文件和档案，于是思南县档案局联合县民委及时建立民族档案，开展了相应的民族档案管理工作。该县除了将民族识别中形成的文件和档案及时立卷归档外，还特别注意收集散存在民间的珍贵史料，将其分类归档保存，并拟定了档案管理办法和保管期限表等制度。事实证明，这些收集到的民族档案在民族志编写、学校招生等方面发挥了应有作用，几年来接待查档人员 3500 多人次，提供利用档案 5334 卷次。④ 就贵州全省来讲，贵州是一个多民族的省份，生活在那里的苗、布依、侗、水、瑶、彝、仡佬、土家、壮、白、满、加、蒙古、羌、回、畲、仫佬、毛南等少数民族，在历史发展过程中，形成和积累了大量的用汉文或苗文、水文、古彝文等民族文字记录的档案，是珍贵的贵州民族文化发展的历史记录。为进一步做好收集整理、立卷归档工作，贵州省民族事务委员会和贵州省档案局于 1987 年 4 月 22—24 日，在印江、思南联合召开了贵州省民族档案工作现场会。这是贵州新中国成立以来首次召开的全省性的民族档案工作专业会议，对促进贵州民族档案工作发展具有重要的战略意义和深远的历史意义。⑤

---

　　① 阎谦：《记全国少数民族地区档案工作会议》，《档案工作》1960 年第 9 期。
　　② 曾三：《加强少数民族地区的档案工作——一九六零年八月二十六日曾三同志在全国少数民族地区档案工作会议上的报告》，《档案工作》1960 年第 9 期。
　　③ 杨中一：《中国少数民族档案及其管理》，中国档案出版社 1993 年版，第 53—54 页。
　　④ 罗永长：《建立民族档案，服务民族工作》，《中国民族》1990 年第 4 期。
　　⑤ 邵斌：《贵州省召开民族档案工作现场会》，《档案工作》1987 年第 7 期。

1987 年 11 月 1 日至 5 日，中国档案学会在昆明召开了全国少数民族档案史料评述学术讨论会，来自全国 5 个民族自治区、10 个省、16 个民族自治州（盟）、县、中央级档案馆以及部分有关少数民族史学研究单位的 48 位档案工作者参加了会议。会议通过对少数民族档案史料的概念、种类、特点、作用和价值的探讨与交流，取得了可喜的研究成果。① 国家档案局韩毓虎局长作了讲话。他指出：要充分认识少数民族档案在加强民族平等、团结，发展新型民族关系，实现共同发展与共同繁荣中的重要作用。要求各级档案部门在执行党和国家制定的关于档案工作的方针政策、法规制度的前提下，依照民族区域自治法的规定，采取各种切合实际的措施，制定本民族档案的具体管理办法。② 在此会议期间，云南省档案局、档案学会同时召开了云南省少数民族档案工作座谈会，这也是云南省新中国成立以来第一次召开的少数民族档案工作专业会议。意在抢抓机遇，以改革创新的精神，努力探索出一条适应新的历史发展需要的民族档案工作的新路子，促进云南全省档案工作更快更好地发展。③

国家进入改革开放时代，我国的民族档案事业如何在社会主义市场经济条件下更好地建设与发展，如何正确处理诸如统一领导与分级管理、档案工作与市场经济、基础业务工作与服务工作、传统管理与现代化管理、保密与开放等各种关系问题，国家予以高度重视，于 1994 年 9 月 11 日至 15 日，在乌鲁木齐召开了全国民族地区档案工作会议。会议全面总结了我国自新中国成立以来特别是改革开放以来民族档案事业建设的成就和经验。④ 国家档案局王刚局长作了《艰苦奋斗，共同努力，把民族地区档案工作继续推向前进》的报告，分析了新时期民族地区档案工作的四个特点，提出了新时期民族地区档案工作的九项基本任务和五项措施。这次会议是继 1960 年全国少数民族地区档案工作会议之后的又一次全国民族档案工作的盛会。这次会议的精神对进一步落实党的民族地区的各项政策，推动民族地区档案工作的开展起到

---

① 本刊编辑部：《中国档案学会少数民族档案史料评述学术讨论会在昆明召开》，《云南档案》1987 年第 6 期。

② 本刊编辑部：《国家档案局局长韩毓虎在全国少数民族档案史料评述学术讨论会上的讲话》，《档案学研究》1988 年第 1 期。

③ 云杉：《省档案局、档案学会召开少数民族档案工作座谈会》，《云南档案》1987 年第 6 期。

④ 甘玉贵：《全国民族地区档案工作会议在乌鲁木齐召开》，《办公室业务》1995 年第 1 期。

了积极的作用。会上，西藏、广西、云南等省区档案界代表作了大会发言，介绍了各自省区改革开放以来在民族档案工作方面所取得的成就和经验，给予西南地区的民族档案工作者以极大的鼓舞。

第二，统一部署，广泛征集，西南地区民族档案资源日臻丰富。

民族档案和民族档案资源体系是民族档案工作赖以生存和发展的基础。而民族档案资源体系主要由民族档案的资源总量、民族档案的资源内部结构及空间分布等要素组成。西南地区民族档案资源的构成主体是国家各级各类综合和专业的档案机构收藏的档案资源，社会其他机构、民间等收藏的档案资源是重要构成部分。2010 年 5 月，国家在四川召开的全国档案安全体系建设工作会议上提出建立档案安全体系的要求，西南各省各级综合档案馆把同步建立档案"三体系"（档案资源体系、档案利用体系和档案安全体系）作为档案工作的主要内容，并借此发展机遇，立足区域特征、文化特色和产业特点，统一部署，上下联动，广泛征集并充分整合各种民族特色档案，成绩显著。

短短几年的努力，西南各省区市各级综合档案馆改变了以往存在的馆藏量偏低、馆藏结构单一、同质化现象突出等问题，在馆藏档案的数量、结构和质量等方面实现了新的突破，民族档案资源大量进入国家档案资源体系。就以广西和云南为例，广西壮族自治区于 2013 年开展了"档案资源建设年"活动，广西档案部门借助当地的主流媒体发布《关于征集珍贵档案资料的通告》，向社会广泛征集各类珍贵档案资料；通过走访、信函、网上查询和有偿购买民间档案等方式，向私人收藏者、知名人士和社会普通民众征集档案原件或档案复印件和复制品；举办多种形式的档案展览，把征集工作从单纯的文书档案征集扩展到了实物档案的征集。经过努力，仅各类档案资料就已征集到 1.3 万件（册）。"除征集到反映广西各历史时期发生的重大活动和重大事件的档案资料，以及广西各历史时期人物、知名人士、专家学者、著名宗教人士形成或保存的手稿、书信、日记、传记、专著、回忆录、书画、照片、题词等外，还征集到了反映广西 12 个世居民族风土人情、民风民俗、民族宗教、传统技艺、服饰等方面的图片和实物档案资料。"① 广西壮族自治区档案

① 覃兰花、李爱玲：《加强民族档案征集促进馆藏优化》，《中国档案》2014 年第 12 期。

馆所收藏的民族档案资源因此有了前所未有的重大优化。

2010 年以来，云南省全面启动了云南省民族档案资源建设工程，旨在建立云南边疆民族特色档案资源体系：（1）本着优先抢救特色档案的工作原则，全省对云南无文字少数民族档案、云南特有少数民族档案、人口较少少数民族档案进行了广泛征集。"要求省档案馆每年收集、征集特色档案资源数量要占全年新进馆档案数量的 10% 以上；州市级馆要占 20% 以上；县级馆要占 30% 以上。"① 逐步建立具有民族性、文化性等特点的云南少数民族档案资源体系。（2）云南省档案局（馆）从 2010 年开始分别对本省 25 个世居少数民族以及 15 个特有少数民族的档案进行了抢救与保护，尤其对反映这些民族的民间传说、民风民俗等方面的珍稀档案进行了抢救性收集和征集，形成了少数民族个人访谈记录、少数民族语言与汉语的双语翻译文献、民族文化活动影像记录、民族实物收藏等多形式互补充的民族档案资源体系。（3）借助新加坡国家档案馆与云南省档案局口述历史合作项目，举办抢救保护云南少数民族口述历史培训班，培养出一批开展口述历史工作的人才。与此同时，借鉴抢救保护阿昌族、布朗族、独龙族、基诺族 4 个少小民族口述历史档案工作的成功经验②，积极组织开展对村寨古稀老人、民间能工巧匠、民族文化传承者的访谈活动，对于那些有语言无文字少数民族的口述历史、濒临失传的民族文化做了多层次、立体性的真实记录，形成了相应的少数民族档案资源。（4）云南省档案局在稳步建立全省档案信息资源数据库的进程中，着力建立云南各少数民族的档案资源专题数据库，并相应构建云南 15 个特有少数民族的档案资源数据库；③ 在取得阶段性成果的基础上，稳步建立涵盖云南 26 个民族的、富有云南边疆民族特色的档案资源体系。（5）云南省档案局协同省茶叶协会等相关部门，开展古茶树资源调查和建档试点工作，建立古茶树分布图表和登记册等专题档案，对有代表性的古茶树以及古茶树群落实行档案化管理，征集普洱茶实物档案进馆，建立不同载体的普洱茶文化档案，

---

① 黄凤平：《努力守护民族记忆，积极传承民族文化——云南多元民族档案工作的行与思》，《档案学研究》2011 年第 4 期。

② 同上。

③ 同上。

以此打造新时期民族特色支柱产业档案品牌，丰富地方特色档案资源。（6）云南省档案馆联合文化和文物主管机构、非物质文化遗产管理部门，创新非物质文化遗产的档案式保护方法，采集和整理出一批反映各民族音乐舞蹈文化的声像档案，实现了非物质文化遗产档案的全文信息数据保存。截至2016年，云南省档案馆已完成14个云南特有少数民族和99位社会名人档案的征集工作，拥有照片档案3.9万张，音像档案7.1万分钟，各级综合档案馆馆藏特色档案总量达到69万余卷。① 经过多年的努力，云南省各级档案馆所藏的民族档案已构成纸质文书档案、电子文件及照片、影像、实物等各种形式档案兼有的一个巨大的民族档案宝库。

第三，与时俱进，规范管理，西南地区民族档案管理适应新常态。

"十二五"规划实施以来，西南各省、市、自治区的各级档案部门紧紧围绕国家的工作大局和社会的需求，主动适应国家和西南地区经济发展新常态，在争取国家政策支持、强化基础设施建设、深入推进民族档案文化建设、不断增强服务经济社会能力等方面取得了显著成绩。这期间，中共中央办公厅、国务院办公厅出台了《关于加强和改进新形势下档案工作的意见》（以下简称《意见》），对做好新形势下的民族档案管理工作具有重要的指导作用和强大的推动作用。西南各省、市、自治区也根据《意见》精神，陆续出台了本省有关进一步加强和改进新形势下档案工作的实施意见，对本省的档案工作做出了全面谋划和具体部署，全力推动档案事业发展实现新跨越。与之相适应，具有西南地区民族特色的档案管理有了新的发展。

随着新形势下国家档案工作的全面推进，西南地区的各级档案部门以整合档案资源服务大局、服务民生为主线，以建设档案资源体系、档案利用体系和档案安全体系为重点，大力提升档案部门的档案工作服务水平，档案工作呈现出一种新的发展态势。西南地区的民族档案管理工作因此站在了一个全新的时代起点上。就以四川省为例，"十二五"建设期间，四川省结合本省档案工作实际，陆续出台了《四川省国家档案馆管理办法》《关于进一步加强和改进新形势下档案工作的实施意见》等文件，进一步完善了四川档案

---

① 黄凤平：《贯彻落实五大发展理念全面开创档案事业跨越发展新局面——在全省档案工作暨表彰先进会议上的讲话》，《云南档案》2016年第2期。

地方法规体系；围绕中心，服务大局，印发了《全省政府机构改革中档案处置工作的意见》《关于加强全省民生档案管理工作的意见》等行业文件，档案业务建设不断深化，档案服务工作成效显著（详见表3—1）。截至"十二五"末，四川"全省各级综合档案馆馆藏档案3万余个全宗，比'十一五'末增加2263个全宗，增幅7.4%，馆藏档案1854万卷，比'十一五'末增加318万卷，增幅20.7%，经济、科技和其他门类、不同载体的档案数量明显增加"①。"全省各级综合档案馆共计开放档案2万余个全宗、619万余卷、157万余件，比'十一五'末分别增加14.4%、22.2%、628%，利用档案人次累计252万余人次，利用档案547万余卷次、151万余件次，利用人次、卷次和件次逐年增加。"②

又，云南省各级档案部门以服务国家和本地区经济社会建设为主线，建立完善规章制度，努力构建多领域全覆盖的档案资源体系、全方位多层次的档案利用体系和科学精细的安全保护体系，适应了新常态，实现了新跨越（详见表3—2）。"十二五"期间，云南"全省各级综合档案馆馆藏档案总量从600余万卷增长到1104万卷。仅2015年就增加63万卷，其中省馆增加7.2万卷。"③接待档案及政务信息查阅120余万人次，接待展览参观人员24万人次，开发1000余种档案文化产品，举办各种培训班2159期，培训人员7.8万人次。④

2016年，云南全省各级国家综合档案馆共接收征集档案81万余卷，其中特色档案3万余卷，馆藏总量达到1177万余卷。全省各级档案部门共接待档案及政务公开信息查阅利用25.6万人次，查阅档案30余万卷次，接待参观5万余人次，开发各类档案文化产品70余种，举办各类培训班484个，培训人员近2.8万人次。⑤

---

① 丁成明：《提升服务能力夯实业务基础加快转型升级奋力推进新形势下全省档案馆工作——在全省档案馆工作会议上的讲话》，《四川档案》2016年第6期。

② 同上。

③ 黄凤平：《贯彻落实五大发展理念全面开创档案事业跨越发展新局面——在全省档案工作暨表彰先进会议上的讲话》，《云南档案》2016年第2期。

④ 同上。

⑤ 《夯实工作基础提升服务水平推动全省档案事业发展迈上新台阶——在2017年全省档案工作会议上的讲话》，《云南档案》2017年第2期。

表3—1　　2011—2014 年四川全省各级国家综合档案馆档案资源建设与
服务情况汇总统计表

内容 ╲ 年份	接收、征集档案（万卷/万册）	抢救重点档案（万卷）	查阅利用档案（万人次）	提供档案资料（万卷、件、册次）	接待参观（万人次）	编研档案资料	档案培训	
							举办培训班（期）	培训人员（人次）
2011	74.8/167.9	17.9	40	80	—	159 种/125 万字	—	—
2012	—	11.9	—	—	举办档案展览246 场次	开发档案产品30 余种	—	—
2013	64.95/158	—	30	65 万	80 余批次/0.2 余	233 册/3095 万字	—	—
2014			92.65	148.14 万	151 万	公开出版34 种/1235 万字	417	3.1 万余

资料来源：笔者调研。

表3—2　　2011—2014 年云南全省各级国家综合档案馆档案资源建设与
服务情况汇总统计表

内容 ╲ 年份	征集特色档案（万卷/万件）	接收、征集档案（万卷）	馆藏档案总量（万卷/万件）	查阅利用档案（万人次）	查阅档案（万件/万卷）	接待参观展览（万人次）	开发档案文化产品（种）	档案培训	
								举办培训班（期）	培训人员（万人次）
2011	1.6/30	22	820/806	14.8	—	2.9	—	409	1.5
2012	1/5.1	15.6	835/892	15.2	32.3	6.7	39	524	2.2
2013	4.6	40.1	—	12.7	—	2.7	45	547	1.7
2014	—	50	1009	12	33	5.8	58	388	1.9

资料来源：笔者调研。

　　需要注意的是，在西南地区的各级国家档案馆所保存的民族档案以及散存在西南民间的民族档案中，有一部分因载体形态各异、形成年代久远、历史上收藏条件简陋等因素，不同程度地存在破损、纸张酸化、字迹褪变等现象，民族档案的征集抢救与保护形势严峻。自 20 世纪 80 年代以来，国家实施了对国家重点档案进行抢救和保护的经费补助政策，西南各级国家档案馆因此争取到了中央和地方财政的支持，每年都能不同程度地获得国家各级财政部门拨付的专项经费帮助，为顺利实施濒危民族档案的抢救和保护工作提供了一定的经费保障。"十二五"建设期间，国家加大了对重点档案的抢救、保护和征集力度：国家档案局和财政部再次修订完善并印发《国家重点档案抢救和保护补助费管理办法》；在全国范围内组织开展了中国档案文献遗产工程，明确了入选《中国档案文献遗产名录》的国家重点档案在抢救补助费中优先支持；在副省级以上国家档案馆建立特藏室；加大档案馆馆舍新建、改建和扩建的力度，增加必要的档案保护设施、设备等。① 在国家政策的引导和带动下，经过西南各级档案部门的共同努力，西南民族档案抢救和保护工作成效显著。以贵州省为例，贵州三都、荔波等县档案馆征集到 20000 册水书，其中 38 部馆藏水书被国务院正式列入《国家珍稀古籍名录》；征集到布依文古籍、经书 600 册，11 部布依文古籍被国务院正式列入《国家珍稀古籍名录》。黔东南州锦屏、天柱、三穗、黎平、剑河 5 县档案馆征集进馆保护锦屏文书 60000 余件，其中年代最久远的是成化二年（1466）的田地买卖契。②

　　2010 年，国家发展改革委与国家档案局共同组织实施的《中西部地区县级综合档案馆建设项目》覆盖了我国中西部地区 25 个省、自治区、直辖市（含新疆生产建设兵团）的 2066 家县级综合档案馆。③"十二五"期间，西南地区民族档案管理的基础设施建设，伴随着国家实施中西部地区县级综合档案馆建设项目进程也同步实现了质的飞跃。例如，云南省 130 个县级档案馆全部列入国家《中西部地区县级综合档案馆建设规划》，其中有 103 个县级综

① 管思：《国家重点档案抢救和保护工作》，《中国档案》2007 年第 7 期。
② 周端敏：《贵州省国家重点档案抢救和保护工作成效显著》，《兰台世界》2011 年第 1 期。
③ 叶惠杰：《"十二五"规划解读：加快档案馆舍建设，确保档案实体安全》，《云南档案》2011 年第 11 期。

合档案馆纳入"十二五"期间中央支持项目，占全省县级综合档案馆总数的79.2%。① 四川省"共有142个县级综合档案馆纳入国家《中西部地区县级综合档案馆建设规划》，规划档案馆建筑面积45万余平方米，总投资10.6亿元"。② "西藏自治区74个县级综合档案馆均列入'十二五'期间中央支持项目《中西部地区县级综合档案馆建设规划》范围。期间，中央将投资补助支持西藏自治区县级综合档案馆建设新建建筑面积达5万多平方米。"③ 2014年，广西壮族自治区重点抓好100个已列入国家规划的中西部地区县级综合档案馆建设，重点对11个档案馆创建国家级档案馆进行跟踪检查与指导。④ 这些已进入规划建设的档案馆都是按照国家标准和档案馆建筑设计规范，达到"五位一体"要求，具有电子文件备份中心、政府公开信息查阅中心、爱国主义教育基地等前所未有的时代功能，⑤ 改变了以往县级档案馆所存在的边角、低矮、破旧、简陋的状况。

与基础设施建设相适应，西南各省着力拓展包括民族档案管理在内的档案管理范围，通过扩大档案管理惠及全社会的方式，逐步把散存民间的民族档案纳入相应的档案部门管理范围，既为各民族储备了丰富的档案信息资源，又为国家档案资源建设添砖加瓦。"十二五"期间，云南省档案管理部门积极营造各族群众知档建档、护档用档的社会氛围，广泛普及并提高各族群众的档案意识。据统计：全省共有176个州市县级综合档案馆，6505个党政机关，1146个乡镇机关，1188家企事业单位，2390个村委会（城市社区）档案工作实现星级达标；698万农户建立电子和纸质信用档案，占云南省农户

---

① 参见叶惠杰《"十二五"规划解读：加快档案馆舍建设，确保档案实体安全》，《云南档案》2011年第11期；云南省档案馆《云南：民族特色档案事业实现新跨越》，《中国档案报》2012年10月18日第001版。

② 本刊通讯员：《四川省国家中西部地区县级综合档案馆建设工作进展顺利》，《四川档案》2014年第4期。

③ 达瓦次仁：《西藏自治区县级综合档案馆建设项目紧锣密鼓地开展》，《中国档案报》2011年8月11日第001版。

④ 本刊编辑部：《2014年部分省份档案工作要点（之二）》，《中国档案》2014年第3期。

⑤ 杨冬权：《怎样认识档案工作新常态》，《中国档案报》2015年10月12日第003版。

总数的 73%；全省超过 30 余万户的家庭及山区农户建立了家庭档案。① 实现档案管理覆盖云南省全社会，国家档案资源涵盖了散存在云南全省各地的民族档案。从 2016 年开始，云南省档案部门开始启动了乡镇档案管理模式的探索工作，全省各地依据"乡镇档案馆模式""县级档案馆分馆模式""乡镇综合档案室模式""乡镇信息服务中心模式"的特点，结合本地实际，选择其中一种模式进行探索，力求在全省逐步实现"乡镇大档案"领导和工作格局。②

西南地区各级档案部门深入推进民族档案的开发利用工作，由资政为主转变为存史、资政、育人为民并重，让各民族民生档案更多地进入国家档案资源体系，使民族档案在地区经济、政治、科学、文化等方面的建设活动中发挥重要作用。例如，云南省临沧市、大理州、楚雄州等地档案部门立足当地聚居的少数民族，充分利用馆藏少数民族档案，借助新型大众传媒，配以民族服饰、生产工具、生活用品，以及采集到的口述历史个人访谈录音、录像等材料举办了综合展、巡回展等内容丰富、形式多样的档案展览，使各民族的普通百姓成为民族档案的利用主体；有条件的档案部门主动与文物、地方志、民族工作等管理部门合作，编辑出版史志和丛书，在配合国家的各项中心工作和重点工作中充分发挥少数民族档案的价值。又，四川省档案部门面向全社会加大档案开放利用的力度，多视角、多路径举办档案展览，组织本地文化记忆宣传以及重大历史事件和重要历史人物的纪念活动，推出富有民族特色的档案文化产品，③ 使档案利用宣传进入本地区和国家宣传的大平台、大体系。

第四，走出封闭，协同创新，西南地区民族档案管理协作初见成效。

西南地区五省区同属国家西南重地，在历史上孕育了丰富多样、特色鲜明的民族文化和地域文化，具有天然的相互融合、协同发展的基础和条件，无疑也为实现西南五省区档案部门对民族档案管理的区域协同，提供了具有

---

① 云南省档案馆《云南：民族特色档案事业实现新跨越》，《中国档案报》2012 年 10 月 18 日第 1 版。

② 黄凤平：《总结经验不断创新开创我省乡镇档案管理工作新局面——在乡镇档案馆建设暨档案数字化培训会议上的讲话》，《云南档案》2016 年第 7 期。

③ 张新：《抓住机遇又好又快地搞好国家重点档案抢救保护工作》，《四川档案》2008 年第 2 期。

得天独厚的条件。1990 年 7 月 9 日至 13 日，三省一区（四川省、云南省、贵州省和西藏自治区）的档案局，在贵州省贵阳市召开了西南区第一次档案工作协作会议。会议讨论通过了《西南档案工作协作区协作议定书》和《西南区第一次档案工作协作会议纪要》，成立了"西南档案工作协作区领导小组"。明确自 1990 年起，开展西南区档案工作协作活动。"由西南档案工作协作区领导小组领导，领导小组执行组长由各省组长轮流担任，任期一年；协作会议每年召开一次，由执行组长所在省、区档案局主办；协作区将适时地有重点地组织档案学术讨论和经验交流活动；各省、区将及时互送业务文件及各自编纂的档案史料和参考资料。此外，根据需要和馆藏情况，经馆际协商，有关省、区还将开展合编档案史料的工作。"① 从这以后的相当一段时间，在国家档案局的指导下，四川省、云南省、贵州省和西藏自治区档案工作，在联系与合作方面不断得到加强，在开展档案学术研究和交流、振兴西南地区档案事业方面谋求协作中的共同发展，做出了卓有成效的努力（详见表 3—3）。

表 3—3   西南地区档案工作协作会议情况统计表（1990 年—1996 年）

内容 / 届	时间	地点	参会人数（正式代表）	参会单位	中心议题	会议成效
第一届	1990 年 7 月 9—13 日	贵州省贵阳市	16 人	四川、贵州、云南和西藏三省一区档案局	发展档案馆事业为四化建设服务	1. 成立西南档案工作协作区领导小组 2. 通过《西南档案工作协作区协作议定书》 3. 通过《西南区第一次档案工作协作会议纪要》

---

① 王珏：《西南区第一次档案工作协作会议圆满结束》，《四川档案》1990 年第 4 期。

续表

内容 届	时间	地点	参会人数（正式代表）	参会单位	中心议题	会议成效
第二届	1991 年 5 月 15—18 日	云南省大理市	33 人	四川、贵州、云南和西藏三省一区档案局	深入贯彻实施《档案法》和《档案法实施办法》	1. 支持毗邻省区接壤地县档案工作的协作和交流 2. 通过《西南区第二次档案工作协作会议纪要》
第三届	1992 年 9 月 9—13 日	西藏自治区拉萨市		四川、贵州、云南和西藏三省一区档案局 特邀：新疆、内蒙古、广西三个自治区档案局	深化档案改革，加强基础业务建设，提高管理水平为两个文明建设服务	与会代表一致认为：充分发挥档案信息资源的作用，做好服务工作；了解和掌握社会对档案的需求，探索开发档案信息资源的新方法和新途径①
第四届	1993 年 10 月 6—14 日	四川省成都市	24 人	四川、贵州、云南和西藏三省一区档案局	深化档案工作的改革，大力开发档案信息资源，为经济建设服务	与会代表达成共识：在改革开放和社会主义市场经济的新情况和新形势下，档案部门实行相应转变，以推动档案事业的发展
第五届	1994 年 11 月 1—4 日	贵州省贵阳市	30 余人	四川、贵州、云南和西藏三省一区档案局	加强档案法制建设和业务建设，为建立社会主义市场经济体制服务②	会议重申西南地区档案工作协作原则和内容；为开发大西南、建设大西南继续加强交流与合作，共同促进西南地区档案事业的繁荣

① 肖永福：《西南四省区档案工作协作会在拉萨召开》，《云南档案》1992 年第 5 期。

② 本刊编辑部：《加强协作共同发展——西南地区第五次档案工作协作会议在筑举行》，《贵州档案》1994 年第 6 期。

续表

内容　届	时间	地点	参会人数（正式代表）	参会单位	中心议题	会议成效
第六届	1995 年 9 月 21—24 日	云南省景洪市	19 人	四川、贵州、云南和西藏三省一区档案局　特邀：广西壮族自治区档案局	深化档案工作改革，为建立现代企业制度服务	探讨现代企业制度下的企业档案工作，促进大西南档案事业的共同繁荣和发展
第七届	1996 年 7 月 27—8 月 4 日	西藏自治区拉萨市	50 人	四川、贵州、云南、西藏、广西五省区档案局　特邀：福建省和厦门市档案局	档案工作为经济建设服务的途径和方法	深入探讨机构改革后档案工作的宏观管理、业务监督指导和历史档案的征集、抢救工作

资料来源：笔者调研。

　　1993 年 11 月 2 日至 6 日，首届西南五省区（四川、云南、西藏、广西和贵州）省级档案馆工作协作会年会在贵阳举行，会议决定成立西南地区省级档案馆工作协作区。每年召开一次协作会议，广泛开展各项协作活动。从这以后的一个时期，西南地区省级档案馆之间的横向联系得到进一步加强，各级档案部门的协作关系得到进一步的发展，在促进西南地区档案馆事业共同繁荣发展方面起到了积极作用。①

　　近几年来，伴随着国家各级档案部门贯彻落实国家统一部署的档案资源安全体系建设战略，西南地区国家各级档案馆走出封闭，协同创新，在民族

---

① 于德：《西南五省区省级档案馆工作协作会首届年会在筑举行》，《贵州档案》1993 年第 6 期。

档案管理协作方面有了长足发展。2002 年，国家档案局发布的《全国档案信息化建设实施纲要》中，指出了加强档案信息安全的重要性，并明确了加强档案信息安全保障体系建设的具体要求。① 2008 年，国家档案局进一步要求各级国家档案馆为确保电子文件的长期可读和档案信息的绝对安全，必须加强异地备份库的建设工作。西南地区的各级档案部门为此相继建立了电子文件中心或电子文件备份中心，对本级重要档案及电子文件实行异地备份，对特别重要的档案再进一步实行异质备份。② 于是，在开展副省级市以上国家档案馆异地备份结对工作过程中，西南各省档案馆之间、西南各省档案馆与别的省级档案馆之间，有效开展了重要档案馆际互备工作，在确保档案实体安全和信息安全方面有了实质性协同。2010 年 3 月，贵州省档案局与云南省档案局在贵阳签署《馆藏重要档案异地异质备份协议》相关协定；2011 年 8 月，贵州省档案局赴滇，与云南省档案局共同签署了《重要档案数据异地异质备份补充协议》，在重要档案备份及保密要求、数据异地备份方法、保存方式、更换备份数据存储介质时间等具体事宜进一步达成了共识。③ 据悉，四川省与甘肃省档案馆于 2010 年 7 月结对备份重要档案；2010 年 9 月广西档案馆与辽宁省档案馆结为互为备份基地。同年同月，重庆市档案馆与上海市档案馆结对互为档案数据备份异地保管基地。2010 年 10 月开始，西藏拉萨市档案馆与江苏省苏州市档案馆、阿里地区档案馆与河北省秦皇岛市档案馆、日喀则地区档案馆与山东省潍坊市档案馆逐步达成结对互存重要档案备份协议。无疑，档案资源安全体系建设战略的实施，拓展了民族档案管理的协作领域，提升了西南民族档案的管理水平，为西南民族档案事业的发展打下了更加良好的基础。

第五，因地制宜，不拘一格，积极推进西南地区档案信息化建设和档案信息的广泛共享。

在国家先后制定的《档案事业发展"十一五"规划》和《档案事业发展

---

① 杨冬权：《在全国档案安全体系建设工作会议上的讲话》，《档案学研究》2010 年第 3 期。

② 参见杨冬权《在全国档案安全体系建设工作会议上的讲话》，《档案学研究》2010 年第 3 期；韩伟《档案安全至关重要》，《中国档案》2010 年第 6 期。

③ 曾燕：《贵州省档案局赴滇与云南省档案局签署重要档案数据异地备份补充协议》，《云南档案》2011 年第 8 期。

"十二五"规划》中，提出了实现档案信息资源社会共享的总体目标；国家档案局发布的《全国档案信息化建设实施纲要》，提出打造"一站式"档案信息资源共享和服务平台、搞好电子文件（档案）备份中心建设、提供网络信息服务等具体的建设目标。从此，西南地区的数字档案馆（室）建设、档案数字化及电子档案接收等工作从无到有，从有到发展，始终在稳步开展中：副省级市以上档案馆基本完成"三网一库"基础设施建设，馆（室）藏档案数字化工作成绩突出，档案目录和专题档案数据库不断完善，档案数据异地备份工作成绩显著，档案信息服务普遍开展。就以四川、云南两省为例。四川省档案局出台《四川省数字档案馆（室）建设示范工作实施方案》，通过典型示范、梯次推动、全面开展的方式，加快有序推进建设：四川 21 个市（州）档案馆中，多数具备了数字档案馆所必需的基础设备和网络平台，部分档案馆（室）还进行了中心机房、电子文件中心、文档一体化、电子档案移交接收、电子文件归档管理、电子档案管理等系统和软硬件建设。[1] 四川省"截至'十二五'末，全省各级综合档案馆共完成 165 万余卷、841 万余件纸质档案数字化工作，建立机读目录案卷级 1970 万余条、文件级 6563 万余条"。[2]

云南省提出各新建档案馆必须在规划和建设中置有 100 平方米以上的标准化中心机房、布设标准规范物理隔离网络，并专门设置电子文件中心、电子档案查阅场所。全省 147 个综合档案馆全部建立重要档案异地异质备份制度，78% 的综合档案馆完成异质异地备份协议签署工作，互结为重要档案异地备份基地。[3] 伴随云南省档案资源数字化建设工作的推进，具有云南特色的多领域全覆盖档案资源体系粗具规模。截至 2016 年初，云南全省各级档案馆已累计拥有数字化档案 1.8 亿页，目录数据 5900 万条；其中，省馆拥有档案数据 6757 万页，目录数据 669 万条。省馆已完成对 14 个云南特有少数民族和 99 位社会名人档案的征集工作，拥有照片档案 3.9 万张，音像档案 7.1 万

---

① 杨冬权：《在全国数字档案馆（室）建设推进会上的讲话》，《中国档案》2013 年第 11 期。

② 丁成明：《提升服务能力夯实业务基础加快转型升级奋力推进新形势下全省档案馆工作——在全省档案馆工作会议上的讲话》，《四川档案》2016 年第 6 期。

③ 杨冬权：《在全国数字档案馆（室）建设推进会上的讲话》，《中国档案》2013 年第 11 期。

分钟。[①] 全省各地州市县档案部门围绕民族档案品牌，着力打造民族区域文化数据库，探索行之有效的民族档案数字化建设。如大理州在突出南诏大理国文化特色的同时，致力于大理非物质文化遗产名录影像档案库的建设；西双版纳州突出傣族贝叶文化和贝叶经档案数据库建设；丽江市突出纳西族文化与东巴档案数据库建设等。

2010 年，国家在全国农村档案信息资源共享工作现场会上正式启动了农村档案信息资源共享工程。西南地区各级档案部门借此发展机遇，解放思想，转变思路，多措并举，积极争取有关部门的支持，推进档案信息的全面共享。其途径有三：一是西南各地充分利用相关部门在少数民族地区已经建好并在使用的互联网、卫星、数字电视、有线电视等各种网络和信息平台，借助文化部门的文化信息资源共享网、党委部门的农村党员现代远程教育网、科技部门的科技网等共享平台，把丰富的档案信息资源传送到民族村寨。二是在网络还没有覆盖的地区，把涉农档案信息刻成光盘，用电脑加光盘的方式，把档案信息送到民族乡村档案室或其他公共场所。三是在没有网络和电脑的民族地区，档案部门则以纸墨复印、编印成册方式，把档案信息送到村档案室、文化室、农家书屋等，方便村民利用。也有的运用手机发布档案目录等信息。无疑，国家实施社会主义新农村建设，给西南边疆民族地区的民族档案工作带来了新的发展机遇。通过这项档案信息资源建设共享工程的实施，未来西南各地的各民族可以足不出村、足不进城就能利用到当地乡镇、县、市、省乃至国家的开放档案和政府的公开信息。

2012 年 12 月，国家档案局召开的全国档案局长馆长会议上明确指出，为各个档案馆的开放档案信息搭建一个共享平台——全国开放档案和政府公开信息资源共享平台，形成以服务为主导的档案信息化体系；通过信息化手段和网络，建立档案专业化服务门户，让档案利用者通过一个入口，足不出户就能跨越时空和地域的限制，实现一站式查询、分享与利用，享受到高效便捷的社会化、集约化、专业化的档案查阅利用服务。经过努力，2013 年，全国开放档案信息资源共享平台门户网站建成并开通，各地档案馆陆续向平台

---

① 黄凤平：《贯彻落实五大发展理念全面开创档案事业跨越发展新局面——在全省档案工作暨表彰先进会议上的讲话》，《云南档案》2016 年第 2 期。

上传数据；全国政府公开信息平台正在建设中，其预期目标是用网上采集的办法，逐步把全国已上网开放档案和政府公开信息集中收集起来，方便社会利用。① 借助这一平台，2014 年，全国各副省级市以上档案馆陆续上传已开放档案的同时，地县两级档案馆也在积极上传已开放的档案。以此良性互动下去，这一平台将逐步建设成为国家档案部门最大规模的档案资源共享平台。

第六，西南向度，现代集成，西南地区民族文化档案化编研成效显著。

留存于今天的民族文化及记载民族文化的历史记录，既是历史发展的文化积淀，也是纠集着历史、现实与未来的"此在"。只要民族存在，民族文化将不断的变迁而存在，记录和阐释民族文化的民族档案也将存在下去。然而，在现代文化冲击下，西南地区许多古老的民族文化及历史记录对于现代人来讲越来越陌生、神秘乃至成为读不懂的天书；加之民族档案分散留存在各处，难以形成民族档案的集成效应，客观上严重阻碍了民族档案资源开发利用的发展空间。为此，自 20 世纪 80 年代以来，在党和政府的关怀和领导下，在中外有识之士的关注和参与下，西南地区的档案馆、博物馆、图书馆、研究院和高校等部门抢救发掘了一大批西南少数民族历史档案，并积极组织大量的人力、物力进行辑录、编译，历经艰辛万苦，一批少数民族历史档案文献得以陆续集成编研出版，一批标志性成果令人瞩目。

贵州省水族是我国一个人口较少的民族，约 90% 以上集中居住于贵州省三都水族自治县和荔波县。水族有自己的文字即水字。水字是一种类似甲骨文和金文的古老文字符号。用水字书写成的文字材料即称水书。水族社会自清代以来一直有水书流行，留存到今天的总共约有 4 万册。现存的水书记载了水族古代天文、地理、宗教、民俗等文化信息，是水族的"百科全书"，已被中国国家档案局列入首批"中国档案文献遗产名录"。由于它与纳西东巴文一样，是当今世界依旧存活的象形文字，因而当今能看得懂水书、使用水书的人越来越少，抢救和保护工作迫在眉睫。在我国古籍整理特别资助项目的资助下，贵州省相关部门首先对贵州省三都、荔波等地留存的水书进行

---

① 参见杨冬权《在全国档案局长馆长会议上的讲话》，《中国档案》2015 年第 1 期；周峰林《全国开放档案和政府公开信息资源共享平台建设——专访国家档案局巡视员王良城》，《浙江档案》2013 年第 1 期。

调查和收集，然后以原抄本的年代、品相为依据进行采集，以地为经、分类为纬进行梳理、筛选、编排，最后以"三都""荔波"和"潘藏"为题分为三卷，共160册，由四川民族出版社和四川出版集团的巴蜀书社联合，采用国际大8开线装出版，名为《中国水书》。[①] 作为迄今整理出版的规模最大的贵州水书档案文献资料，《中国水书》对于我们认识水书、研究水书、发挥民族档案优势，提供了重要且独特的第一手档案文献。

云南省纳西族的东巴档案文献是纳西族古文化的"百科全书"，卷帙浩繁，内涵丰富。自20世纪80年代以来，云南东巴文化研究者广求中外现存的各类东巴档案文献，持续进行识读、记音、记义、编目；基于最古老、最完整、最具代表性的书写版本，采用现代技术对东巴象形文原文逐页扫描实录；并用直观的古籍象形文原文、国际音标标注纳西语音、汉文直译对注、汉语意译四对照译注体例依序并排译注，尊重档案文献特有的表达方式和习惯，进行原汁原味的顺畅翻译；参照东巴宗教仪式类别顺序分卷，共分100卷；以国际大16开本精品装帧。历经数代人近二十年编译出版运作，于2001年4月，由云南人民出版社全集出版，完璧出世，名为《纳西东巴古籍译注全集》（100卷）。[②] 有学者评价："旷古一绝，因全集问世而得以千秋不绝。稀世奇宝，因全集问世而得以举世共赏。"[③]

又，云南省傣族的贝叶经全集不仅是佛教经典，更是傣族传统文化的集大成者，是傣族人民的"百科全书"。2002年10月，由西双版纳州委、州政府主持，西双版纳州民宗局和西双版纳州民族研究所组织了20多位傣族专家、学者，从所收集的众多贝叶经典籍中，精心选择了具有代表性、流传广、影响大的113部经书；以贝叶经原件影印件、老傣文、国际音标、新傣文、汉文直译、汉文意译六对照的方式编撰结集。历经8年艰辛，终于在2010年

---

① 参见郭晓虹、冯威《〈中国水书〉将"活化石"由深山推向世界》，《中国新闻出版报》2007年1月16日第4版；杨希贵：《四川出版集团：〈中国水书〉引人瞩目》，《中国图书商报》2007年1月12日第18版。

② 杨毅、张会超：《民族档案之旅游人类学建构与扩展研究》，《思想战线》2009年第3期。

③ 杨世光：《旷古一绝，世纪丰碑》，《纳西东巴古籍译注全集》第100卷，云南人民出版社2000年版，第341页。

由人民出版社全部出版出齐发行。① 这是中国傣族历史文化一千多年来第一次大规模的全面整理，也是我国南传上座部佛教经典有史以来第一次大规模的全面汇集。②

另，毕摩是彝族原始宗教神职人员，负责主持彝族氏族社会一切隆重的祭祀活动；毕摩运用彝文撰写彝族的历史、政治、经济、宗教、语言文字等内容，通过世代传抄或者以口诵记忆方式传承彝族文化，并流存在民间。毕摩经典种类繁多，卷帙浩如烟海，历经沧桑变迁，损失惨重，但毕摩文化及毕摩经典依然以其鲜活的生命力传承在广大彝族地区的乡土民间，是彝族文化大厦的奠基石。2005 年，云南省楚雄彝族自治州以本州及云南省内留存的彝文档案文献为主，兼收四川、贵州、广西三省（区）各彝族地区最具代表性的彝文典籍、创世史诗、口传祭经、叙事长诗等，投入 1000 万元，汇集编译出版。采用彝文、国际音标、汉文直译、汉文意译和汉文注释的形式编写，各卷均附有 8P 彝文文献影印件和毕摩祭祀仪式照片，精美装帧，历时 7 年，由云南人民出版社出版出齐，共 106 卷，7200 万字，名为《彝族毕摩经典译注》。③ 2011 年，云南省档案馆将《彝族毕摩经典译注》收藏入馆。

此外，《中国西南文献丛书》收录先秦至 20 世纪中叶西南地区历史文献947 种，依据宋、金、元、明、清、民国留存下来的稿本、清稿本、木刻本、泥铜活字本、石印本、铅印本和传抄本为筛选顺序选录版本，共分《西南史地文献》《西南少数民族文字文献》《西南稀见方志文献》《西南稀见丛书文献》《西南文学文献》《西南民俗文献》《西南考古文献》《西南石窟文献》8辑④，是有史以来第一部中国西南部地区原始资料性古籍文献总集。又，云南的《大理丛书》系统搜集大理及其相邻省份及地区的历史文化古籍资料精萃，分编为《金石篇》《大藏经篇》《艺术篇》《方志篇》《建筑篇》《考古文物篇》《本主篇》《族谱篇》《史籍篇》《民俗篇》十大专辑，是迄今为止我国第一次集印自上古以降大理地区历史文物典籍的精华。另，《元代以来西藏

① 杨毅、张会超：《民族档案之旅游人类学建构与扩展研究》，《思想战线》2009 年第 3 期。

② 赵立：《〈中国贝叶经全集〉背后的人物故事》，《人物》2010 年第 9 期。

③ 赵永俊：《〈彝族毕摩经典译注〉编译出版》，《楚雄日报（汉）》2012 年 8 月 13 日第 1 版。

④ 丛书编辑委员会：《中国西南文献丛书》，兰州大学出版社 2004 年版，第 1—3 页。

地方与中央政府关系档案史料汇编》收录了元明清三代和民国时期用汉、藏、满、蒙等文字书写的有关西藏地方与中央政府的历史档案文献，共 3200 余件。《广西少数民族地区石刻碑文集》收录碑文 151 件等。

上述西南向度的民族档案编研成果表明：民族文化是可以进行档案化编研；民族档案是一种原始的不能改变的文献，但其蕴含的民族文化是一种可以变换形式的资源，其价值可以实现现代延展。经过人们的综合分析、梳理编排、出版发行，一次档案文献可以变成二次、三次档案文献，成为取之不尽、用之不竭的知识资源；[1] 一个民族的档案文献可以成为各民族的共同的文化财富，举世共享。

综上所述，国家改革开放三十多年来，西南地区经济、文化的迅速发展，也在一定程度上加速了西南地区民族档案管理的发展进程。尤其在国家一系列推动档案工作发展的方针政策指导下，西南地区的民族档案管理结构更加合理，管理形态更加高级，管理水平跃上了一个新台阶。这些都成为西南地区民族档案管理未来发展最坚实的基础。时代在前进，西南地区的民族档案管理需要继续发展，也必须继续发展。在发展中求提升，在提升中出实力！

（二）当代西南地区民族档案资源管理的反思

党的十一届三中全会以来，西南三省一市两区的民族档案资源管理工作得到了普遍加强，取得了显著成效。然而，在当下全球化浪潮下，国内国际形势发生了巨大而深刻的变化，那些具有特定时代内容的管理思路和管理形式未必能适应已经发展变化的社会，在凸显优势与成效的同时，其不足与劣势在全新的社会历史条件下也逐渐地显露了出来。尤其是改革开放以来，国家由建设走向全面发展，西南民族档案资源管理已经处于一个新的发展机遇期。但目前西南民族档案资源的管理水平与客观形势发展要求之间还存在一定的距离，还存在诸多不完善的地方。在这样的条件下，对当代的西南民族档案资源管理应该给予理性对待并做全面反思。

首先，西南民族档案资源的管理还不完善，现实发展水平还不能优质服

---

[1]　杨毅、张会超：《民族档案之旅游人类学建构与扩展研究》，《思想战线》2009 年第 3 期。

务于国家战略发展的需要。具体表现在：

1. 对西南民族档案资源管理的重要性认识不到位，尚缺乏紧扣国家整体发展的全局战略观。中华人民共和国成立特别是改革开放以来的国家建设，使西南地区的经济社会发展在全国发展大格局下取得了长足进步。这为西南地区民族档案事业的发展打下了坚实的基础，与此同时也给今天西南地区档案事业的进一步发展带来了大有作为的重要战略机遇期。然而，由于受既有的一些历史和现实问题的影响，国家较长时间以来对西南地区的发展布局存在着重稳定轻发展的治理模式，相应地对西南地区的建设和发展的投入明显不足，西南地区的经济文化发展水平较之于内地明显低下；西南地区的各级政府部门也相应形成一个固有的工作思维，甘愿把西南地区等同于西南边疆，在组织建设、政策制定、经济发展、政绩评价等方面也更多地侧重在边疆的稳定而相对弱化了在建设和发展方面的力量投入。长此以往，西南地区逐渐滋生了等待多于进取、墨守多于创新的陋习，自信不足，畏手畏脚。然而，历史发展进入当代以后，随着中国的快速发展和迅速崛起，国家把西南区域定位为国家实力发展的新增长点以及国家全面发展、整体推进的关键区。在这样一种全新的形势下，西南地区的各级政府部门应该充分利用这一有利时机，与时俱进的调整自己对西南地区固有的传统思维和那些陈规陋习，准确认识西南发展在今天国家发展中的重要地位，确立与国家整体发展战略相适应的全局发展观。然而，传统的巨大惯性至今令一些固有传统观念的部门和人员因循守旧，在当下时代发展中表现出一定程度的滞后性，尤其在主动回应国家、区域、地方建设方面仍然表现出动力不足，担当精神不够。具体到西南民族档案资源管理方面，也存在着诸多遗憾，尤其是西南地区对民族档案资源的把控能力有限，档案管理者主动服务国家和地方战略发展的意愿不强，具体表现出两个缺乏：一是在把民族档案管理置于广阔的社会中去开辟其战略发展的新领域方面，缺乏先行思维和主动创新行为，导致西南民族档案资源的扩容提质、管理工作的升级换代推进迟缓；二是在积极发挥民族档案资源的集聚效应、主动融入党和国家重大战略、加快推进西南地区民族档案事业发展方面，缺乏气魄和胆识，导致西南民族档案资源建设成果难以满足国家战略、区域发展需要。

2. 西南民族档案资源管理的主体发挥效能有限，尚缺乏紧扣国家整体发展的协同推进观。我国实施西部大开发战略以来，国家在西南地区实施并顺利建成了一批重大的公共设施和基础设施工程，进一步加快推进了西南地区的现代化发展进程。随着国家实施"一带一路"建设，西南地区迎来了又一个崭新的发展机遇。然而，西南地区没能抢抓更多的机遇，没能适时把西南各省共同的工程建设归入国家战略建设层面，借助举国上下的力量来实现全民建设。具体到西南民族档案资源管理来讲，西南民族档案资源管理的基本主体是国家各级政府部门，在民族档案管理方面主要还是靠各级政府在牵头主持。在各级政府管理中，虽也有一些新的政策和做法，但基本上没有脱离开传统的管理框架。客观上，西南地区存在着三省一市两区的行政区管辖的差异，西南区域至今没能以中央政府为主导，形成西南民族档案资源管理的合力结构，由此影响了人们对西南地区民族档案资源的优势与西南天然关联的自然地理、交通运输和通信网络的优势实现深度结合的认识与实践，影响了国家和地区对西南地区民族档案资源合作共享出台明确的发展战略规划或政策导向：一方面，西南地区各省市区档案部门也没能跨越省界鸿沟来主动携手借助国家已有的基础设施建设平台，充分发挥区域内民族档案资源优势，共建共享民族档案资源；另一方面，西南地区各省市区档案部门也没能依靠市场和社会组织的作用，着眼于发展新的民族档案工作合作者，让更多的人参与挖掘民族档案资源潜力，持续收集社会中各种有用的民族档案资源，实现其资源的最优化配置。这两方面原因导致西南地区在民族档案资源建设、服务方面，还没有建立国家主导、民族档案管理部门与政府、企业、民间的多方联动关系，还没能搭建起协同开发、多边共享的资源平台。

3. 西南民族档案资源管理缺乏区域性可持续发展战略规划，尚缺乏紧扣国家整体发展的区域性大局观。中共中央办公厅、国务院办公厅印发的《关于加强和改进新形势下档案工作的意见》，是推动中国特色社会主义档案事业科学发展的纲领性文件，也是新形势下推进西南民族档案工作迈上新台阶的重要指导文献。然而，实践下来，尽管西南地区的民族文化丰富多彩，民族档案资源开发利用空间广阔，民族档案事业发展潜力巨大，但西南地区民族档案资源整合共享的深度、广度和成效不够明显，民族档案事业可持续发展的新的增长动力不足等问题仍很突出。现实生活中，西南各省的发展水平差异较大，四川与重庆的综合实力较强，处于西南地区领先发展的地位；云南、广西、贵州和西藏综合实力较弱，处于西南地区较为落后的状况，而较大数量的民族档案又恰恰聚集在这几个发展水平较低的省区。在这几个省、区内部，普遍存在着这样的现象：民族档案资源的收藏单一封闭，条块分割，山头林立；民族档案资源的保护与开发利用低水平重复，大多难以形成聚合、集成、优化效应；各级档案馆虽在积极推进数字档案资源建设、数字资源建设、数字档案馆建设，但缺乏移动网络思维，不善于利用网络推动民族档案信息资源共享工作。因此，西南三省一市两区内部及整个西南区域在民族档案资源开放和信息化协同共享方面，程度不高、领域不宽、范围不广，民族档案资源集成能力低弱严重。然而，如果我们从着眼于各省市的民族档案以及各民族群体的档案中跳出来转向强调国家和中华民族的整体利益，选择从中华民族和整个国家发展的角度来看待西南向度的民族档案，一种新的价值取向跃入视域：西南向度的民族档案是国家档案资源的一个有机组成部分；西南民族档案的管理不仅是西南三省一市两区而且是中央政府都需要面对的全局性问题；虽然国家现行的档案资源管理体制不能改变各省、区之间以及各省、区内部对民族档案资源的行政管理，但是在国家的主导下，制定并实施西南区域民族档案资源可持续发展战略规划，完全可以越过叠加的行政壁垒而实现西南民族档案资源的统一规划和统筹安排，最终实现资源共享。

其次，时代发展对西南民族档案资源管理提出了更高要求，需要直面现实，制定良策。

在当今的社会历史条件下，国家正朝着大国和强国迈进，西南地区伴随国家的形势也在迅速地发生变化。处于这样一种与过去完全不同的形势之下，西南三省一市两区的档案管理部门都面临着转变发展观念、增强发展动力的共同使命和挑战。诚然，存在的问题是长期的历史发展凸显出来的，在短时间内也不可能得到彻底解决。但是，对于这些客观存在的问题，应该给予应有的重视，应该把对西南民族档案资源管理建设提升到国家建设和民族文化发展的高度来认识和推进，采取有效的手段促其得到有效的解决。

从现状来看，当下的西南民族档案事业需要改变个体、封闭、分割的状态，逐步向开放、协同、共同繁荣转变；当下的西南民族档案资源管理需要突破条块分割、部门所有、需求与供给分离的体制机制制约，逐步向多元协作、资源集成、整合共享的运作机制转化，形成开放、动态、集成、共享的西南民族档案资源集成管理；当下西南地区三省一市两区的档案管理部门需要与时俱进，创新机制，将西南地区民族团结的优势、地缘毗邻的优势转化为西南民族档案资源集成管理务实合作的优势，运用西南的档案资源、全球资源共享的眼光，打造西南民族档案资源集成管理利益共同体和命运共同体，促进西南地区民族档案管理的可持续发展。需要不断开拓发展新境界，积极创新西南民族档案资源管理的协同机制，探索西南民族档案资源开发利用的可持续发展之策。

严格地讲，有效解决上述问题的路径很多，相比而言，集成管理具有把一些孤立的元素、分散的事物通过某种方式发生关联，进而构成一个有机整体、发挥整体效用的优势。因此，实施集成管理战略，应该是解决当代西南民族档案资源管理困局的最佳路径。

新的理念蕴思想，新的思想出战略，新的战略促发展。在西南三省一市两区实现西南民族档案资源的集成管理的设想，给西南地区的民族档案事业赋予了新的时代内涵，为国家档案资源的建设和共享注入了新的活力，为繁荣发展国家民族档案事业提供了新的发展路径。这是时代发展的必然要求，是促进西南档案事业共同发展繁荣的必然选择。

第四章

西南民族档案资源集成
管理的战略构建

构建并实现西南民族档案资源的集成管理是时代的诉求，也是历史发展的必然。其最终目标就是依据国家统一的业务规则和数据标准，构建西南民族档案资源集成管理的开放平台，让人们共享西南民族档案资源。这是一项伟大的系统工程，既要从长计议，又必须抓住当下有利的发展机遇，尽快在总体谋划的基础上有策略地着力推进。

一 西南民族档案资源集成管理的构建思路

（一）西南民族档案资源集成管理构建的可行性分析

在当下，西南民族档案资源的管理水平还存在诸多不完善的地方，与西南地区丰富的民族文化和民族档案资源不相匹配，与国家正在进行的全面建设小康社会的奋斗目标不相匹配。如果任其问题继续存在，势必束缚西南民族档案事业的发展，束缚西南三省一市两区最大限度地发挥民族档案资源的集聚效应来最大限度地满足国家战略、区域发展需要。因此，只有促成西南民族档案资源的集成管理，才会有新的发展转机。从理论和实践的层面观察，实施西南民族档案资源集成管理建设，也具备了相应的可行性条件。

从档案资源管理部门的发展态势上看，有效协同和有序运转是当今档案管理发展的一个趋势。进入 21 世纪以来，经济全球化和社会文化多元化，对档案资源的整体管理和服务能力提出更高的要求，同样也迫切呼唤对民族档案建立整体化管理机构和协同性服务机构。云南、贵州、四川、重庆、西藏、广西三省一市两区各级档案部门之间虽然有着较悠久的合作历史，但时代发展需要西南地区档案部门尽快改变传统的合作思路，把历史上互学互鉴的精神薪火相传，共同打造开放合作、集成共享的协同关系，为彼此发展开辟新的突破口，为共同增长提供更多的动力。为此，通过西南地区民族档案管理的跨省区业务和网络平台相结合，充分发挥各自优势和潜能，各施所长，各尽所能，构建起西南民族档案资源集成管理的网络共享空间；在这一空间下，聚沙成塔，积水成渊，有可能为西南地区档案资源的管理体制改革、省际合作的全面转型及开放利用提供一个新的融合点和持续性发展的广阔领域。

从民族档案作为资源管理的发展态势上看，集约化和高效益是当今社会对民族档案资源管理发展提出的更高的要求。西南地区历经"十一五"和"十二五"期间的建设与发展，档案资源开发系统的建设方式也发生了较大变化：从早期单纯依靠技术代替手工操作为目的驱动，逐步转向以档案资源开发的业务需求为识别驱动；从早期现有工作简单流程化，逐步转向依照档案资源开发的业务流程来优化再造档案资源利用系统的体系架构；从早期单纯关注提高自身部门的工作效率，逐步转向以体制机制创新来实现技术支撑系统工程的集约化及精准化，从而实现资源利用的高效率和高效益。为此，西南民族档案作为资源的集成开发建设，有可能从现有的纵向多层次部门为主的离散形态，逐步转向横向平台化、全系统全行业的集约形态，在统一的集成平台上部署跨部门、跨地区、跨层级、跨大系统的民族档案综合业务工作；[①] 从现有的工作流程简单电子化状况逐步转向支撑职能业务的各种流的同步建设，优化再造，实现民族档案的开发逐步进入面向档案利用者、跨部门业务协同的、注重利用效能的新阶段。

在当今全球化、信息化时代，从一个角度讲，国家已不再仅是一个民族国家意义上的国家，而是更具世界意义上的国家；[②] 档案信息的共享空间也不

---

① 张勇进、孟庆国：《国家电子政务统一网络空间：内涵、框架及建构》，《中国行政管理》2011 年第 8 期。

② 赵旭东：《"一带一路"观念对人类学文明研究的新拓展》，《思想战线》2016 年第 1 期。

再是局限于有限的区域范围乃至民族国家的国界，而是突破界限进入全球范围的共享空间，由此导致全球各领域对档案的需求呈现出多样性与精准化、层次性与深度化、网络性和便利化等特点，任何一个档案馆穷其所藏也不可能完全满足档案利用者的需求。社会各界的需求驱动着档案管理者去变更或优化档案服务模式，探索运用技术的集成化和智能化去实现档案馆馆藏档案资源的互通有无。档案资源共享成为档案管理者始终如一的理想和追求目标。为此，探索建立西南民族档案资源集成管理有可能成为推进西南地区档案资源共享建设的引擎。通过西南民族档案资源的集成管理，在西南各省内形成民族档案资源共享的新格局，在西南区域内形成区域合作的新模式，从而引领国内不同区域民族档案资源管理逐步走上共享发展的道路，促进我国档案资源管理的跨越式发展。

近几年来，西南地区各级各类档案馆已普及信息技术，档案电子化建设卓有成效，数字化档案资源结构趋于优化，资源总量始终处于上升趋势，档案网站体系建设已粗具规模，数字化档案馆建设已经发展到一个新的阶段。档案从业者的专业水平得到提升，各级档案馆的人才配备日益合理。可以说，探索建立西南民族档案资源集成管理已经具备良好的现实条件。

由此说来，建设一种以提升西南地区的民族档案管理能力为目的的西南民族档案资源集成管理是未来西南民族档案资源建设的方向。沿着这一方向，需要遵循从民族档案业务管理规律和西南省际民族档案业务关系特点出发进行技术设计。既注意做好国家层面的顶层设计和总体规划，又要发挥现有西南民族档案资源管理的潜力，最后再回到集成管理网络空间建构的逻辑思路，最终实现民族档案资源网络管理的互连互通与民族档案资源业务管理系统互操作的有机融合。① 只有这样，才能最终实现西南民族档案资源集成管理的战略构建。

（二）西南民族档案资源集成管理构建的目标与内涵

西南民族档案资源集成管理的战略目标就是依据国家统一的业务规则和数据标准，实现云南、贵州、四川、重庆、西藏、广西三省一市两区各级档

---

① 张勇进、孟庆国：《国家电子政务统一网络空间：内涵、框架及建构》，《中国行政管理》2011 年第 8 期。

案管理部门在西南民族档案资源管理与利用方面的跨部门业务的线上协同运行，在西南地区民族档案资源集成管理系统内的资源共享，以及在线下业务的有效运行，实现西南地区统一的整体化协同型的民族档案资源集成化管理的建设目标。其未来的发展方向就是进一步借助国家档案资源建设平台，实现档案界业内在线跨区域及跨部门的线上交互、线下融合，最终融入国家民族档案资源共享的大系统、大平台、大空间。

围绕这一目标所构建的西南民族档案资源集成管理，是西南所有民族档案管理部门基于西南地区民族档案资源集成管理平台，开展跨部门线上业务应用，民族档案资源共享、民族档案集成数据协同管理的统一的民族档案资源网络平台。突出西南区域民族档案资源管理的整体性和集约性，突出西南区域民族档案管理部门的有效协同和有效运转。

从行政管理形态来看，这是云南、贵州、四川、重庆、西藏、广西三省一市两区档案部门在统一的网络平台上实现跨地区、跨部门、跨层级、跨系统的民族档案资源集约化的业务应用工作。各级网络平台通过物联网、互联网、移动互联网实现互联互通。具体来讲：（1）由云南、贵州、四川、重庆、西藏、广西三省一市两区联合建立西南民族档案资源集成管理平台，各省档案局（馆）统一参与建设与共享。这一平台为西南地区民族档案资源的汇聚地和数据共享交换的管理中心，在其之下由各省档案局（馆）分别建立各自区域范围内民族档案资源集成管理平台，各州、市逐级参与进入。（2）地市级网络平台的建立或在省级平台之下建立地市级网络平台，各区县及乡镇逐级参与进入；或根据当地资源与人口规模与利用需求程度，也可与省级平台统一合并为一个平台。（3）政府系统各级国家档案馆、室先接入同级平台，企事业档案管理部门后进入相应平台，行业部门的专业档案机构及部分文化管理部门和民间档案管理机构再进入各自对应平台。如此一级对一级实现集成管理，最后整合形成一个上下联动、左右纵横的西南民族档案资源集成管理共享平台。

从工程形态来看，这是一个涵盖民族档案资源体系、国家行政管理体系及网络管理体系的复杂工程：（1）这一工程包含了各级档案管理部门的业务网络、通信网络和系统的通用基础设施、网络信任及安全保障体系；各级档案管理部门连至同级网络体系的横向城域网的部门接入节点；连接各级档案部门网络体系的纵向广域网和网络平台自身的横向城域网、各级网络平台。①
（2）通过各级各类平台实现了同级部门局域网之间的业务适配、数据适配、
网络适配、系统适配；②网络平台与网络平台之间的业务交互和数据交换；行
业部门内部实现跨层级的业务部署与系统互操作；省内多地网络平台、省内多
级网络平台实现跨地区、跨层级、跨系统的业务部署与系统互操作；西南民族
档案资源集成管理总平台实现整个西南地区的跨部门业务部署与系统互操作。
（3）从连接界面来看，西南民族档案资源集成管理系统的网络空间分为管理
层、交互层、工作层、服务层。各级网络平台分别为集成的管理者提供管理层，
为民族档案管理部门之间的业务交互提供保障的交互层，为同级档案管理部门
之间的业务往来提供工作层，为档案利用者提供档案资源的服务层。

从功能层次来看，西南民族档案资源集成管理系统的功能分为业务交往
功能、数据管理功能和网络基础功能三个主要层次。其重点是要实现西南各
省档案部门之间的业务协同、集成数据规范、集成档案交换、集成资源共享，
并能全面支撑各类跨省、跨部门业务部署和系统的互操作。随着"互联
网＋"时代的到来，终会有一天，西南民族档案资源集成管理将不再是一个
普通的区域性、行业性业务概念，而是一个由西南民族档案资源为核心的无
数档案资源提供者、管理者、投资者、开发者、利用者组成的持续生长与不
断提升的网络信息生态圈。

二　西南民族档案资源集成管理的建构框架

对西南民族档案资源进行集成管理是一个全新的概念，没有现成的模式
可以参照，极富有挑战性。从我国档案管理体制的现状来看，要实现西南民
族档案资源的集成管理，则需要统筹规划，分步实施，稳步推进；需要实行
集中的管理体制，统一领导，统一政策，统一调度，协调好各方面的关系。
此外，在其战略构建和具体实施过程中，还需要尊重现状，遵循一些基本规

---

① 张勇进、孟庆国：《国家电子政务统一网络空间：内涵、框架及建构》，《中国行政管理》
2011 年第 8 期。
② 同上。

律去不断地探索其实现的路径。

从档案资源建设的规律来看，西南民族档案资源集成管理建设需要具备一些基本条件：一是丰富的西南民族档案资源，这是西南民族档案资源集成管理的前提；二是先进的计算机技术、互联网技术以及相应完善的基础设施，这是西南民族档案资源集成管理建设的基础；三是对西南民族档案资源利用需求的群体，这是西南民族档案资源集成管理建设的目标保障；四是完善的西南民族档案资源集成管理的相关法律法规，这是规范西南民族档案资源集成管理的建设行为依据；五是政府必要的监管和扶持，这是对西南民族档案资源集成管理的建设具有重要指导和推动作用；六是西南地区民族文化的保障，这是西南民族档案资源集成管理建设的重要环境条件；七是绩效评估和风险防控管理，这是西南民族档案资源集成管理建设可持续发展的必要保障。

从系统工程的建设特征来看，西南民族档案资源集成管理建设作为一个大系统工程，需要由这样一些子系统构成：西南民族档案资源集成管理的战略规划系统、西南民族档案资源集成管理的业务流程系统、西南民族档案资源集成管理的保障系统、西南民族档案资源集成管理的绩效评估系统、西南民族档案资源集成管理的风险防范系统等。各子系统相互依存、互为补充、协同配合，共同构建西南民族档案资源集成管理战略体系框架，如图4—1所示。①

这一西南民族档案资源集成管理系统框架结构图显示出这样一个道理：西南民族档案资源集成管理已不纯粹是档案行业的"内部工程"，而是与社会许多行业有着密不可分关系的社会系统工程。为此，实施这一系统框架建设，需要重点突出：（1）以生态化的理念建设西南民族档案资源集成管理的战略规划系统，充分体现自然环境与人工环境、集成管理系统与地方文化环境间的互动关系，统筹规划，确保西南民族档案资源集成管理建设的可持续发展；（2）以专业化的理念建设西南民族档案资源集成管理的业务流程系统，实现集成控制、集成归档、集成服务诸环节与成熟的集成管理先进技术的精准对接，围绕用户需求，从源头上建立起高技术、知识化的档案资源集

---

① 参见杨蕾、孙开俊等《基于社会责任的天热气市场储备体系构建——以西南战略大气区为例》，《西南石油大学学报》2012年第4期。

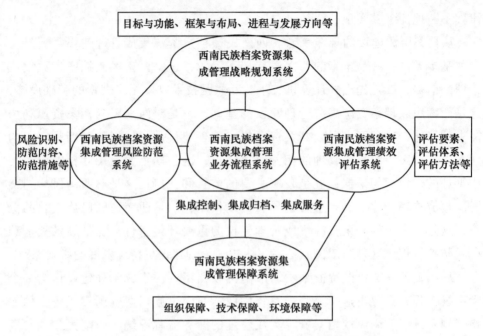

图 4—1　西南民族档案资源集成管理系统框架结构

成管理业务流程；（3）以社会化的理念建设西南民族档案资源集成管理的保障体系，既要以文化资源的整合与共享作为档案管理机构与图书馆、博物馆等文化事业机构协同合作的共识，又要与各级政府、企业和社会团体建立长期合作关系，由内到外，建立有利于集成管理健康发展的开放和谐的社会保障；（4）以知识化的理念建设西南民族档案资源集成管理的绩效评估系统，增强指标体系的客观性和合理性、可操作性和权威性，以评估促建设增效益，为集成管理建设自我完善和自我提高提供科学的依据；（5）以智慧化的理念建设西南民族档案资源集成管理的风险防范系统，对组织、建设、服务中可能存在的各种不确定因素和可能会发生的意外事故，聚类分析，提前预警和防范，最大限度避免各类风险对西南民族档案资源集成管理的威胁。①

---

① 周耀林、朱倩：《大数据时代我国数字档案馆的建设与发展》，《信息资源管理学报》2015 年第 2 期。

三　西南民族档案资源集成管理的建设原则

（一）西南民族档案资源集成管理的建设理念

从区域协同发展的要求来看，科学的建设理念是西南民族档案资源集成管理建设成败的基础和关键。理念是集成管理行为的先导，不仅集成管理协同运行机制需要一个认同的理念来保证协同的正常运作，整个西南民族档案资源集成管理的建设更需要有一个正确的理念来规范建设行为，从共识性的、自发的集成管理逐步走向制度性安排，并实现可持续发展。其建设理念具体涵盖了共同的发展观引导、合理的协调机制和集成管理的社会环境建设三个方面。

其一，共同的价值观引导

价值观是指人们对西南民族档案资源集成管理基本价值所持有的信念和理想，以及对其建设和发展的重要性和实现路径的总看法。共同的价值观一旦形成，便会成为人们进行西南民族档案资源集成管理的价值标尺，成为指导和引领人们进行西南民族档案资源集成管理建设和可持续发展的发展观。西南民族档案资源集成管理的价值观核心内容就是对西南民族档案资源的集成共享。在这一价值链上，民族档案资源建设、民族档案资源集成管理与服务、社会各界需求之间结为联动整体。中华各民族成为西南民族档案资源的创造者和共享者，成为西南民族档案资源集成管理价值的评判主体。

其二，合理的协调机制

西南民族档案资源集成管理跨越省级行政区划，涉及西南三省一市两区同级档案管理部门之间的协调管理。这样的协调管理不同于一省对下辖区域的管理，更多需要的是协商、博弈、折中、妥协，需要形成各方都能接受的一套制度化的执行机制和共同行动的机制。为此，必须依据西南民族档案资源集成管理的层次性、结构性特征进行制度安排与创新，建立集成管理决策机制、业务协商和利益协调机制、政策制定与执行机制、监督保障机制等多方面的机制。在这些合理的管理机制下，有一专门机构负责制定当下和未来西南民族档案资源集成管理的整体发展规划和行动纲领；在顺应西南地区各级行政管理体制机制以及民族档案资源管理现状的基础上，协调好中央与西南地方各级政府之间、西南三省一市两区政府之间、三省一市两区国家各级档案管理部门之间的关系；不断完善西南民族档案资源集成管理的制度环境。

其三，集成管理的社会环境建设

西南民族档案资源集成管理最好的状态是实现协调发展，而协调发展的重心是发展，前提是协调。然而，西南民族档案资源集成管理绝不只是涉及各级国家民族档案资源管理部门，事实上也涉及西南区域内的各个层面、各个层次上的利益群体；要实现西南民族档案资源的集成与共享管理，不可低估政府、民间等社会各方参与的力量和社会氛围的营造。如果没有多元主体的相互尊重、平等发展、共享利益，西南区域内的民族档案资源集成管理便不可能实现。为此，针对民族档案资源禀赋差异可能带来的利益分配不均，西南区域内各级民族档案管理部门要在平等协作、互利共赢的前提下，积极建立民族档案资源管理的利益转移和补偿机制，进而在档案资源利用群体间实现各种利益的合理分配；营造政府主导、多元主体参与、集成过程全面整合的良好氛围，促使集成管理内部不同参与者、不同行为间能够形成集成管理文化合力，不断提升西南民族档案资源集成管理的协作层次，为广泛传播西南民族档案资源集成管理理念、提升其影响力而积极构建和谐共生的社会环境。

（二）西南民族档案资源集成管理的建设原则

西南民族档案资源集成管理的建设需要人与人相互合作去推进与维系，西南民族档案资源集成管理的可持续发展需要人与人之间合作形成的"集体动力"去推动前行。要使西南民族档案资源集成管理达到协调发展的状态，必须遵循如下四个原则。

一为平等原则

平等原则是西南民族档案资源集成管理的重要基础。参与集成管理的西南地区三省一市两区需要以平等的心态和姿态开展对话、交流、沟通和合作，各成员单位之间机会均等、平等协商事务并行使自己的权利和义务。只有在坚持平等的基础上推进民族档案资源的集成和共享，才能实现形式和实质上的平等，并在平等中推进区域协作，使得西南民族档案资源集成管理获得可持续发展。当然西南地区各省市区由于区位、历史、社会、文化等方面的原因会造成现实集成管理中的一些不平等，而从理论上讲，世界上也不存在绝对的平均或平等。因此，这里所谈的平等是人们心理上能够接受的平等，是相对的公平和发展性的平等。在坚持平等原则过程中，不能因为过于平等而抹杀集成管理各成员单位的利益和权利，更不能停留于低水平平均主义的平等。

二为互利原则

互利原则是西南民族档案资源集成管理的重要前提。参与集成管理的西南地区三省一市两区之间相互需要尊重彼此的利益选择，建立和谐的利益交换关系，做到互助、互需、互惠，实现自利与互利的统一，最终实现民族档案资源的集成与共赢和多赢。事实上，西南民族档案资源集成管理是一种有目的、有意识的能动行为，也是互利、共享的行为过程。三省一市两区的档案管理部门之间在集成管理过程中的相互取长补短及优势互补，自然会直接产生共同协作带来的红利，使各成员单位都从中受惠，从而激发大家参与集成的积极性，由此逐渐增多互助支持和共同协作的场合，使民族档案资源集成管理逐步由形式上的协同进入实质性的合作发展，彼此良性互动，最终推动西南民族档案资源集成管理整体力量的发展。

三为互信原则

互信原则是西南民族档案资源集成管理的必要条件。参与集成管理的西南地区三省一市两区之间需要建立相互尊重和相互信任的互利认同关系、信守诺言和履行责任义务的职业道德。互信是一种依赖关系，是为西南民族档案资源集成管理提供一种得到各成员普遍认可的制度和心理结构关系。西南地区各成员单位之间相互信任的机会越多，信任关系的维持时间越长久，其相互信任的纽带也就更加牢固。如果部门与部门成员之间、区域与区域成员之间失去了尊重和信任，甚至不讲诚信，猜疑防范，就不可能存在真正的集成管理关系。当然，西南民族档案资源集成管理过程中通常会存在大量复杂的问题，也有可能会存在着大量的不确定性，有必要通过建立制度规范来维护长远性的互利认同关系。

四为共享原则

共享原则是西南民族档案资源集成管理的重要手段，同时也是共同追求的目的。西南地区三省一市两区共同建立并实行西南民族档案资源的集成管理，其归宿点和价值目标就是实现西南民族档案资源的共享和集成利用的普遍受益。西南民族档案资源对各参与成员单位来说应当具有共享的性质，每个参与成员单位对集成管理的西南民族档案资源基本需求应当相应地持续地得以满足，其集成民族档案资源及对民族档案资源管理的总体水平需相应地不断得以提高。共享应该成为西南民族档案资源集成管理具有永恒性价值的基本理念和基本行为准则。如果没有树立人人共享集成管理成果的理念，那整个集成管理就会失去发展方向。不过，共享并不意味着平均主义。绝对平均的共享只会严重压抑人的潜能的发挥和人的才能的充分发展，压抑西南各省市区档案部门的创造性和自主性，从而削弱西南民族档案资源集成管理系统的动力结构，影响西南民族档案资源集成管理的发展。

四　西南民族档案资源集成管理战略建设的实施策略

西南民族档案资源集成管理是基于西南地区的民族档案资源特点、档案利用者对西南民族档案资源的特殊需求以及西南民族档案资源管理的发展趋势而提出的一种管理模式，是一种理想化的管理模式。如何立足西南地区的社会经济发展水平及民族档案管理的现状，采取合理的策略，有计划、有步骤地推进西南民族档案资源集成管理的进程，把理想化的管理模式变成客观现实，是不可回避的重要问题。为此，规划先行、阶段性收获、抢抓机遇、技术助推等思路应该是实施西南民族档案资源集成管理战略设想的重要策略。

一是规划先行策略

制定科学的西南民族档案资源集成管理规划，是启动西南民族档案资源集成管理建设的第一步。无论当前西南民族档案资源的数字化建设基础如何，西南民族档案资源集成管理建设必须立足于西南地区档案资源的数字化建设水平和档案管理工作的实际情况，统一制定科学的发展规划。规划的制定需要遵循一条从西南民族档案资源集成管理的业务关系入手，到技术路线设计实现，再回到西南地区民族档案资源集成管理的网络空间建构的逻辑思路。

通常情况下，第一步是根据业务管理需求制定西南民族档案资源集成管理所需的各类技术和管理标准，完成西南民族档案资源在标准化和规范化要求下的数据化，以保证西南民族档案资源集成管理过程中前端控制的科学性。第二步是建设西南民族档案资源集成管理系统内部分布式管理体系，开发为西南民族档案资源集成管理提供支持的相关计算机软件和相关硬件系统，完成集成协作管理的网络技术，实现西南三省一市两区各自区域的自治和西南地区协同一体的同步集成。第三步是建设西南民族档案资源集成管理平台，将分散在各地的西南民族档案资源通过统一平台导入到集成管理体系当中，实现跨区域、跨语种、一体化的西南民族档案资源利用服务。

二是阶段性收获策略

任何事物的发展都是一个由量变到质变的循序渐进的过程，即使在量变的积累转换过程当中也会呈现出一定的阶段性。如果在每个阶段都能解决一些问题，由点到面，形成早期收获，就会增信释疑，民心沟通，在希望中争取到更多的理解和支持。西南民族档案资源集成管理是一项长期的系统工程，需要较长时间的分步实施，动态调整；从省内到省外，从一省到多省，由易到难，以点带面，从线到片，早突破早收获早收益。各类区域合作的成功经验告诉我们，省会城市间合作能够发挥引领作用，自发自愿形成的区域行业合作最具有发展生命力。①

为此，西南民族档案资源集成管理可分阶段实施。近期规划启动阶段，把西南各省档案管理部门有共识、有共同利益需求的方面作为大家合作的契合点而优先发展。从目前情况看，由于西南各省区市的基础设施建设较为薄弱，发展水平不一致，导致西南各省档案管理部门之间的网络联系不同程度地存在着或不联不通或联而不通或通而不畅的现象。如果在基础设施方面加快协商和建设速度，给西南各省档案管理部门带来立体、多维的便利通道，就会大大增强共建西南民族档案资源集成管理的合作信心。进入中期发展阶段，建立有效的双边、多边、区域合作平台机制，优先促进那些条件成熟的省级档案馆的协同合作，争取成熟一方就实现集成管理一方，充分发挥其示范效应，带动后进省份尽快解决发展的短板和瓶颈。具体来讲，四川省、重

① 赵峰、姜德波：《长三角区域合作的经验借鉴与进一步发展思路》，《中国行政管理》2011 年第 2 期。

庆市可利用自身优势，在西南地区实现率先集成共享；而云南、贵州、广西和西藏应努力挖掘优势潜力，加速提升集成管理能力。进入远期提升阶段，建成覆盖西南地区三省一市两区的民族档案集成管理体系，实现西南民族档案资源的集成共享。

三是抢抓机遇策略

西南地区的发展离不开国家政策的支持，西南民族档案资源的集成管理建设既需要借国家发展之势，借船远航；也需要与国家既有区域性发展战略有机融合，精准对接。当前，"一带一路"倡议既为我国全面深化改革开放赋予了新的时代内涵，又为世界发展繁荣注入了新的活力，同时也为西南地区的发展提供了崭新机遇和新的发展活力。国家发展改革委、外交部、商务部于 2015 年 3 月联合发布了《推动共建丝绸之路经济带和 21 世纪海上丝绸之路的愿景与行动》，其中的第六章"中国各地方开放态势"明确了各省份在"一带一路"规划中的定位。在"愿景与行动"中指出："发挥广西与东盟国家陆海相邻的独特优势，加快北部湾经济区和珠江—西江经济带开放发展，构建面向东盟区域的国际通道，打造西南、中南地区开放发展新的战略支点，形成 21 世纪海上丝绸之路与丝绸之路经济带有机衔接的重要门户。发挥云南区位优势，推进与周边国家的国际运输通道建设，打造大湄公河次区域经济合作新高地，建设成为面向南亚、东南亚的辐射中心。推进西藏与尼泊尔等国家边境贸易和旅游文化合作。"①

目前，西南各省份结合自身特点及优势，注重与相邻国家和区域的互联互通，纷纷提出了建设"一带一路"的规划方案。云南省认为对外开放是云南最大的优势，也是最好、最大、最能提升云南地位和重要性的一张牌。云南省应该发挥连接东南亚、南亚重要大通道优势，加快与周边国家互联互通进程，推动云南省由边缘地区和"末梢"变为开放前沿和辐射中心。② 四川省认为对于任何一个"一带一路"建设的参与者来讲，只要能借势参与，均

---

① 国家发展改革委、外交部、商务部：《推动共建丝绸之路经济带和 21 世纪海上丝绸之路的愿景与行动》，《人民日报》2015 年 3 月 29 日第 4 版；中华人民共和国商务部综合司网站（http：//zhs. mofcom. gov. cn/article/xxfb/201503/20150300926644. shtml），2016 年 1 月 8 日。

② 参见浦素、杨晓辰《投融资改革 跨境金融先行》，《云南经济日报》2015 年 2 月 5 日第 4 版；施科、刘洋等《通道支撑激发长江经济"带"动力》，《中国交通报》2015 年 1 月 30 日第 3 版。

会从中受益。因此，正着力借助成渝经济区优势，努力打造四川省成为西部
经济文化发展高地。① 广西壮族自治区意在"加速成为我国西南、中南地区
面向东盟、走向世界的国际大通道和'海上丝绸之路'的主要节点和重要平
台"。②

　　西南民族档案资源集成管理与"一带一路"，本是两个各有其自身历史传
统和意义承载的概念，在抢抓机遇策略下恰逢其时地偶联在一起，赋予人一
种新的理想图景：西南民族档案资源集成管理建设会在一种强大的国家建设
力量推动下，进一步的开放与拓展，蕴集资源，共享资源。③ 对此，西南地区
各省区市档案部门不仅要直接面对，而且还要迎头赶上，积极把西南民族档
案资源的集成管理建设与国家发展战略进行对接融合，领会其精神实质，主
动融入，积极介入：加强西南区域的顶层协调设计，避免低水平重复和雷同；
借助国家大发展战略，促使西南民族档案资源的集成管理从一个行业概念、
区域概念上升到一个有形与无形相结合的、共享性发展的概念。也就是说凡
是能跟西南民族档案资源有关联的都可以从中受益，实现共同建设、共同发
展、共同繁荣。

　　四是技术助推策略

　　西南民族档案资源集成管理建设需要遵循一条从民族档案资源业务关系
分析入手，再到技术设计转化，最后回到集成管理网络空间建构的逻辑思
路，④ 科学技术自然成为这一思路的最大抓手。具体来讲，依靠技术支撑，要
把西南地区档案管理资源部门各层级的组织机构关系转化为集成管理的业务
节点，再进一步转化为集成管理网络技术空间的基本分析单元；⑤ 要把西南地
区档案资源管理部门之间的业务关系及数据交换管理需求转化为不同类型的

---

　　① 《四川如何借势融入"一带一路"》四川省人民政府网站（http：//www. sc. gov. cn/10462/
12771/2015/6/17/10339857. shtml），2016 年 1 月 8 日。

　　② 陈武：《发展好海洋合作伙伴关系——深入学习贯彻习近平同志关于共建 21 世纪"海上丝绸
之路"的战略构想》，《人民日报》2014 年 1 月 15 日第 7 版。

　　③ 赵旭东：《"一带一路"观念对人类学文明研究的新拓展》，《思想战线》2016 年第 1 期。

　　④ 张勇进、孟庆国：《国家电子政务统一网络空间：内涵、框架及建构》，《中国行政管理》
2011 年第 8 期。

　　⑤ 同上。

信息流，建立系统互操作和业务协同的业务通道；要把西南地区档案资源管理部门之间的业务数据操作行为及规律进行分类分层，然后从逻辑上规定为集成管理网络平台数据管理中心的结构设计及管理内容，最终转化为集成管理不同层级部门的具体应用部署。① 此外，档案管理工作的安全保密要求也需要适时对应在集成管理网络平台的档案信息属性、网络系统安全、集成管理网络空间档案资源的安全保密等方面。

　　技术从来都不是以一种简单的技术自身而存在。它对于西南民族档案资源集成管理来说，必然是承载着某一重要的意义。在集成管理的价值观导引下，它借助集成管理平台，经由一种转换机制最终成为某种公共平台的表征。为此，就西南地区档案管理的现状和集成管理平台建设的关系来看，实现技术助推需要分四步逐级发展：第一步，要运用集成化的技术和标准实现西南地区民族档案资源管理的集成化管理；第二步，要把规范化的元数据提交入集成管理系统，实现集成化的逻辑平台；第三步，完成西南民族档案资源集成管理的战略架构建设，实现集成管理的实体平台；第四步，大数据是知识经济时代的战略高地，要以大数据为抓手，充分发挥其宏观、快速、准确的特点带来的"先导性"作用，促成西南民族档案资源集成管理建设形成各方联动的大格局。换句话说，就是借助技术支持，通过西南民族档案资源集成管理平台，促成西南地区三省一市两区民族档案资源管理的优势互补，务实合作。

---

① 张勇进、孟庆国：《国家电子政务统一网络空间：内涵、框架及建构》，《中国行政管理》2011 年第 8 期。

第五章

西南民族档案资源集成管理的业务流程系统

现代科学技术是西南民族档案资源集成管理建设的重要依靠，发挥着不可替代的作用。但技术的运用，还需要根据西南地区的特点，民族档案资源管理的要求，设计出科学有效的管理模式，并通过一系列的环节和方式具体化在业务工作中。因此，研究西南民族档案资源集成管理，必须深入研究集成控制、集成归档和集成服务的内容构成、实现方式和实现过程。

一　西南民族档案资源集成管理业务流程系统的构建思路

西南民族档案资源集成管理既是一个涉及国家发展战略管理与民族地区实际需求的战略工程，也是涉及该地区自然环境、政治经济、社会文化、技术水平等多方面因素的系统工程。因此，西南民族档案资源集成管理系统在初始构建阶段，需要兼顾国家和民族地区发展的需要，注意做到以下几点。

一是要符合国家的管理体制。依照《中华人民共和国民族区域自治法》《档案法》等规定，我国目前档案资源管理体制为"统一领导、分级管理"，这就意味着必须保证西南民族档案资源集成管理模式与国家体制相适应。

二是要兼顾西南地区的地理环境、人文发展的制约因素。由于受西南地区独特的地理环境影响，在集成管理必须进行的通信线路的铺设等技术实施过程中，客观上会遇到山高路险等困难，加之目前整个西南地区经济发展水平较全国发展来讲相对滞后，在一定程度上给现代一体化技术的推行会带来技术与人力资源方面的困难。因此，要充分依靠现代科学技术，探索出稳妥、科学、有效的管理模式。

三是要建立民族档案资源的平等共享意识。虽然西南地区对西南民族档案的利用需求相对最为强烈，具有显著的地域需求性特征，但不能由此而坐井观天，淡漠档案资源的区域共享、全局共享意识。

随着现代计算机数据库管理技术的不断发展，利用云数据库技术来解决信息共享已成为当前主流的数据管理模式。有研究者认为：云数据库是在集中式数据库技术基础上发展起来的新型数据库管理技术，是物理上分散而逻辑上集中的数据库系统。它使用计算机网络将地理位置分散而管理和控制又需要不同程度集中的多个逻辑单位连接起来，共同组成一个统一的数据库系统。① 这样的特点正好符合西南民族档案资源集成管理系统建设的需求。

大数据和云计算已经对社会各行业产生了巨大的影响，并已成为当前档案信息资源管理研究的前沿领域。未来，大数据将越来越多、越来越实时、越来越复杂，大数据的不断积淀，会更大程度上提升云计算在挖掘和利用数据方面的强大计算能力。如果把它们所具有的"关联分析处理""总体代替抽样""多维度聚合"等特征运用于档案集成管理，那么档案管理工作的范畴将不再局限于档案馆的馆藏档案资源，而是实现数字档案资源的虚拟拓展，实现跨区域集成、跨机构聚合。

基于这些思考，西南民族档案资源集成管理系统的建设思路逐渐明晰，那就是：尊重西南民族档案资源目前客观存在的存藏现状，借助分布式数据库管理模式及大数据和云计算技术，立足国家各级各类档案馆，尽力收集西南民族档案，并按照集成的标准格式、规定的流程和密级鉴定进行数字化处理和保存；对于非涉密或者已经解密的档案通过集成管理平台的接口进行集成管理，并按照一定标准分类保存在各个存储中心；由集成统一服务门户网站统一提供最终的信息服务。

这一系统的建设思路用图 5—1 表示如下：

---

① 参见赵生辉《中国少数民族语言数字信息分布式共享研究》，《情报资料工作》2011 年第 3 期；林子雨、赖永炫等《云数据库研究》，《软件学报》2012 年第 5 期。

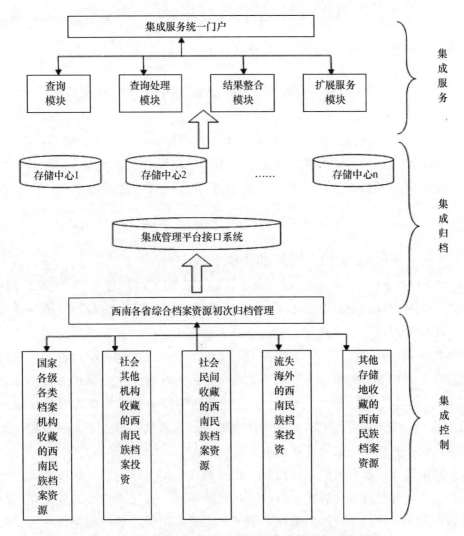

图 5—1　西南民族档案资源集成管理业务系统总体结构

据图 5—1 可看出这一系统的建设思路是针对西南地区民族档案资源的特点制定的，具有三大特征：一是尊重了实体存储的分散性，即民族档案实体分布在地理位置分散的不同站点，由计算机网络连接起这些分散的站点，由此链接组成一个统一的数据库系统；二是强调了数据逻辑的整体性，即在逻辑上，不同数据库站点之间是一个整体，且归统一的数据库管理系统管理，与此同时不同站点又有能力管理本地数据；三是突出了集成中心的统一性，即不同站点的数据库具有计算机网络通信协议上的分布管理特性，以便分布式数据管理系统对逻辑集成数据实现存储、完整、一致与有效的管理。

二　西南民族档案资源集成管理的基本流程

图 5—1 把西南民族档案资源集成管理过程分成三个阶段，即集成控制、集成归档和集成服务。集成控制是集成归档的前提和基础，集成归档是集成控制的延伸和发展，二者最终通过集成服务实现其功能的展现和价值的最大化。

（一）西南民族档案资源的集成控制

"集成控制"一词是借鉴了档案学界的"前端控制"思想。"前端控制"是电子文件时代档案界在总结经验和教训的基础上提出的将控制环节提前到文件形成阶段的一个管理概念。这一概念的提出促使档案学界对纸质或其他载体的档案管理做了反思，发现在电子文件产生前一些档案学理论和实践就体现着前端控制的思想，直到电子文件产生后才促进了这一思想的提出和完善。[1] 这里之所以借用控制一词，意在强调该阶段是集成管理内容的建构阶段，其要务在于保障档案的真实性、完整性和有效性。为电子文档及相关元数据统一纳入档案集成管理奠定坚实的基础。

西南民族档案资源的集成控制就是要解决数据集成问题：对传统民族档案的数字化及其标准化转换，对数字化环境中生成的民族档案的规范化，对外部留存的民族档案数据的捕获。至于档案资源集成控制的优先次序，一般来讲是要根据档案管理原则及西南民族档案资源集成管理的要求来确定。通常，档案界对此有四大原则，即把有限的资金用于最有价值的档案资源上的价值原则；依据用户需求，做到现实与未来需求相结合的需求原则；以"专"为主，以"博"为辅的特色原则；保护原件，确保安全的保护原则。[2]

---

[1]　杨艳：《档案学前端控制思想的学术渊源和实践需求》，《北京档案》2012 年第 9 期。

[2]　姚乐野、蔡娜：《走向知识管理与知识服务——数字档案馆建设研究》，四川出版集团、四川人民出版社 2010 年版，第 161—162 页。

对于西南民族档案资源集成控制来讲，则需要强调三个重点，即特色就是优势，要有意识地建设民族特色档案专题数据库；珍稀就是重点，要把同类档案中的高龄档案、处于濒危状态的原始资源作为集成化优先考虑的对象；增值就是效益，要以用户需求为导向，对具有足够的内在价值的资源、潜在增值的档案进行合理的集成化。

西南民族档案资源集成控制阶段的工作要务涉及集成档案数字化处理的规范化、集成档案保存格式的标准化、集成档案元数据管理的科学化等内容。三方面相辅相成，构成一个完整的集成控制链。

1. 集成档案数字化处理的规范化

按照西南民族档案资源集成管理的要求，目录、文本、文摘、图形、图像、声音等档案资源都需要数字化。从存储方式来划分，需要数字化的资源还可分为现实档案资源数字化和虚拟档案资源数字化。这里的现实档案资源数字化包括三类：档案馆收藏的传统档案经数字化加工转换而成的数字档案；在业务工作过程中由业务管理系统常态备份的数据转换生成的数字档案；从网上下载形成的数字档案资料。这里的虚拟档案资源数字化是指存放在异地的需要通过计算机通信网络获取的档案信息，可分四种类型：政府和社会团体、企事业单位形成的数据库资源，个人为中心形成输送的数据库资源，利用搜索引擎收集到的各种信息资源，网络公司形成的数据库资源。按照标准化体系的原则需要，对上述各类民族档案资源进行统一标准的数字化控制技术要求有所不同，具体来讲：

（1）原生数字化民族档案资源的控制

原生民族档案资源是指在数字化环境中自然生成的并具备数字信息特征的电子化的民族档案。这类民族档案生成之前就必须确定数字化技术的标准，从源头上实现信息编码、数据格式、存储介质、数据管理等技术架构和运用的规范化。具体来讲：

在我国的国家标准化管理委员会之下，设有全国信息技术标准化技术委员会（SAC/TC28）。其职责主要就是专门负责各项信息技术国家标准的组织研究工作，近年来还成立了藏文、蒙古文、维哈柯文、傣文和彝文五个少数民族文字信息技术国家标准工作组。该委员会根据有关国际标准的发展以及国际先进技术，逐步建立了中文信息技术标准体系，并在该体系的框架内制定了一系列国家标准，以保证我国文字信息技术标准体系以及各项国家标准具有国际水平。① 为此，西南民族档案资源集成管理的数字化的技术架构就以中文信息技术标准体系的基本架构与分类为标准。如图 5—2、图 5—3 所示。②

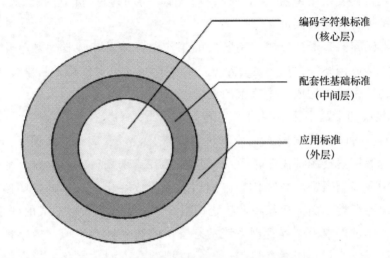

编码字符集标准
（核心层）

配套性基础标准
（中间层）

应用标准
（外层）

图 5—2　中文信息技术标准体系的基本架构

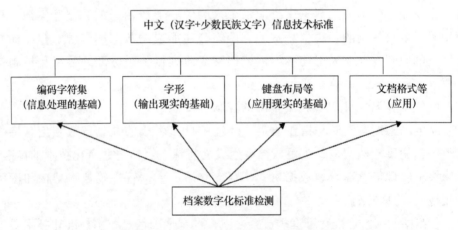

图 5—3　中文信息技术标准体系的分类

---

① 代红、陈壮：《中文信息技术的基础标准与中文编码字符集的国际标准化》，《信息技术与标准化》2008 年第 7 期。

② 同上。

其一，编码字符集标准。

编码是人类依靠计算机进行信息处理的基础，各种各样的文字和图形符号只有依靠编码统一处理为字符编码和图符编码，才能被信息处理设备识别和处理。这当中，最基础的工作就是要有一个标准的编码字符集。目前西南民族档案资源集成管理首要问题是文字编码问题，涉及中文信息编码和少数民族文字编码两大类。无论是中文信息处理还是各少数民族文字尤其是历史上各民族创造和使用过的文字的信息处理，只有采用了统一标准的编码字符集，才能保证西南民族档案资源集成管理技术标准体系的科学化，也才能够最终实现民族档案资源的交换和共享。

关于中文信息编码，目前国家大体分国家基础标准和国际标准。就我国中文信息编码的基础标准来讲，我国于 1980 年颁布的第一个汉字编码的国家标准 GB2312 - 80《信息交换用汉字编码字符集》，属于国内早期的中文编码字符集，是目前所有汉字系统统一标准的基本集。2000 年 3 月，我国信息产业部、国家质量技术监督局联合发布 GB18030 - 2000《信息交换用汉字编码字符集基本集的扩充》，是继 GB2312、GB13000 之后我国计算机领域汉字编码的基础性标准，是目前作为一项行业强制执行的国家标准。2005 年发布的 GB18030 - 2005《信息技术中文编码字符集》，是我国自主研制的以汉字为主并包含多种国内少数民族文字（如藏文、蒙古文、傣文、彝文、朝鲜文、维吾尔文等）的超大型中文编码字符集强制性标准，收入汉字 70000 余个。GB18030 编码是中国的国家标准。[①]

就我国中文信息编码的国际标准来讲，国际标准化组织下属的编码字符集工作组研制出了新的编码字符集标准 ISO/IEC10646《信息技术通用多八位编码字符集（UCS）》，为世界上的所有文字构建了一套全新的编码体系来统一编码，从而使世界上所有的文字得以在计算机上实现统一处理。这代表了目前最先进的技术，也是技术和产业发展的方向。与之相对应，我国制定的国家标准是：GB13000 - XXXX《信息技术通用多八位编码字符集（UCS）》（首次发布于 1993 年，本修订版本对应 ISO/IEC10646 的 2003 年版）。这一技

---

① 代红、陈壮：《中文信息技术的基础标准与中文编码字符集的国际标准化》，《信息技术与标准化》2008 年第 7 期。

术推动着中文信息编码不仅解决了两岸四地简、繁汉字的统一处理和跨操作系统的自由信息交换的难题，也同时解决了汉字与少数民族文字的统一处理问题。①

关于少数民族文字信息编码，目前也大体分国家基础标准和国际标准两类。就国家少数民族文字信息编码基础标准来讲，20 世纪 80 年代发布的 GB8045—1987《信息处理交换用蒙古文七位和八位编码图形字符集》是第一个少数民族文字信息技术的国家标准。此后，国家又陆续研制和发布了朝鲜文、维吾尔文、藏文、彝文、傣文等几种少数民族文字的编码字符集，以及与之配套使用的点阵字型标准和键盘布局标准（也包括蒙古文），标准内容主要集中在编码字符集、点阵字型和键盘布局三个技术领域。② "截至 2011 年 4 月，已发布的少数民族文字信息技术标准 70 项，涉及编码字符集、点阵字型、键盘布局、词语标记、排版编辑等多个技术层面。"③

少数民族文字信息编码国际化来讲，"我国自 20 世纪 80 年代以来积极参与并主导国际标准 ISO/IEC10646《信息技术通用编码字符集（UCS）（GB13000）》中我国少数民族文字的编码工作，初步解决了这些文字和汉字与世界上其他文字统一处理的问题，为这些文字信息技术、产业以及标准化的发展打下了较好的基础。ISO/IEC10646：2011 收录的我国少数民族文字有：朝鲜文、维吾尔文、哈萨克文、柯尔克孜文（属阿拉伯文体系）、傣文（分为西双版纳新、老傣文和德宏傣文）、规范彝文、藏文、蒙古文（包括传统蒙古文、满文、锡伯文、托忒文和阿礼嘎礼文）、老突厥文（即古代维吾尔文）、八思巴文（古文字）、苗文、傈僳文。"④ 这些技术为多语种共享环境下的信息共享提供了技术保障。

关于少数民族文字统一编码到底是选择国家基础标准还是国际标准？这是当前西南民族档案资源数字化无法回避的问题。鉴于西南民族档案资源的

---

① 代红、陈壮：《中文信息技术的基础标准与中文编码字符集的国际标准化》，《信息技术与标准化》2008 年第 7 期。

② 戴红：《中国少数民族文字信息技术标准化历程》，《信息技术与标准化》2011 年第 6 期。

③ 代红、陈壮：《中国少数民族文字信息技术标准化现状与标准体系研究》，《信息技术与标准化》2011 年第 6 期。

④ 同上。

用户以西南地区居多、民族语言的特殊性与民族文字的多样性、边疆民族地区的文化安全与国家利益等各方面因素，经过综合分析，笔者认为理性地选择国家基础标准更妥当。①

其二，中文字型标准。

中文字型是中文信息表现的重要形式，无论是中文信息编码还是各少数民族文字信息编码，它们仅为中文信息的处理和交换奠定了基础，至于在信息处理设备上显示与输出的，还需明确中文字型标准。因为中文字型技术是中文信息处理的关键性、基础性技术，决定着中文信息处理系统的整体水平以及系统的普及应用效率。有鉴于中文字型的字数多、笔画复杂以及其历史悠久、地域性、民族性突出等特点，我国制定了汉字点阵字型标准和一批少数民族文字点阵字型国家标准。

"中文点阵字型标准是与相应的中文编码字符集标准配套研制的。一般来说，每一个中文编码字符集标准都至少有一个配套的点阵字型标准。此外，在不同的使用场合或不同的中文显示、输出设备需要使用不同的字体和不同点阵大小的字型。因此，每一个中文编码字符集标准可能有一个或多个配套的中文点阵字型标准。"② 就汉字来讲，我国于 1985 年制定了汉字点阵字型国家标准，从那以后至今已制定了汉字点阵字型标准约 60 多项。这些汉字点阵字型标准多以传统的纸面印刷为依据，字体风格也多按照印刷的风格分为宋体、仿宋体、楷体、黑体等，随着电子信息技术的日益进步，有必要针对LCD 显示用字制作或修订专门的汉字字型国家标准。③

我国少数民族文字点阵字型国家标准和行业标准数量有：汉字：33，蒙古文：2，彝文：2，维吾尔文：1，藏文：1。正在制定或修订完善的各文种点阵字型国家标准和行业标准数量有：汉字：15，蒙古文：4，彝文：4，维

---

① 赵生辉：《中国少数民族语言电子文件的信息编码标准研究》，《云南档案》2011 年第 9 期。

② 代红、陈壮：《中文信息技术的基础标准与中文编码字符集的国际标准化》，《信息技术与标准化》2008 年第 7 期。

③ 王颜尊、代红等：《双字点阵字型国家标准应适时修订》，《信息技术与标准化》2010 年第 4 期。

吾尔文、哈萨克文、柯尔克孜文：20，满文、锡伯文：16，藏文：2，傣文：6。①

其三，键盘布局标准

计算机输入文字的方法大致有键盘人工输入、文字光电扫描和语音识别输入等方式。其中，文字的键盘输入法是人们普遍采用的一种方法，而文字的键盘输入技术主要在于计算机的键盘布局设计。这里所谓的键盘布局设计，是指计算机、打字机或其他电子设备的按键在键盘上的安排，属于信息技术应用实现的重要基础。从技术上讲，"计算机键盘的每个键位都有属性，而每种文字（音节文字）的音素或部件也各有其属性。如何将这两种属性恰到好处地使之'对号入座'，是键盘布局设计的基本任务"。② 由于西南民族档案资源集成管理的文档涉及国家规范汉字和各少数民族文字，其键盘输出的文字设计自然就需要有汉字和各少数民族文字，其键盘布局相应地就需要分为中文键盘布局和少数民族文字键盘布局设计。于是，其"键盘布局标准应按照不同文种的书写特性和输入要求分别制定"。③

关于中文键盘布局，国际上采用的是美式键盘，即 QWERTY 键盘。它是由克里斯托夫·拉森·授斯（Christopher Latham Sholes）英文机械打字机的键盘布局演变而来，具有不卡壳且打字速度快等特点，至今全世界仍在使用这一模式。我国计算机电脑以这一美国标准键盘布局为基础的居多，其拥有的用户群体至今是最多的。国家也出台了中华人民共和国国家标准《通用键盘汉字编码输入方法评测规则》。鉴于此，西南民族档案资源集成管理汉字输入可以以美国标准键盘布局（QWERTY 键盘）④ 为基础，参照国家标准进行设计使用。

关于西南民族档案资源集成管理少数民族文字的键盘布局与输入法，可

---

① 代红、陈壮：《中文信息技术的基础标准与中文编码字符集的国际标准化》，《信息技术与标准化》2008 年第 7 期。

② 卢亚军：《藏文计算机通用键盘布局与输入法研究》，《中文信息学报》2006 年第 2 期。

③ 代红、陈壮：《中国少数民族文字信息技术标准化现状与标准体系研究》，《信息技术与标准化》2011 年第 6 期。

④ 《键盘布局》，维基百科网站（http：//zh. wikipedia. org/zh/% E9％94％ AE％ E7％9B％98% E5％B8％83％E5％B1％80#. E4. B8. AD. E5. 9B. BD. E8. A5. BF. E8. 97. 8F），2014 年 8 月 13 日。

以依据国家标准的汉字键盘布局及输入法的基本理论和原则，结合各民族语言文字语料库的音节、字符、词汇统计数据，遵循各民族语言表述的民族习惯、语法规则等要素进行研制。近年来，国家标准化管理委员会批准发布了一批少数民族文字信息技术国家标准，这其中就包含了少数民族文字键盘布局标准。到目前为止，国家已陆续发布了朝鲜文、维吾尔文、藏文、彝文、傣文等几种少数民族文字键盘布局标准。

通常，"国家标准对键盘输入系统的性能评价主要有两个层次，一个是编码层次，另一个是软件层次。在编码层次上要求达到定性指标，如易学性；在软件层次上要求达到量化指标，如输入的平均码长和重码键选率。因此易学性、平均码长和重码字键选率是衡量一种输入法性能的 3 个重要指标"。[1]例如，有学者设计和制作了云南规范彝文字库，利用 Windows IME API 实现云南规范彝文输入法，键盘输出的彝文字美观、实用、规范，其文字编码和软件技术达到国际标准。又如，1999 年，国家标准《信息技术藏文编码字符集（基本集）键盘字母数字区的布局》颁布实施，藏文计算机通用键盘布局和输入法技术取得了快速发展，其研究成果已达到较高水平。目前已研制出的"一键多符"和"一键到位"的智能化藏文键盘布局和输入法能涵盖 ISO/IEC 10646 藏文编码国际标准的 169 个编码字符，兼顾国际标准与国家标准，比现有的各种藏文计算机键盘布局和输入法的速度和效率有成倍提高，尤其对藏文印刷、办公自动化和信息处理具有积极的推动作用。[2]

多年的少数民族键盘布局研究实践证明，"少数民族文字键盘布局标准制定必须根据该文种编码字符集标准的有无来决定其是否需要制定。"[3] 目前，我国的藏文、蒙古文、傣文、规范彝文、维吾尔文、哈萨克文、柯尔克孜文、朝鲜文已有编码字符集标准，藏族、蒙古族、维吾尔族、彝族、朝鲜族 5 个民族文字信息交换和处理技术已达到国际标准，这为别的少数民族文字信息技术研制发挥了重要的示范作用。

---

[1]　李昀姗、王嘉梅：《云南规范彝文字库设计及其字符集编码研究》，《电子科技》2011 年第 5 期。

[2]　卢亚军：《藏文计算机通用键盘布局与输入法研究》，《中文信息学报》2006 年第 2 期。

[3]　代红、陈壮：《中国少数民族文字信息技术标准化现状与标准体系研究》，《信息技术与标准化》2011 年第 6 期。

关于文档格式问题，为避免重复，一并在本书中的"集成档案保存格式标准化"部分探讨。

（2）再生数字化民族档案的控制

再生数字化档案资源主要指非数字化环境中生成的诸如以兽骨、简牍、金石、纸张等为载体的传统档案经数字化处理的档案。这类档案数字化的过程是："首先选择一种合适的扫描（数码拍摄）方案将印刷型信息资源进行扫描（数码拍摄），再将扫描（数码拍摄）结果进行加工处理，将其转换为馆藏所需的信息类型，然后将这些信息资源与其他类型载体信息资源通过格式转换得到的信息资源一起压缩、加密等处理，最后将这些处理好的信息资源存放于数据仓库内，以进行下一步的网络发布、用户检索或是进一步的信息加工等工作。"[1] 如图5—4所示[2]：

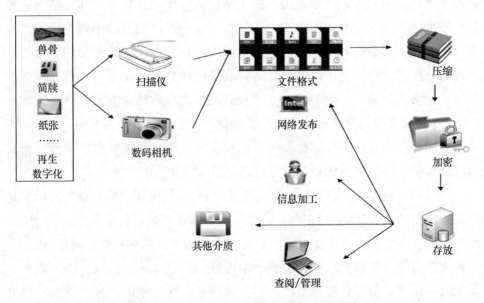

图5—4   再生数字化民族档案资源的处理过程

---

① 朱小怡等编著：《数字档案馆建设理论与实践》，华东师范大学出版社2007年版，第18页。

② 同上。

国家档案局于 2005 年 4 月发布的《国家档案行业标准：纸质档案数字化技术规范 DA/T 31—2005》中明确："本标准规定了纸质档案数字化的主要技术要求。本标准适用于采用各种设备对纸质档案的数字化加工处理及数字化成果的管理。"① 这是西南民族档案资源集成管理再生数字化档案控制的重要标准。至于再生数字化档案的格式标准问题还可参见本书中的"集成档案保存格式标准化"部分。

（3）归一数字化民族档案资源的控制

早期电子档案形成时期，由于一部分的编码方案不符合国家标准GB18030，导致一部分民族档案资源虽已数字化却非规范化，在集成管理中不能正常读取甚至会出现乱码现象。为此，需要在非规范化的档案资源编码方案与 GB18030 编码方案之间建立代码页转换表机制；以专门的代码转换软件工具辅助代码转换的操作。

考虑到维护电子档案的真实性，在代码转换过程中，需做到：一要在集中控制之间完成代码转换，以保证具备下一步被集成的条件；二要在电子档案元数据当中做出对过程的准确记录，尤其是记录清楚档案来源、转换的目的、技术背景、技术方案、转换的时间和地点、转换的人等要素；三要将转换前和转换后的电子档案文本同时集中保存。

2. 集成档案保存格式标准化

档案保存格式的标准化是保证集成化管理的档案资源的真实性与可读性的基础，是降低集成管理成本、提高管理效益的重要保证。通常，入馆之前的"电子文件的格式有文本文件、图形图像文件、视频文件、音频文件。文本文件常见格式有 XML、TXT、CEB、PDF、PDF/A、WPS、RTF、UOF；图形图像文件常见格式有 DjVu、TIFF、BMP、GIF、PNG、JPEG；视频文件常见格式有 AVl、MPEG、MOV、DAT、RM；音频文件常见格式有 MP3、OGG、WMA、WAV、FLAC 等"。② 这些格式下形成的档案如果缺少特定应用软件或阅读软件不兼容，就会变成乱码或是打不开的死档案，即使通过网络传输给用户也无法保证其完整性、真实性、可读性。为此，集成管理必须对所接受

---

① 《国家档案行业标准：纸质档案数字化技术规范 DA/T 31—2005》，《湖北档案》2006 年第 1 期。

② 汪俊、刘洪等：《解决电子文件长期保存格式问题的措施》，《云南档案》2011 年第 7 期。

的民族档案的格式类型有所限定，从源头上做到集成档案保存格式标准化。而更理想的做法是在电子文档产生之前就确保应用系统具备日后电子文档集成保存和利用的格式需求。

我国《电子文件归档与管理规范》（GB/T 18894—2002）规定文字型的电子文件的通用格式为 XML、RTF、TXT；扫描性的电子文件的通用格式为 JPEG、TIFF；视频、多媒体电子文件的通用格式为 MPEG、AVI；音频电子文件的通用格式为 WAV、MP3。[①] 不过，该《规范》出台已有一段时间，有些内容随着实践的发展需要进一步修订完善。有学者认为 "《规范》6.14 所推荐的电子文件的通用格式，应该加入一些能跨平台使用的格式。例如 pdf 格式。另外，即使是能跨平台使用的格式如 Lxt 纯文本格式，也有可能使用不同的编码（encoding）标准，如 gb2312、big5、gbk、utf—8、unicode 等。而这些编码的正确显示往往依赖于一定的计算机本地语言环境（locale），因此应该对电子文件的编码和使用的本地语言环境有所规范"。[②]

从目前的发展态势来看，集成档案保存格式的标准应该具备这样一些特点：格式具有通用性，在不同的环境下可阅读、可解析真实完整的文档；内容具有自含性，文档呈现的信息自包含，格式自描述，文档自身可证明和可评价；文档显示具有一致性，用户在任何时间、任何地点所查到的文档信息都不会因软硬件平台和阅读软件的变化而改变；操作具有开放性，文档可在不同系统之间实现相互操作，适时更新，自然转换；存储具有可扩展性，可以聚合相关文档，容纳大量数据，支持增值服务。[③]

目前，依据国家标准确定的原则范围，应该重点推荐一部分符合标准的格式作为集成管理接收进馆的格式。如：2009 年 12 月 16 日，国家档案局制定发布的档案行业标准《版式电子文件长期保存格式需求（DA/T 47—2009）》（2010 年 6 月 1 日开始实施），对版式电子文件保存的格式需求进行了明确界定：格式开放、不绑定软硬件、文件自包含、格式自描述、显示一

---

① 参见中华人民共和国国家标准《电子文件归档与管理规范》，《中国档案》2003 年第 11 期；彭远明《试论数字遗产的保护与管理策略》，《档案学研究》2007 年第 2 期。

② 仇壮丽、唐思慧等：《对〈电子文件归档与管理规范〉进行修订的几点建议》，《档案管理》2007 年第 8 期。

③ 汪俊、刘洪等：《解决电子文件长期保存格式问题的措施》，《云南档案》2011 年第 7 期。

致性、持续可解释、稳健、可转换、利于存储、支持技术认证机制、易于利用。[①] 2005 年 4 月 30 日，国家档案局发布《国家档案行业标准：纸质档案数字化技术规范 DA/T 31—2005》，对纸质档案数字化、档案整理、档案扫描、图像处理、图像存储、目录建库、数据挂接、数据验收、数据检验、数字化成果管理等有规范化表述。[②]

另，在开放文档格式方面，国家标准化管理委员会于 2007 年正式批准《中文办公软件文档格式规范》（中文简称"标文通"，英文为 Uniform Office Format，英文缩写 UOF），标准号为 GB/T 20916 – 2007。该《规范》基于中文办公软件的普遍需求，形成了从文档逻辑内容到显现格式的合理完整又自主可控的技术体系架构，较好地解决了各类国产中文办公软件间的差异性，奠定了办公软件文档信息交换的基础。因此，较之于由国际组织 OASIS（Organization for the Advancement of Structured Information Standards）制定的开放文档格式 ODF（Open Document Format）和美国微软制定的文档格式国际标准 OOXML（Office Open XML），集成管理过程中的中国文档处理格式应该优先采用 UOF 标准格式。[③]

2009 年 9 月，经中国国家标准化管理委员会批准正式实施 GB/T 23286《文献管理长期保存的电子文档文件格式》，正式认可 PDF/Archive（PDF/A）。PDF 格式是 Adobe 公司推出的电子图书专用格式，应用较为广泛。它的优点是：版面固化，阅读和打印可以不受软硬件操作系统限制；基于 PostScript 语言图像模型，将文字、字型、格式、颜色及独立于设备和分辨率的图形图像等封装在一个文件中，可最大限度降低可读性风险；特别擅长支持跨平台服务，有较高的集成度和安全可靠性。但是，"用 Adobe 免费的 PDF 阅

①　参见中华人民共和国档案行业标准《版式电子文件长期保存格式需求（DA/T 47 – 2009）》，《科技档案》2010 年第 2 期；李从卫《电子档案长期保存格式探析》，《机电兵船档案》2014 年第 6 期。

②　参见《国家档案行业标准：纸质档案数字化技术规范 DA/T 31—2005》，《湖北档案》2006 年第 1 期；李从卫、魏丽维《数字档案信息安全标准体系建设之我见》，《机电兵船档案》2015 年第 2 期。

③　吴志刚：《自主创新中文办公软件文档格式规范正式发布》，《信息技术与标准化》2007 年第 6 期。

读器（AcrobatReader）阅读中文 PDF 时只能显示 TureType 中文字体，且无法实现平台独立和字体独立；加之又不支持中文字体的下载。其解决的最好办法就是开发中文 PDF 阅读器，实现 PDF 检索系统，从 PDF 中提取信息，在其他应用程序中支持 PDF 的输入和阅读"。[①] 另，相关应用还需考虑知识产权、安全保密性能与成本等问题。

当然，我们强调集成档案保存格式标准化并不意味着数字信息资源只能采用单一格式，多种多类数字资源格式的并存、兼容是实现格式统一的基础和条件。无数事实证明，实现格式标准化还需从技术上下功夫，力争实现通过格式转化达到统一的能够被阅读器和网页支持的格式，通过格式转化技术可以将过时的格式转化为可以被新的硬件和软件兼容的格式。

3. 集成档案资源数据管理科学化

（1）元数据管理

所谓元数据，"是关于数据的数据，是数字信息组织和处理的基本工具，为各种形态的数字化信息单元和资源集合提供了规范、普遍的描述标准和方法"。[②] 其主要功能是描述数据的内容、质量、状况和特征，从而对数据进行定位和管理，最终为用户提供获取数据的线索。元数据管理重点是对数字化文档的形成、管理和利用过程的记录的管理，其目的在于确保数字化文档的原始性、真实性和证据价值。实现集成档案元数据管理科学化，是构建、管理、维护和使用集成管理档案资源数据仓库系统的核心，是帮助我们长久保存数字化档案资源的关键。

集成档案元数据可包括以下内容：内容元数据，即对题名、著者、文摘、定义、主题词或关键词、馆藏信息、唯一标识号等档案资源内容特征的记录，是元数据体系中用来描述和识别档案的基本记录部分；机构人员元数据，即对各类相关的责任者的记录，是确保档案信息准确、真实与可靠的保障；表述元数据，即对档案资源的数据结构、数据类型、文本格式、载体形态、文种与语言等档案物理特征的记述，是满足目录检索需要、长期获取档案信息

---

① 田海月：《PDF 文件格式研究》，《中国高新技术企业》2009 年第 6 期。

② 安小米、郑向阳：《集成管理与集成服务——21 世纪城市建设文件档案信息管理的优化与创新》，中国建筑工业出版社 2006 年版，第 37 页。

资源的保证；获取元数据，即对信息来源、密级、版权、阅读所需硬软件条件、获取途径等的说明，是帮助用户有效地获取档案资源的工具；关系元数据，即对挖掘、展现档案信息之间的历史联系等的描述，是帮助用户在复杂信息中寻找关联信息的指南；管理元数据，即对信息的使用、备份、处置、升级、更新维护等管理活动的记录，是守护档案原始记录性的大门。①

可以看出，上述几种类型的元数据是以档案资源生命周期中的不同功能为标准进行的界定，在具体的实践中会存在一定程度的交叉，可通过元数据模块化、开放化的设计来最大程度降低重复范围。事实上，不同阶段产生的不同类型的元数据在档案资源集成管理的不同环节起着不同的作用；加之，"电子文件元数据的行程好比一条不断汇聚的河流，沿途会消耗掉一部分水分，同时也不断有新的河水注入其中。总体来说，这是一个细水长流、日积月累的过程"。② 因此，元数据管理对于适时发挥不同类型的文档元数据的作用及推进整个集成管理过程的顺利展开都起着至关重要的作用。

目前，人们对集成档案元数据管理还在逐步认识阶段，档案界出台和应用有关统一的元数据标准工作也相对滞后。不过，国外数字图书馆、电子政务领域在元数据标准的制定方面已取得突出成绩，很大部分标准已经过理论和实践的验证。国内学界、一些地方事业单位对电子文件元数据的管理重要性已经达成了广泛的认同，相关的国家标准的研究与实施也已不断走向成熟，我们可以结合西南民族档案资源集成管理需求与特点，在国内外、各行业已有的相关规范的基础上来进行借鉴性探讨。

目前，我国主要的国家级规范有：2009 年 12 月，国家档案局正式颁布《版式电子文件长期保存格式需求》（DA/T 47—2009）、《文书类电子文件元数据方案》（DA/T 46—2009）、《基于 XML 的电子文件封装规范》（DA/T 48—2009）三项档案行业标准。这些文件自 2010 年 6 月 1 日起实施。"其中，《版式电子文件长期保存格式需求》为国际首创。在工信部和国家档案局支持成立的（国家）版式技术产业应用联盟（汇集国内知名 IT 企业 20 多家）

①　屠跃明、翟瑶：《档案数字化的元数据研究》，《兰台世界》2012 年第 15 期。
②　刘越男、梁凯：《电子文件管理系统实施过程中元数据方案的设计》，《档案学研究》2012 年第 2 期。

中，该标准主导了版式产品的研发。《文书类电子文件元数据方案》是ISO23081 发布后，继澳大利亚、加拿大、欧盟之后发布的第四个国际同类标准。《基于 XML 的电子文件封装规范》是继美国元数据编码和传输标准（METS）、澳大利亚维多利亚电子文件策略（VERS）后发布的第三个国际同类标准。"① 2011 年 1 月，国家正式采纳 ISO23081 - 1《信息与文献——文件管理流程——文件元数据——原则》为国家标准（标准号为 GB/T 26163.1—2010）；《通用电子文件元数据规范》正由国家档案局牵头积极推进中。② 这些标准是西南民族档案资源集成管理过程中实现文档元数据管理国家标准化应遵循的标准规范。

对于西南民族档案资源集成管理而言，无论如何，要通过标准的制定为存储有西南民族档案资源的部门、行业、个体提供一个规范化的依据，也为日后进入档案集成归档阶段提供一个可供进入和访问的数据标准接口。如果可对应领域内有相关的规范标准，应该遵循相应标准的规定；如果一些重要领域还没有相应的规范标准，则需尽快组织制定这类标准，既可满足应用的需要，也可从源头上规范管理行为。

仅就西南民族地区集成档案元数据管理科学化来讲，关键是要选择科学的元数据方案及管理实施科学化。为此，元数据管理过程中还需要处理好四个问题：一是根据在西南民族档案资源集成管理的框架下，针对不同类型的资源加工的深度和利用需求，制定元数据方案，确定并采集核心元素，做好对所采集的核心元素最后的清洗、查重；二是根据在文本、图像、音频、视频等不同资源格式上所呈现的各民族语言、文字需要的不同元数据元素，通过元数据著录形式形成以文字形式存在的元数据，尽可能对题名、主题词、摘要等文档检索的关键内容进行少数民族语言文字和国家通用语言汉语的双语著录；三是在专门的系统平台上，封装管理和存储元数据，确保对象数据和元数据之间关联的一致性和文档的长期保存与利用，确保各种元数据格式

---

① 本刊编辑部：《〈文书类电子文件元数据方案〉等 3 项行业标准发布》，《中国档案》2010 年第 2 期。

② 刘越男、梁凯：《电子文件管理系统实施过程中元数据方案的设计》，《档案学研究》2012 年第 2 期。

之间的兼容和转换；四是持续控制元数据，随时记录文档在集成管理活动中发生的任何变化，对不断形成、积累、递增的元数据要持续进行查重和整合，为文档在集成管理中能够被长期保存与可持续利用保驾护航。具体操作上，最好的处理方法就是在文档管理的各个关键点上，把与文档对象有关的元数据写入文档自身或附着在文档后面，以此寻求建立文档与元数据组成的自包含的实体，保证文档与元数据在任何载体与环境下的完整与安全。

（2）关联数据管理

关联数据就是一种数据在网络中被发布、被分享的方式。这一概念最早是由"互联网之父"Tim Bemers-Lee 于 2006 年在万维网体系架构笔记《关联数据笔记》中提出的。发展到当今数字化、网络化时代，关联数据研究已给计算机科学、信息管理等诸多学科领域研究带来极大的机遇和挑战，西南民族档案资源集成管理研究也理当紧跟关联数据发展的时代潮流，积极探索集成管理中关联数据的建构，使之成为集成管理超越时空、一体化服务的重要技术平台。

关联数据的技术基础有三：用统一资源标识符（Uniform Resource Identifier，URI）来命名数据实体；采用资源描述框架（Resource Description Framework，RDF）来描述和联结资源数据；通过超文本传输协议（Hyper Text Transfer Protocol，HTTP）构成一个标准的客户端服务器模型来揭示并获取数据。"关联数据技术作为一种新的语义发布工具是目前数字资源揭示和利用的一项重要技术，其在整合孤立的数据、提供开放的元数据服务、实现语义互操作和实现数据的 Web 服务等方面具有广阔的应用前景。"①

关联数据的最大特征就是关联，实现数据的网络到网络即数据的发展。即通过关联，使两个处于异地的机构所维护的数据库数据，以及同一机构内分属不同系统的数据、那些彼此不关联的数据等有了关联进而发生最大限度的利用、再利用，从而产生新的数据、信息和知识，以此循环往复；通过网络，使位于 Web 的不同数据源的数据实现结构化数据的关联；基于数据的开放获取形式，机器可理解机构化的数据和链接创建的数据关系，实现本中心

① 田宁：《基于关联数据的信息资源整合》，《图书馆学刊》2014 年第 1 期。

可链接至其他外部数据集，同样也可被来自外部数据集的数据所链接。[①]

从横向来看，由于受到分级管理原则等诸客观条件的限制，西南民族档案资源存储在国内各级各类的档案馆、图书馆、博物馆以及社会民间、海外等地[②]，其所拥有的档案资源有很多相同和不同之处，其所存储的目的和责任也各有不同，对这些档案资源数字化格式和技术也各有差异，对社会开放利用的程度也各不相同。如果将这些分散保存的档案进行大跨度的实体归档集中，成本过高，可操作性不强。但是，如果利用关联数据技术就可实现档案馆和外部世界的联系，把档案馆内外的非关联数据、异构数据源整合为拥有相同存储方式的业务数据，就有可能实现整合孤立的数据、开放元数据服务、实现数据的 Web 服务。具体来讲，可先将各相关省区辖区内形成的并需归档保存的档案集中保存到省区一级的档案馆；各个省区档案馆按照分布式架构技术、关联数据技术进行统筹设计管理，表面上的实体管理是分散的，但实质上的逻辑管理是一个整体，实现一体化的检索和整体性的服务。因此，关联数据技术在西南民族档案资源集成管理中具有广阔的应用前景。

从纵向来看，档案馆、图书馆、博物馆等存储机构所保存的档案资源有纸质的、数字化的、网络化的及各种信息系统产生的档案。不论哪个机构存储，这些资源大都存在着部分性重合、数据平台各异、使用方法不统一等问题，需要经过搜集整理、统一格式、逻辑排序等环节来产生关联。如果将全宗目录通过关联数据实现数据间的融合以及语义检索服务，就会由此扩展档案目录检索的有序化和语义化程度，使检索组织不仅可以揭示档案资源本身的同一性及资源本身的衍生变化、资源与资源之间的关系，而且可以根据资源载体的各种表现形式来梳理和揭示资源的结构和资源的关系，使用户更好地选择和识别档案资源信息。

基于关联数据管理的研究，对纵向档案资源、横向档案资源一并整合的理路如图 5—5 所示：[③]

Tim Bemers-Lee 提出了关联数据的四个基本原则："（1）使用 URI 作为任

---

① 潘有能、张悦：《关联数据研究与应用进展》，《情报科学》2011 年第 1 期。
② 详见本书第二章"西南民族档案资源的构成"部分。
③ 参见田宁《基于关联数据的信息资源整合》，《图书馆学刊》2014 年第 1 期。

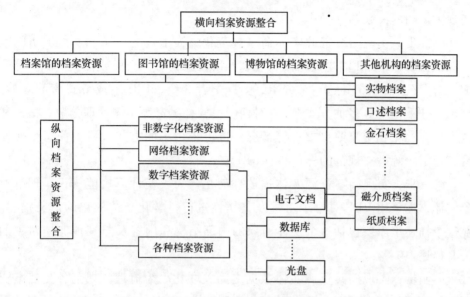

图5—5　整合关联的档案资源

何事物的标识；（2）使用 HTTP URI 使任何人都可以访问这些标识名称；
（3）当有人访问某个标识时，使用（RDF，SPARQL）标准提供有用的信息；
（4）尽可能提供关联的 URI，以使人们可以发现更多的事物。"① 对应四项要
求，西南民族档案资源集成关联数据的构建与发布的关键流程有六步：

第一步，构建档案资源数据关联模型。为了使民族档案资源实体的关联
结构形式化，选择或设计 RDF 词表（RDF vocabulary），对待发布的实体及实
体之间的语义关系进行确定。针对西南民族档案资源关联数据资源较为分散、
资源聚合性较差的特点，在面向社会提供民族档案资源关联数据服务时，还
要根据社会对民族档案的实际需求，从民族档案资源的外部属性特征和内容
特点进行专业领域多类型信息资源的整合和数据关联。档案资源数据关联模
型可以由数据发布、数据关联和数据集成应用三个层次组成。构建数据关联
模型，既要注意关联的外部特征（如名称、时间、地点等），还要重视数据
内容尤其是专业领域的属性和语义关系，注意充分利用专业叙词表、主题词
表、分类法、主题图和本体等传统的、新型的信息组织工具，广泛、深入地

① 潘有能、张悦：《关联数据研究与应用进展》，《情报科学》2011 年第 1 期。

实现数据间的关联和互操作。①

第二步，实现档案资源实体命名规范化。为了建立可访问、可解析的唯一标识符 HTTP URI 的生成机制，在初始阶段就为每一个民族档案资源实体分配一个永久的、唯一标识符（URI）。据学者介绍，URI 生成方式有等级型、继承型、重构型等多种方式②，针对西南民族档案资源实体管理分散、格式和技术各异、相互交流壁垒重重等情况，也可采用不同方式，尽力使每个实体具有稳定、统一、规范的标识符（URI）。

第三步，实现档案资源实体描述框架化。为了使计算机能辨识、理解对象实体，需采用 RDF 对每个对象及其属性进行科学化、结构化的语义描述。在这个描述里需要包括这个实体对象的内部结构和内容及与其他实体对象的关联描述。

第四步，实现档案资源实体数据之间关联化。为梳理、规范各类档案资源实体之间的语义关联，需采用 RDF link 来描述实体之间的关联。"关联关系的构建包括内部关联关系的构建和外部关联关系的构建。在形成 RDF 记录时，这个记录里就已经建立了与其他内容对象的关联描述，这个关联描述就是内部关联关系的构建。关联数据浏览器支持用户通过 RDF 链接在数据源之间进行浏览，将获取的 RDF 数据进行影射解析、提取、合并等处理后，形成虚拟的或者是实际的 RDF 数据库，可以通过 RDF API 或者 SPARQL 语言访问，这个数据库则是外部关联关系的构建。"③

第五步，实现档案资源实体数据的发布。配置适合标识符（URI）的发布服务器，负责正确解析每个档案资源实体的 URI，并根据内容协商机制返回正确的网页描述和 RDF 描述。④ 目前常用的是 Tabulator、Marble、Disco、LinkSailor 等关联数据浏览器。但由于关联数据能够提供多个分布式异构数据源整合的关联访问，对浏览器在关联数据的导航和检索结果显示方面的技术

---

① 鲜国建、赵瑞雪等：《基于知识组织体系的多维语义关联数据构建研究》，《数字图书馆论坛》2014 年第 3 期。

② 同上。

③ 田宁：《基于关联数据的信息资源整合》，《图书馆学刊》2014 年第 1 期。

④ 沈志宏、刘筱敏等：《关联数据发布流程与关键问题研究——以科技文献、科学数据发布为例》，《中国图书馆学报》2013 年第 2 期。

要求很高，至今还没有理想的以实体为中心的方便直观的关联数据浏览器服务。因此，这类技术还需进一步完善。此外，要配置 SPARQL 服务端、对外开放 SPARQL 语义查询接口，供异地、远程调用数据。

第六步，维护档案资源关联数据的链接。为了保障所发布的档案资源关联数据的长久安全、全面可靠，需随时解决因关联数据网络的不断扩展而出现的断链、乱链、消失或新生的链接等问题。尤其是西南民族档案资源，实体存储在国内外、省内外，只有建立了档案资源关联数据的链接的维护机制，用户才可以长期在网络上，通过关联数据检索，获得令人放心的档案信息资源。同时也可以进一步加强资源的关联和导航，扩展资源的积累和利用。

（二）西南民族档案资源的集成归档

"集成归档"一词是借鉴了档案学界的"归档"思想。"归档"一词在档案学中是一个重要的术语，意指文档形成单位将已处理完毕且有保存价值的文件按一定的原则整理后送交档案室（馆）管理的行为过程。在我国，"归档"已成为国家明文规定的一项制度，即归档制度。《中华人民共和国档案法》第十条规定："对国家规定的应当立卷归档的材料，必须按照规定，定期向本单位档案机构或者档案工作人员移交，集中管理，任何个人不得据为己有。"[①] 在《中华人民共和国档案法实施办法》《国家行政机关公文处理办法》等文件中，都有相应的规定和要求。2003 年 7 月 28 日，国家档案局发布第 6 号令《电子公文归档管理暂行办法》（2003 年 9 月 1 日起施行），进一步加强了对电子公文的归档管理。[②]

这里之所以引用"归档"一词，表明西南民族档案资源的集成管理已完全进入由档案管理机构主导的以归档为核心的档案管理阶段。在这一"归档"阶段的主要工作就是：通过现代管理与通信技术的综合应用，将散存在社会上的西南民族档案资源虚拟集中到档案馆保管，尤其是图书馆、博物馆、

---

① 《中华人民共和国档案法》，中华人民共和国国家档案局网站（http://www.saac.gov.cn/xxgk/2010 - 02/08/content_1704.htm），2014 年 7 月 18 日。

② 《电子公文归档管理暂行办法》，中华人民共和国国家档案局网站（http://www.saac.gov.cn/xxgk/2003 - 07/28/content_13043.htm），2014 年 7 月 18 日。

纪念馆等机构保存的既是文物、图书资料又是档案的这部分资源能够跨系统集中，最终把存储在各地的西南民族档案资源联结为一个整体；与此同时，档案馆对于集成归档所接收到的档案，应该尽可能挖掘各类档案之间的关联性，兼顾各方利益，多层面、多维度的扩大档案的利用层次和利用范围，最大限度地发挥它们的价值；无论是文本、图像、视频、声音，还是三维数据以及全景图，只要属于档案范畴，都需同步虚拟集中于档案馆，做到应归尽归、事毕即归、及时归档，实现一体化、深度整合与共享共赢；而且这些归档的档案都应该真实可靠、可读可用、完整安全。

西南民族档案资源的集成归档包括初次归档和集成归档两个阶段。初次归档是指按照国家电子文件管理相关制度和规定，对集成控制阶段所形成的档案集中到档案管理机构进行保存的过程，重在保证档案的完整真实。集成归档则是指基于分布式架构，将档案复制并导入到集成管理体系当中，通过网络方式实现跨区域、多类型档案资源的一体化共享的过程，重在保障档案的可解读与可理解。初次归档和集成归档两个阶段互为基础互为影响，密不可分。

1. 初次归档要务

初次归档环节的工作重点就是立足现有的国家档案管理体制及公共文化事业机构的现状，通过管理与技术的综合应用，把存储在国内各级各类的档案馆、图书馆、博物馆以及社会民间、海外等地的西南民族档案资源集中保存在各相关省区一级的档案馆。物理上档案是分散的，逻辑上档案是一个集成管理的整体。初次归档有以下几个工作重点。

（1）确定归档模式

档案界，初次归档的模式有基于介质的归档模式、基于云计算的归档模式、基于系统的归档模式三种类型，各有所长。

基于介质的归档模式是档案界最初基于纸质档案归档管理的基本模式来管理电子文件的方法。其操作方法是文档形成单位采用介质较为轻便、安全的只读光盘作为归档保存的理想介质存储文档，然后送交档案管理机构集中进行保管。这种归档模式具有简单、简明、易操作的特点，但仅适用于电子文档数量不多且资金和技术力量有限的专业机构，难以满足西南民族档案资源集成管理的需要。

基于云计算的归档模式是档案界近年来基于云计算技术提出的一种新的档案网络归档方式。其操作方法是"由云计算服务提供商按照档案管理的政策要求，远程地为用户提供安全的存储、归档服务，以满足用户长期保存电子文件的需求。其和网络归档的最大区别在于用户所使用的电子档案归档服务是由云计算服务商所提供的，所有的硬件维护、软件运行、系统备份等操作，都由专业的云计算服务商来提供，档案用户只是租用云计算服务商所提供的服务。档案用户只需要一台计算机、一条网线就可以接入云归档系统，完成复杂的操作，再不需要购买昂贵的服务器及管理软件"①。云归档本质上仍属于为日后查询的需要而将工作中处理完毕的有保存价值的文档集中保存的档案工作，只是因为它依靠网络技术而具有比传统归档工作更多的诸如海量存储、低成本等优点，并因此注定了它势必会成为电子文档管理、档案资源共享的发展趋势。但是，它作为大数据、云计算技术发展衍生出的新的档案管理模式，涉及档案归档的安全性和可靠性的业务工作与保障技术还在探索中，档案界对之还缺乏系统、深入的理论和实践研究。当然，西南民族档案资源集成管理也应该看到这种趋势，为这种技术模式的最终运用做好相应的准备。

基于系统的归档模式是档案界近几年来基于电子文档管理技术、计算机网络技术的不断成熟而采用的文档管理新模式。其操作方法是在系统模式下，在线规范生成电子文档的技术环境；在线完整归档保存电子文档；在线长久保存电子文档。这种归档模式具有目标明确、技术功能相对单一、便于管理等特点，是目前电子文档归档管理的流行模式。但这种归档模式往往表现为工作人员将业务系统中处理完毕的电子文件向电子档案管理系统移交，是完成文件向档案转化的环节。而在网络环境下，其一般的操作人员为业务或文书人员，其运行模式多由各行业、各单位自己购买服务器及相应的软件系统，并且自己对系统进行维护，存在着缺乏合作、资金浪费、归档效益不高等缺点。在当今 IT 技术日新月异，云计算、大数据等新技术不断涌现的时代，这种归档的做法势必会被新的理念与实践所代替，也最终难以满足西南民族档案资源集成管理的需要。不过，鉴于西南民族地区经济文化发展相对滞后的

---

① 黄新荣、庞文琪等：《云归档——云环境下新的归档方式》，《档案与建设》2014 年第 4 期。

客观现状，在西南民族档案资源集成管理的初期，这种归档模式相对容易实现在线归档管理和在线长期保存。

（2）选择归档途径

通常，初次归档可以采用两种方式，一是在线归档，即在网络环境下，通过工作网络将电子文档传输到需要集中保管的场所，简便而安全，但需要通畅安全的网络归档专线为前提；二是离线归档，即在非网络环境下，使用光盘、磁盘、磁带等离线存储介质将电子文档传送到归档地点。这种方式因异地移交容易造成数据丢失，或者多张备份盘存档有可能造成资源浪费。相比较而言，在线归档无疑是一种很好的办法。鉴于西南民族地区民族档案资源的丰富性与信息化建设水平，力争在线归档是上策。

不过，无论采用何种形式，归档移交前，电子文档形成单位务必按照统一格式的要求，及时做好格式的转换和编目整理，以维护电子文档的真实性、准确性、完整性、可读性。档案馆接受逻辑归档的文档后，应据档案情况进行在线备份或脱机备份；在必要时还需对产生电子文档的应用软件或者专有的阅读软件同时归档备份。

（3）规范归档文字表述

西南民族档案资源的归档表述因档案的构成与利用群体的不同而需要采取与一般的汉文档案的归档表述不同的方式。一方面，西南民族档案资源具有的多源流、多民族、多文字、多语言的特点，促使西南民族档案资源的收集、归档、利用等档案工作诸环节中面临如何体现多民族文字平等、开放、共享的问题；由此也带出西南各民族语言在民族档案集成控制、集成归档、集成服务中如何满足多语种平等、互助、共享的需求。解决问题的最理想方式就是采用基于档案自身的文字表述、选择使用当地通用的一种或者几种民族文字表述的归档①。不过，使用再多的民族文字，也需要一种为大多数人所掌握和使用的中介语言来实现各民族之间的无障碍沟通。

另一方面，从国家相关法规来看，2000 年 10 月 31 日公布的《中华人民共和国国家通用语言文字法》（自 2001 年 1 月 1 日起施行）明确规定：国家

①　沙马拉毅：《彝语文工作法规及彝语文政策的实践》，《西南民族大学学报》（人文社科版）2009 年第 6 期。

通用语言文字是普通话和规范汉字。国家通用语言文字的使用应当有利于维护国家主权和民族尊严，有利于国家统一和民族团结。各民族都有使用和发展自己的语言文字的自由。少数民族语言文字的使用依据宪法、民族区域自治法及其他法律的有关规定。① 1984 年 10 月 1 日起施行的《民族区域自治法》（根据 2001 年 2 月 28 日第九届全国人民代表大会常务委员会第二十次会议《关于修改〈中华人民共和国民族区域自治法〉的决定》修正）规定："民族自治地方的自治机关保障本地方各民族都有使用和发展自己的语言文字的自由。"② 2005 年 5 月 11 日公布的《国务院实施〈中华人民共和国民族区域自治法〉若干规定》（自 2005 年 5 月 31 日起施行）规定："国家保障各民族使用和发展本民族语言文字的自由，扶持少数民族语言文字的规范化、标准化和信息处理工作；推广使用全国通用的普通话和规范汉字；鼓励民族自治地方各民族公民互相学习语言文字。"③ 这些规定为我们正确处理好民族语言文字的归档问题指明了方向。当然，汉语普通话和规范汉字是最佳的实现各民族之间无障碍沟通的中介语言。

综上思考，西南民族档案资源集成管理的归档表述应该是以国家通用语言文字为主、多民族语言文字为辅的双语、多语对照归档。即对于那些书写有民族文字的档案，应该尊重档案自身的文字表述，在此基础上实行国家通用的规范汉字与民族文字并存的双语对照归档。从长远的战略发展来看，应该建立起一个符合西南民族档案集成管理实际需要、以国家通用汉语为核心的多民族语种的归档体系。换句话说，就是根据西南地区民族档案的不同情形，运用国家规范通用的汉语和一种以上的民族语言，对同一内容的不同民族语言版本同期同地归档保存。归档过程中，通常会遇到如下三种情况。

一是同一内容同时有汉语版本和另一种民族语言版本的单一文档，归档时就把两个语种版本同时归档保存。如：《勐马档案》是由云南省孟连县勐

① 《中华人民共和国国家通用语言文字法》，中华人民共和国教育部网站（http://www.moe.edu.cn/publicfiles/business/htmlfiles/moe/moe_619/200409/3131.html），2014 年 7 月 23 日。

② 《中华人民共和国民族区域自治法》，中国网（http://www.china.com.cn/chinese/MATERIAL/22525.htm），2014 年 7 月 24 日。

③ 《国务院实施〈中华人民共和国民族区域自治法〉若干规定》，中国网（http://www.china.com.cn/chinese/PI-c/873268.htm），2014 年 7 月 24 日。

马寨 30 余名在世的老人口述、14 名老人参与编写出版的集中反映勐马傣族的民间传统文化的记录，同时有用傣文、汉文记录的两个版本，属于文化持有者自己收集、书写、留存的族群记忆。① 其归档时即可采用这种"单一文档双语对照归档"法。

二是同一内容同时有汉语版本和一种以上的民族语言版本的多语种文档，归档时就把汉语版本与各民族语言版本分别组合成一个序列，按照归属不同语言类或不同民族类归档保存。如火把节是我国彝族、白族、纳西族、拉祜族等西南地区多个民族的古老而重要的传统节日。各民族由于各有自己深厚的民俗文化内涵，不同的民族举行火把节的时间、组织的赛马、斗牛、歌舞表演等活动都各有不同，异彩纷呈。因此各民族在历史上留存下来的有关对火把节的记录也各有不同。其归档时即可采用这种"多文档双语对照归档"法。

三是同一内容仅有少数民族语言文字版本、缺乏汉语版本的文档，则在完整保存民族语言文档全文的同时，对文档元数据采用对应语种和汉语进行著录或摘要，条件许可情况下配以汉文全文，即"全文双语著录归档"法。如云南临沧民间珍藏有大量傣文历史文献，《孟定土司源流》《耿马宣抚司礼仪课赋底簿》是其中重要的历史档案，但没有汉文书写稿。2004 年，耿马傣族佤族自治县人民政府、云南大学等单位联合普查、整理、编辑、出版《中国云南耿马傣文古籍编目》时，收录了这两份傣文原文，并同时作了汉文的全文翻译。② 这些材料归档时即可采用"全文双语著录归档"法。

著录是档案界决定档案检索工作能否高质量、高效率的关键环节。同样，这里的双语著录归档是档案部门将分散异构档案资源进行系统整理、融合、类聚和重组为一个新的有机整体的首要步骤，是实现西南民族档案资源集成共享的基础。从逻辑上讲，要保证文档在集成管理中被检索和利用的最大化，就需要双语著录的全覆盖。但是，西南民族地区由于受主、客观条件的限制，在实际工作中很难完全实现双语著录的全覆盖。"在实践操作中，可以根据不同的电子文件类型规定不同的双语著录级别，一般性电子文件可以只进行题

---

① 勐马寨人编著：《勐马档案》（傣文、汉文版），文物出版社 2008 年版。
② 尹绍亭、唐立：《中国云南耿马傣文古籍编目》，云南民族出版社 2005 年版。

名和关键词的双语著录，较为重要的电子文件则需要增加双语著录项目，非常关键的电子文件则需要全面进行双语著录。"①

（4）制定《西南民族档案资源集成管理著录细则》

对西南民族档案资源的双语著录，其依据：一是国家实施的行业总则及与之配套的部分辅助工具，如《档案著录规则》（DA/T 18—1999）、《编制全国档案馆名称代码实施细则》《档号编制规则》《中国档案分类法》《档案分类标引规则》《中国档案主题词表》《档案主题标引规则》等；二是业已成熟的专门性或专业性档案著录细则，如《明清档案著录细则》《民国档案著录细则》《革命历史档案著录细则》《城市建设档案著录规范》《地质资料档案著录细则》《医药档案著录细则》等。这些著录规则已形成了一定的体系，具有较强的通用性。然而，这些规定更多地满足了纸本档案的著录需要，而对在网络环境下如何解决档案的著录问题欠缺明确、细致的条款；其相关规定对西南民族档案资源著录工作有指导作用，但还不能满足西南民族档案资源著录工作的实际需要。为此，这里的双语著录要在符合国家著录标准的基础上，相应地出台《西南民族档案资源集成管理著录细则》。

《西南民族档案资源集成管理著录细则》要依据《档案著录规则》（DA/T 18—1999）的基本原则，结合西南民族档案的特点和实际工作需要，重点研究在网络环境下的档案检索利用及标准化描述方法。有学者认为：全宗级别要遵循"国际档案著录标准 ISDA（G）"进行概括性著录，以便用户知道从馆藏中可以获得怎样的信息；"编码档案著录标准 EAD"是档案工作者为改善著录并在网络上展示馆藏而开发的一种通用标准，具有很大的潜力，其特点是先将馆藏作为一个整体进行著录，再对其组成部分进行具体的、各层级上的著录，使检索工具中的元数据得到分级，形成关联关系。② 为此，在制定《西南民族档案资源集成管理著录细则》中，要借鉴"国际档案著录标准 ISDA（G）""编码档案著录标准 EAD"的优势和特点，适当增加、完善著录的构成，细化各描述项目。

大体上，《西南民族档案资源集成管理著录细则》由定义与适用范围、

① 赵生辉：《中国少数民族语言电子文件双语著录研究》，《兰台世界》2012年第2期。

② 王萍：《电子档案著录标准及其应用》，吉林大学出版社2010年版，第1—21页。

著录分类及项目、著录级别与条目格式、著录标识符与文字、著录信息源与细则等部分构成。在"著录项目"类中，除了沿用《档案著录规则》（DA/T 18—1999）规定的内容，还需要增加民族档案的记录方式、民族归属、留存地点等子项类；对于声音、图像等特殊载体档案，在保持和普通档案一样的著录的同时，还需要设置一些特殊档案著录的项目，用于记录档案产生的时间、地点、形成者等一系列相关要素。在"著录条目格式"中，重点著录正题名、责任者、时间、记录方式、主题词或关键词等要素；诸如时间项、排检项、编号项、附注项中的数字，一律使用阿拉伯数字；针对档案存储地的复杂性，诸如格式中的分类号、档号、电子文档号、缩微号等可酌情选项填写。在"著录级别"中，在沿袭档案界把单份文件、一组文件、一个案卷或一组案卷作为著录对象的同时，重点增加民族全宗、民族人士、重要存储地等内容，以全宗级别形式进入著录对象，建立完整的多级著录规则。至于"著录用文字"，应采用国家通用汉语文字与多民族语种文字的双语言著录。①

（5）归档的范围

国家档案局发布的第6号令《电子公文归档管理暂行办法》中规定："电子公文的收发登记表、机读目录、相关软件、其他说明等应与相对应的电子公文一同归档保存。"② 这是西南民族档案资源归档时需要参照的，但还有一些特殊的方面需要纳入归档视域。

其一，诸如数据库、图形库、方法库等各种易变化数据文档，以及西南各少数民族语言文化网站发布的文稿等，它们始终处于不断地变化中，新数据有可能覆盖老数据，且有可能导致老数据再也无法恢复。对此，应定期拷贝作为一个数据集另行归档，不再更动。③

其二，诸如电子邮件、电视会议、电子文档的草稿与定稿等利用现代远程技术、网络技术产生的一些文档，属于日常工作难以常规控制的文档，很

---

① 尚珊、高文静：《国内外档案著录准则比较研究》，《档案学通讯》2014年第2期。
② 《电子公文归档管理暂行办法》，中华人民共和国国家档案局网站（http://www.saac.gov.cn/xxgk/2003-07/28/content_13043.htm），2014年7月24日。
③ 冯惠玲：《无纸收藏〈拥有新记忆——电子文件管理研究〉摘要之二》，《档案学通讯》1998年第2期。

容易被人们遗漏或遗忘。对此，需要在产生文档的源头进行控制与跟踪归档。

其三，诸如器物、崖画、碑碣、墓志等实物档案，具有历史史料、历史档案、历史文物以及历史遗迹等多重身份，既有可能分存在博物馆、图书馆、高校，也有可能留存在民族事务委员会、古籍办等部门，甚至就留存在民间。对此，在归档过程中要详注档案的留存地点，并全面记录对档案实时操作的人员等相关情况，以确保归档保存档案的真实完整性。

其四，诸如支持各种文件生成、运行的命令文件和支持设备运行的操作系统，以及一些少数民族专用文字处理与识别软件等，它们是支持人们日后顺利读出、顺利利用档案的重要保障，必要时应把它们与文件同时归档。

2. 集成归档要务

所谓集成归档，就是按照西南民族档案资源集成管理的体系要求，还需要把各省级档案馆在初次归档保存的档案进行再次复制并导入集成管理平台，完成数据集中，为下一步提供跨越地域、跨越语言的一体化的集成服务提供保障。与初次归档相比，集成归档阶段的档案属于非保密或已解密的档案，要求在线归档集中、在线保存与互备、互联互通的可读性保障网络。

（1）在线归档集中

各省级档案管理机构在集成管理平台的操作权限内，登录互联网并访问集成管理平台接口，借助网络上传各自管理的民族档案电子文档及相关信息，最终导入集成管理体系，以便于下一步借助集成管理平台有效的整理、捕获、利用这些文档。其工作重点是实现电子文档元数据的集中管理。

如前所述，为了保证文档的真实和完整性，电子文档在集成控制阶段就需注意元数据编码、格式标准等方面的规范、科学化。不过也应该看到，元数据本身作为数字化信息，也会遭到不可预测的破坏，从而影响集成文档的管理和后续统一文档访问机制的建立。因此，在保证文档的真实性和完整性的前提下，如果导入的文档格式不是集成管理平台所要求的格式，则需要使用相关的转换软件将其转换到标准的编码和格式；如果导入文档的相关元数据不全面，需要及时补齐规范。

此外，从初次归档到集成归档，档案事实上会出现各省档案机构保存的原档案和导入集成系统的另一份档案多原件同存的现象，只是它们在功能上有所侧重，原档案重在维护和管理，复制导入的档案重在提供利用。如果从电子档案的特殊性来讲，只要复制导入的档案的核心要素及相关元数据不变，就可按照档案原件的标准提供利用。

·（2）在线保存与互备

在线保存的工作重点是实现电子文档的分布式存储。在集成归档过程中，导入集成管理体系的档案客观上是分散地存储在外部系统的关系数据库中，是通过元数据的有效管理而实现文档在逻辑上的集中统一的。实现双方连接的平台就是网络互联。档案资源只有利用 IT 技术在线集中存储到一个系统，并按逻辑片段分布，才能共同形成一个统一的数据库系统，才有可能为用户提供检索与共享服务。具体来讲，在线保存有两方面的含义：

一方面，存储的数据在物理上不是存储在一个站点上，而是分散存储在由计算机网络连接起来的各个省级档案馆的站点上；各个站点上的数据由所属站点管理。即使这样，从逻辑上讲这些物理上分散的数据却是一个整体，是由集成管理系统统一管理。换句话说，集成管理平台中心并不存储具体数据，主要是对网络当中各个省级分中心之间的工作进行统一管理和协调，而各省级分中心承担着对电子文档的存储和管理任务；各分中心之间，可以根据关联关系、互相灾备关系，相互存储对方的一部分电子文档，以提高系统的访问速度和效率。

另一方面，在线存储的数据在逻辑上构成了一个整体，但这个逻辑上的整体并不是存储在中心的计算机设备上，而是数据集成后还需按照集成服务的需要，按照某种逻辑层次把数据整理成一个一个的逻辑片段，依照某种策略将这些片段分散存储在各个站点，以便日后提供一体化的检索和对外服务。这就是分布式数据库中的数据分片与数据分布。西南民族档案资源集成管理系统的数据库分片原则是以各民族为标准，一个民族设定为一个存储中心，西南地区包含汉族在内有 36 个世居民族，首先就要设立 36 个存储中心，其余非世居民族可归类到“其他民族”存储中心；不同民族的电子文档要保存到对应民族的电子文档管理中心，至于多民族多语种的电子文档则可以根据情况同时分配到相关民族、语种的存储中心。聚居民族多的省会就重点负责建设那个民族的存储中心。如云南有 25 个世居民族，昆明站就要建这 25 个民族的存储中心。每个存储中心都安置在特定的站点上，站点就以各省的省会城市为中心，站点负责单位最好由省级综合档案馆牵头负责。各省的省会城市站点所管的存储中心各不同，各存储中心之间，可以根据民族聚居的程度相互保存对方的一部分电子文档。当然任何一个站点和存储中心都不可能保存全部的档案数据。这样的操作会给各存储中心带来一部分冗余文档，这是集成管理过程中难免的现象。

不过，如果西南各省会站点之间因此也相应地建立了"城际对等互备"关系，西南民族档案资源的在线保存则可同时具有网络式灾备、异地容灾、分布式互备的功能。加之各站点都以西南各省的省会城市为中心、省级综合档案馆为牵头负责单位，这就使各城际之间的对等互备行为在满足各方互惠互利要求的同时，也需要各方在服务级别、技术路线、成本承担、责任分割等方面提供对等级别的保障与责任。如此，在一定程度上既可以减少集成管理跨区域调用档案的检索次数，提高系统的整体效率，也可以加强城际间的联系与协作，确保集成管理体系运转的平稳、安全、长久。①

在线保存档案涉的数据最主要的是内容数据（Content Data）、目录数据（Directory Data）和基础信息数据。内容数据就是民族档案资源本身，是民族档案资源的核心价值，集成管理系统数据的主体。大多为文档、音频、视频、图片等非结构化数据。这些数据从产生、到初次归档到档案管理部门、最后再导入到集成管理系统，成为需要长期保存的数字对象。目录数据是对电子文档的属性、生成环境、管理过程等信息进行描述而形成的数据，就是前文所谈的电子文档元数据的一种类型。内容数据与目录数据之间一般是分开存储，通过逻辑上的关联进行访问。各类基础信息是指系统中的各类管理操作记录、用户的访问情况日志，如数据字典、用户基本信息与权限、系统定义与系统配置信息等。通常情况下，利用者首先检索目录数据，然后循着内容数据与目录数据之间、目录数据之间、目录数据和系统管理数据之间的逻辑关联再访问对应的电子文档。

随着今后大量传统档案的数字化和大量电子文档的出现，在线保存档案在未来会面临海量存储数据的压力和元数据内容与文档定位是否能够准确一致的考验。为此，还需要建立一个相应的文档存储系统，专门负责电子文档有规则的物理与逻辑分级存储，负责元数据与电子文档数据一体化的管理，

---

① 赵生辉：《城建档案城际对等互备体系探析》，《档案管理》2013 年第 1 期。

保证上述数据在集成管理系统中更新的同步性与一致性。[①]　"这样就可以使管理者在实际操作过程中无需考虑电子文件的物理存储位置。而当用户通过元数据访问时，档案存储系统又可通过所指定的存储方案自动解析出电子文件逻辑位置，并将逻辑位置转化为物理位置，从而准确无误地返回给用户。"[②]

（3）互联互通的可读性保障网络

由于民族档案资源在信息编码、保存格式和其他技术参数的相对非成熟性，由此带出在线存储的民族档案资源可读可用的持久性问题。尽管在集成控制阶段已制定了相关标准，在初次归档时也提出应用软件或者专用的阅读软件同时归档保存的措施，但这还不足以应对集成管理可持续发展碰到的诸多难题。从技术上讲，还需要在网络架构基础上建立相应的西南各民族电子化文档的可读性保障——"西南民族档案资源可读性保障网络"，凭此直接为连入的相关机构和个人提供专业化、高质量的网络服务。

"西南民族档案资源可读性保障网络"是与在线归档集成文档相配套的，为西南地区各类民族电子文档提供持久的、可读性的保障而建立的网络技术和服务支撑。这个保障网络的功能是：一是要负责在网络上收集并保存有关各民族语言文字的标准和规范，以及相对应的信息处理技术的应用软件、工具软件和硬件设备；二是在网络上负责为各民族档案资源提供电子文档的读取、转换等可读性保障服务。这一网络服务体系发挥的功能，可以把西南地区民族档案资源集成管理的互联互通、共同受益真正落到实处。

（三）　西南民族档案资源的集成服务

集成服务是面向终端用户，在系统集成和数据集成的基础上，借助网络系统，提供档案服务及各种扩展服务的环节，是西南民族档案资源集成管理体系运作的最终目的。在这一阶段，一方面，集成服务平台与各个分中心相互连接，通过一个类似门户的公共服务平台，提供跨越地域、跨越语言障碍

---

① 金更达、何嘉苏：《数字档案馆模式探讨——基于元数据的电子文件集成管理与服务研究之二》，《档案学通讯》2005 年第 5 期。

② 安小米、郑向阳：《集成管理与集成服务——21 世纪城市建设文件档案信息管理的优化与创新》，中国建筑工业出版社 2006 年版，第 75 页。

的档案服务；另一方面，集成服务平台与用户交互连接，通过档案资源的统一定位和检索，为用户提供一个类似搜索引擎的统一的信息服务入口，最终建立西南民族档案资源"一站式"检索机制。可以说，集成服务平台既是西南民族档案资源集成管理的对外窗口，也是西南民族档案资源集成管理整体运作的最终体现。

然而，集成服务平台连接的上述两方面要比单一档案馆复杂得多。面向的档案资源在组织结构上是异构的，在地域上是分布式的，在载体形式等方面是不统一的；面对的用户，在检索手段、文字表达、利用诉求等方面存在较大差异，从而使集成服务在技术架构与服务功能设计上需要有充分、深入的思考。需要处理好如下要务：

其一，统一规范用户查询反馈技术模块，即能够接收用户的检索和回馈最终的检索结果。

集成管理要帮助用户及时检索到与需求相关度高的资源对象，以提高检索效率。根据资源类型以及用户需求的不同，可以参照集成控制阶段双语著录的情况，采取不同的资源选择策略：一是将每个全文双语著录文档当成一个资源，建立基于文档的相关度选择的资源级索引，通过用户检索提问方式与整个资源发生相关性，由此对资源进行逻辑排序，并依照相关度高低推荐 N 个资源作为检索对象。二是将文档分布状况作为资源，建立基于相关文档分布状况的目录式检索，通过用户检索提问方式，推测出每个检索式在各个资源中的分布状况，由此选择出 N 个分布资源作为检索对象。采用这一方法，事先需记录每个检索式的相关文档在各个资源里的分布情况，由此构建一个与检索式相关的文档分布状况数据库。三是将双语题名和关键词当成一个资源，建立基于资源内容概述的相关度选择的描述性索引，通过用户检索提问所涉及的问题域，推导出与整个资源覆盖范围的匹配率，由此建立资源的相关度排序，产生出 N 个资源检索对象。采用这一方法需事先采用人工或计算机自动抽取若干个能代表资源内容的信息。[1]

不过，无论选择哪种策略，还需要构建一个相应的用户权限认证模块架构，实现对网络信息资源的用户权限认证层次的集成整合。其功能就在于用

---

[1]　李春旺、李广建：《数字图书馆集成检索技术研究》，《图书馆理论与实践》2004 年第 6 期。

户只要借助该用户权限认证集成平台，将用户名、口令登录到平台上，就可访问所有平台已提供的资源，获得一站式无缝信息服务。不过，目前有"许多云存储服务供应商开始采用基于多种安全凭证的联合身份认证。用户可以先提供姓名和口令，然后再提供由云存储服务供应商提供的动态验证码，确保用户身份的合法性"。① 与此同时，还需要有配套的安全访问策略，实现不同客户、不同区域、不同部门之间在云端访问过程中的相互隔离。

此外，在这一模块中，还需要设计门户查询反馈的多语种界面。集成服务平台虽然以国家通用规范的汉语汉字作为门户网站默认的语言文字，支持用户运用汉语汉字作为网站文字进行访问和阅读，但鉴于西南民族档案资源集成服务的特点，要尽可能考虑到用户对不同民族语言文字的需求，要有将国家通用规范汉语汉字转换成少数民族语言文字或者是由少数民族语言文字转换成国家通用规范汉语汉字的界面提示和界面支持。当然，要求界面具有所有民族语言文字与汉语的双语转换提示和技术支持并不现实，可以根据档案的具体情况，选择使用较多的民族语言文字进行先行一步的尝试。

其二，统一规范查询处理技术模块，即能对用户输入的异构的检索内容进行归一化处理，并转化成集成系统可以接受的统一的检索语言。而要实现统一的检索语言，除了前已所述的元数据等方面的规范之外，还要重点解决跨语言文字检索、跨语言辅助翻译等问题。

跨语言文字检索就是一种跨越语言文字界限，实现用一种提问语言检索出用另一种语言表达的档案资源的方法和技术。这一技术运用于西南民族档案资源的集成服务中，会在很大程度上方便档案用户直接获取其他民族语言文档资源，而不再受网络信息之间的各民族语言文字的束缚。通常，实现跨语言检索的技术有四种方式：一为提问式翻译法，即将用户提交的查询请求翻译成系统支持的各种民族语言，然后按照不同的语言文档对系统当中存储的档案资源进行检索，最后整理合并多次检索所得到的结果并提交给用户；二为文献翻译法，即在检索前将系统内所有其他民族的语言文字翻译成与提问用的语种一致的语言文字；三为中间语言法，即将源语言和目标语言都转换成一种中介语言——国家通用的规范汉语以实现检索；四为非翻译方法，

---

① 王瑞娜：《云计算模式下数据安全存储策略研究》，《安徽职业技术学院学报》2013 年第 4 期。

即提问用的语种与系统内的文档因有潜在的语义索引而无须进行翻译即可实现检索。在西南民族档案资源的检索过程中，上述四种方法都会用到，只是相比起来，中间语言法实现西南民族档案资源的检索是一种很实用的方式。

事实上，在集成归档阶段建议制定的《西南民族档案资源集成管理著录细则》中提及的在归档时候同时按照国家通用语言和对应的少数民族语言进行著录的"双语著录模式"，在本质上就是以中间语言法为基本策略。用户在跨语言检索时，首先以国家通用语言为中介进行检索，在各个资源库支持的格式中捕获同一主题的多语种书写的文档；然后再依据国家通用语言元数据提示的信息判断文档的内容是否符合用户需要，最后以用户检索的语种格式返回给用户。

至于实现跨语言文字检索的路径有三种，一是人工控制双语词表法，即根据档案管理主题词表编制受控语言词表，作为文档双语著录、双语标引、双语检索的标准或手册，以之为中介实现跨语言文字检索；二是机读双语词典法，即基于机读汉语和少数民族语言的双语字典或词典，找出提问式中的所有检索单词对应匹配的由信息语种描述的单词，在单词组合中重点解决词汇的一词多义和语义消歧等问题，以之为基础实现双语词典的提问式翻译法检索；三是双语文本语料法，即在国家通用语言与少数民族语言之间，收集和保存现实生活中曾经出现过的语言的文本或语音，尤其是同一内容或主题有用两种或多种语言对照的文本及多语言多载体的文本，然后由人工或计算机建立不同语种文本档案之间的关联，并按照一定的规则集合形成文本语料库——国家通用语言与少数民族语言之间的双语对齐文本语料库，以此构建起各民族语言文字文本之间的双语机器自动翻译关系。这三种方法之间可以相互补充，相互配合，实现最佳的检索效果——毕竟多种方法相互补充的效果要优于单种方法。

当然，西南地区民族语言本身无限的复杂性，加之当前的民族语言文字与汉语之间的双语字典或词典还不能完全覆盖语料库的文本，多民族语言文字对齐的语料库还在探索构建过程中。这些都决定了西南民族档案集成跨语言文字检索的路径是一个不断优化、持续发展、日益成熟的过程。在实际操作中，应该以有效性和准确性为准绳，根据不同的内容需要选择合理的检索模式，将客观因素的制约和人为因素造成的失误降到最低，才能使整个西南民族档案资源集成管理体系真正实现一体化的共享。

其三，统一规范结果整合功能模块，即对集成检索的结果进行适当的去重、排序、整合包装后，形成一个复合统一的检索结果并翻译成与用户查询语言一致的结果语言，最后制作成统一格式的文稿返回给用户。① 这当中，相关度去重排序是结果整合处理的核心。

有研究者提出对搜索引擎返回的结果文档进行重排序有两种方法比较科学：一是可以结合"文档在结果列表中的顺序""文档的词频信息""文档的聚类信息"三个特征，把跨语言信息检索系统检索出的多语种的文档信息进行原语言的混合排序，把各种语言中用户最想要的文档信息排列到返回结果的前端，从而提高用户获取正确且有用信息的效率。二是对人名检索的结果抽取与被检索人名相关的特征，然后利用这些特征对原始文档集进行基于凝聚式的层次聚类，再对聚类的结果进行粗排序，即抽取、计算与该检索人名相关的热点词序列及与类的相似度来进行大类排序；最后进行细排序，即对大类内部进行第二次排列靠前或靠后顺序，兼顾同一个人名在不同语言中信息不均匀分布的现象。② 不过，这样的检索只限于提供文本级服务，非文本以及文本与非文本的交叉检索服务等问题还有待进一步探索完善。

"根据贝塔朗菲的著名定律：整体系统的属性与功能大于各孤立子系统的总和。单靠单一档案形式难以产生大的信息效应，但是如果进行各种类型档案信息的合纵连横，就会在拥有独特信息的同时，实现规模信息优势。"③ 随着信息时代人类知识的急剧增加，人们对集成检索结果的需要必然趋于多样化、快捷化、一体化；而另一方面，随着档案资源集成管理理论和技术的不断进步，大量收存文本档案和非文本档案也是集成管理的发展方向。于是，集成检索出的成果就会出现不同来源的、具有相同主题的文本信息、科学数据、图片信息等不同构造的数字对象，这就需要一个面向内容的、多形式的

---

① 李春旺、李广建：《数字图书馆集成检索技术研究》，《图书馆理论与实践》2004 年第 6 期。

② 刘宁锋：《跨语言信息检索中关键技术的研究》，硕士学位论文，厦门大学，2011 年，第 7—60 页。

③ 曾娜、吴建华等：《数字时代图像档案的组织管理研究》，《现代情报》2012 年第 4 期。

复合检索结果的整理技术。所以，还应加强集成检索技术研究，拓展整合模块的功能，保障各种档案资源的共知与共享。

其四，统一规范扩展服务功能模块，即负责根据终端用户的相应权限，提供扩展查询、参考咨询等与查询结果相关的多种扩展性服务。

扩展服务涉及的领域比较广，一是对用户检索请求的扩展，即将用户输入的检索请求进行梳理，分解扩展成检索词、各类检索参数（如数据库选择参数、信息呈现参数、结果整合参数、结果反馈参数）、权值、逻辑关系等多层次、多方面内容的查询扩展，以便更全面、深入地表达用户检索意图。二是对用户检索的语种文字的扩展，即利用语种翻译器中多种民族语言描述的学科词表，将某一种民族的语言文字的检索词翻译成其他民族的语言文字所对应的检索词，在查询语种和检索语种之间建立起有效的沟通机制，支持多民族语种检索词的转换，以便映射到目标数据库，找到对应的档案，反馈给用户。三是对用户检索能力的扩展，即利用多向转换器定义映射文档，平衡不同数据库支持检索的能力，尽可能支持用户深入各个资源库检索，以提高检索效率。四是对用户共享档案资源的扩展，即通过多媒体数据交换系统，对文本、图形、图像、音频、视频等多载体档案解决标准化著录问题，实现对多载体档案的互操作，扩大用户对档案资源的共享范围。五是对用户检索反馈的扩展，即利用用户和集成系统交互式检索档案资源时，主动搜索、发现、获取用户请求，及时进行参考链接，促成语义关系的扩展、样本文档关键词的扩展、历史信息与用户反馈信息分析的扩展、用户间合作式推荐的扩展等，把合适的档案资源主动推送给最需要的用户群体，实现对用户的选择推荐。①

此外，扩展服务功能模块还需要定期统计分析用户检索的主题范围，研究用户群体需求特征，发现潜在的规律性，主动整合资源，主动为用户专题提送；利用多民族多档案的特点，围绕国际国内时政要事，在同一主题下，关注在不同的民族文化诉求下所反映出的思维差异，聚集不同语种的民族档案资源，主动为用户专项提送，实现优质服务。

上述四个模块要务相互配合，为用户提供了一个从档案资源查询为起点，通过关键词、题名、目录、全文等双语检索的不同途径，实现档案

---

① 李春旺、李广建：《数字图书馆集成检索技术研究》，《图书馆理论与实践》2004 年第 6 期。

信息资源的关联融汇和扩展，最终为用户一站式提供多资源类型的档案服务。

综上所述，西南民族档案资源集成管理业务流程系统是一个大的系统工程，其主干线是基于集成控制阶段的元数据规范、集成归档阶段的双语著录、集成服务阶段的检索，最终实现集成管理档案资源的跨区域、跨语言的共知、共建、共享。其实现的理路如图 5—6 所示。①

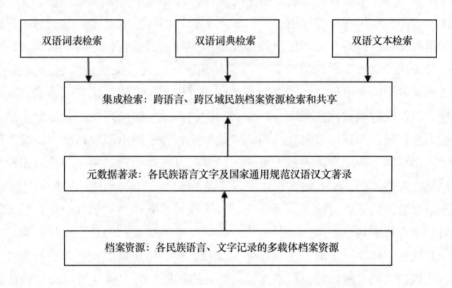

图 5—6　西南民族档案资源集成检索和共享服务

三　云计算环境下的西南民族档案资源集成管理

（一）云计算与大数据

所谓云计算，"其本质不是一种具体的技术，而是一种理念和方式，它利用虚拟化技术，通过网络来实现分散资源间的整合和互操作，在任意时间和

---

① 参见赵生辉《中国少数民族语言电子文件跨媒体共享策略研究》，《云南档案》2011 年第 11 期。

地点，以被请求的任意方式为用户提供高效、灵活、按需分配且成本低廉的服务，包括软件、平台和基础设施等各层次的服务"。① 通俗讲，云计算就是硬件资源的虚拟化。它具有四个主要特点：一为虚拟化，即利用软件技术来实现对硬件资源的虚拟化管理，以满足用户在任意地借用各种终端设备获取服务的需求；二为可扩展性，即提供的资源来自"云"，而云中的各种资源可根据用户规模和需求进行动态伸缩，自动提供足够的空间和计算能力；三为安全性，即通过数据多副本容错、计算节点同构可互换等管理措施来保障用户能够享受到最安全的服务，保证资源共享的方便、快捷、高效；四为效益最大化，即"云"可提供用户各种需求，可帮助用户免去对各种软硬件基础设施的成本投入，节约开支，集中精力专注于本身的业务工作。②

所谓大数据，"一般意义上，大数据是指无法在可容忍的时间内用传统 IT 技术和软硬件工具对其进行感知、获取、管理、处理和服务的数据集合"。③ 通俗讲，大数据就是海量数据的高效处理。它主要具有四个特点，一为体量浩大，从 TB 级别上升至 PB 级，甚至开始以 EB 和 ZB 来计数；二为类型繁多，可分为文本、网络日志、图形、图像、视频、音频、地理坐标等，或分为元数据、主数据、业务数据等，或结构化、半结构化及非结构化等类型；三为生成与处理快速，以数据流的形式快速地产生、存储数据和实时重建数据，始终处于动态变化中，具有极大的时效性；四为价值密度低，由于大数据自身的状态与价值会随着时空变化而发生演变，人们现有的传统思维与技术难以挖掘和运用大数据潜在的巨大价值。学界将其归纳为 4 个 V——体量（Volume）、多样（Variety）、价值（Value）、速度（Velocity）。④ 这其中，价值是大数据问题解决的目的，其余 3V 都是为价值目标服务。

大数据与云计算之间存在着相辅相成的关系。一方面，大数据离不开云计算。大数据的总体架构由数据存储、数据处理和数据分析三个层次构成。

---

① 肖晶、吕世旻等：《云计算环境下面向用户的科技信息资源整合和服务浅析》，《现代情报》2014 年第 3 期。

② 同上。

③ 李国杰、程学旗：《大数据研究：未来科技及经济社会发展的重大战略领域——大数据的研究现状与科学思考》，《中国科学院院刊》2012 年第 6 期。

④ 同上。

数据存储层负责存储海量的数据，数据处理层负责快速、实时处理类型复杂的数据，数据分析层根据需求和目标负责建立相应的数据模型和数据分析指标体系来对数据进行分析。这三个层次相互配合，让大数据最终产生价值。而在这三个层次配合过程中，需要依靠云计算平台提供强大的 IT 基础，建立顺畅运营的基础架构。如果这三个层次离开了云技术，大数据就没有了运营的根基，势必成为僵死的数据。可以说，云计算平台就是解决海量大数据及助推大数据成长的驱动力。另一方面，云计算也需要大数据发挥其最大化功能。云计算体系是由服务管理、核心服务、用户访问接口三个层次架构而成。关于核心服务层，通常又可分为："基础设施层（Infrastructure）、平台层（Platform）和应用层（Application）。其中。每一层都可以为用户提供服务，分别为：基础设施即服务（Inftrsucture as a Service，IaaS）、平台即服务（Platform as a Service，PaaS）和软件即服务（Software as a Service，SaaS）。基础设施即服务交付给用户的是基本的基础设施资源。基础设施层向用户提供了虚拟化的计算资源、存储资源和网络资源，这些资源能够根据用户的需求进行动态分配。平台即服务交付给用户的是丰富的'云中间件'资源，这些资源包括应用容器、数据库和消息处理等。软件即服务交付给用户的是定制化的软件，即软件提供方根据用户的需求，将软件或应用通过租用的形式提供给用户使用，该软件通过网络交付给用户，用户不需要在本地安装。"① 针对大数据的特点，云计算不仅相应地提供了容纳大数据流的空间，而且运用并行计算、分布式计算、虚拟化等技术手段，为大数据实现了 IT 服务的无缝化、定制化和弹性服务。可以说，如果没有大数据，云计算只能束之高阁难落地。未来，大数据将越来越多、越来越复杂，大数据的不断积淀，会更大程度上提升云计算在挖掘和利用数据方面的强大计算能力。

海量数据需要有能容纳、计算海量数据的云计算去挖掘和运用。二者的相辅相成决定了在云计算时代，构建面向大数据的云计算平台体系，是能够充分发挥云计算的优势，强化面向用户的以服务为导向的核心价值观，将各块服务集成为一个体系嵌入整个服务链中，在"云化"中实现"服务化"。

---

① 肖晶、吕世旻等：《云计算环境下面向用户的科技信息资源整合和服务浅析》，《现代情报》2014 年第 3 期。

具体来讲，其服务体系包含核心服务层、服务管理层、用户访问接口这三个逻辑层次，如图5—7所示。[①]

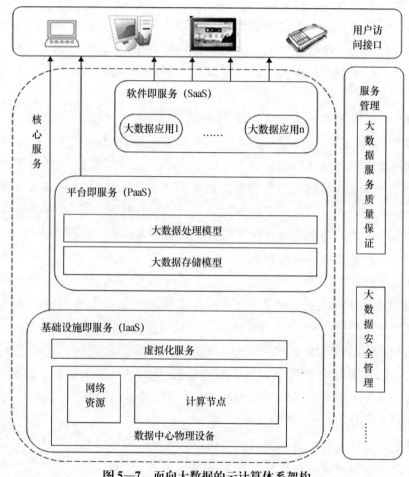

图5—7 面向大数据的云计算体系架构

（二）云计算环境下的西南民族档案资源集成管理

对于档案资源管理来讲，云计算是一种档案资源整合的方式、一种档案

---

① 参见毕建新、陈雅等《面向科学大数据的云计算平台构建研究》，《现代教育技术》2013年第10期。

服务的创新模式。借助面向大数据的云计算平台体系，研究档案资源的整合，会带来一些新的理念、新的挑战。在这一体系中，档案管理者兼有档案资源的占有者、管理者和提供者的三重身份，而其中更多的应该是档案服务的提供者。档案服务机构要充分借助云计算平台体系的优势，采用面向用户的核心理念，在提高数据的存储、运算、管理以及分析能力的同时，优化自身的界面管理、技术手段，通过"云化"式的资源整合实现面向用户的"优质服务化"。

对于西南民族档案资源集成管理来讲，它是一个体系庞大的系统工程，需要随着西南地区经济社会发展水平的提高、基础设施的发展、各民族语言文字处理技术的不断成熟而逐步推进。一方面，在逐步推进的过程中，西南民族档案资源集成管理所产生的数据势必呈现出数据体量越来越大、数据类型越来越繁多、数据价值密度越来越低等特点，越来越具有大数据的典型特征。而另一方面，西南地区又存在着自然环境较为恶劣、持续投入资金缺乏、高科技人员不足等现实。面对挑战，彼此具有相互需求与密切关系的大数据与云计算是最好的解决问题之道，在云平台下进行西南地区民族档案资源集成管理的优势显而易见，这也正好顺应了未来大数据时代实现档案集成管理跨越式发展的必然趋势。

基于上述思考，结合西南地区民族档案资源集成管理体系，借助面向大数据的云计算平台体系特点，围绕集成管理体系中的集成控制、集成归档、集成服务三个重点环节，对云计算环境下的西南民族档案资源集成管理体系做一探讨性设计。

其一，云计算环境下的西南民族档案资源集成管理体系的技术设计。

西南民族档案资源集成管理体系在面向大数据的云计算环境下的架构如图5—8所示。

在图5—8云环境下，通过核心服务、服务管理、用户访问接口三层技术架构把民族档案资源的集成控制、集成归档、集成服务三个业务重点环节全部纳入一个整体，自成一个系统。这其中，核心服务、服务管理和用户接口在云计算环境下发挥相辅相成的作用。首先，在这一系统中（见图5—8），核心服务层将云计算的IaaS、PaaS和SaaS服务理念引入西南民族档案资源集成管理过程中，把软件运行环境、硬件基础设施以及应用程序都统筹定位为

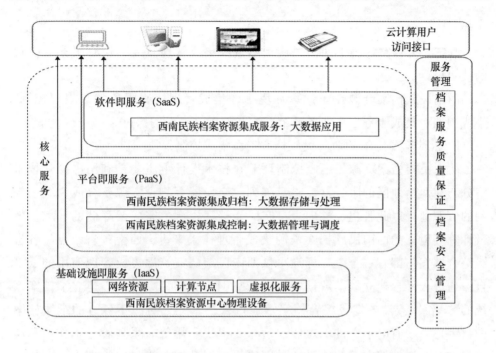

图5—8 基于云计算环境下的西南民族档案资源集成管理体系

服务，通过这一架构把所有民族档案资源的产生、归档、保存和利用等档案管理环节系列归并纳入云端服务。具体来讲，图5—8中的基础设施即服务（IaaS）作为硬件基础设施建设服务环节，负责提供虚拟机和物理机等设施，为用户按需提供实体或虚拟的计算、存储和网络等基础服务；平台即服务（PaaS）作为云计算数据处理平台和应用程序的运行环境，负责为大规模数据分析处理应用提供编程接口等一系列程序部署与管理服务，支持按需变化的运算模式；软件即服务（SaaS）作为基于云计算基础平台所开发的应用程序，提供定制化软件服务，为用户访问和使用提供便利。其次，在这一系统中，服务管理层负责为核心服务的稳定、可靠和安全的运行提供防火墙屏障等方面的支持，保证所有集成管理中的存储中心、各省会站点所存档案的完整、安全、可使用。最后，在这一系统中，用户访问接口层为西南民族档案资源集成管理的核心服务提供访问平台，拓展访问业务，通过 Web 服务、Web 门户等更多现代化的媒介方式实现西南民族档案资源管理云数据的云访问。①

其二，云计算环境下西南民族档案资源集成管理体系"核心服务"模块的技术设计。

西南民族档案资源在云计算环境下的集成管理核心服务就是集成控制、集成归档、集成服务三个业务环节，有必要做进一步的探讨。

1. 云计算环境下的西南民族档案资源集成控制模块

西南民族档案资源的集成控制环节在技术设计上主要是利用虚拟化技术将分布在西南地区的服务器、磁盘阵列、交换器等物理资源整合成为统一控制的资源池，以此收集、整理、存储民族档案资源，完成云存储的任务。就云计算环境下的西南民族档案资源集成管理体系来讲，西南各省站点、各省级综合档案馆都有一个统一标准可供西南民族档案资源集成管理使用的云平台；通过云平台建立档案数据中心；依靠网络互联，数据中心建立了档案系统的"档案云"。各省级综合档案馆通过云技术完成对源于各方的纸质档案的数字化、政府电子文件的接收、著录、提供利用等一系列管理工作，基层档案馆、各地的档案存储地可通过网络将档案数据归入集成管理中心，如图5—9所示。②

2. 云计算环境下的西南民族档案资源集成归档模块

西南民族档案资源集成归档环节在技术设计上主要是可以使用西南民族档案资源的云存储来定制自己的 CPU 数量、内存容量、硬盘空间等。当然，在云计算环境下的西南民族档案资源集成管理体系中（见图5—8），集成归档是个渐进的过程。在初次归档阶段，完成了归档范围、归档模式、归档文字表述、双语著录等业务工作，确保电子文档在完全符合初次归档要求的前提下，方能被集成管理中心归档保存，进入集成归档阶段。集成归档阶段完成格式转换、编码转换等二次整理工作，并通过云技术把集成管理的档案存储并互联在各中心，形成互联互通的档案云。如图5—10所示。

---

① 毕建新、陈雅等：《面向科学大数据的云计算平台构建研究》，《现代教育技术》2013 年第 10 期。

② 参见黄新荣、王晓杰等《云环境下我国数字档案馆建设模式研究》，《档案建设》2013 年第 6 期。

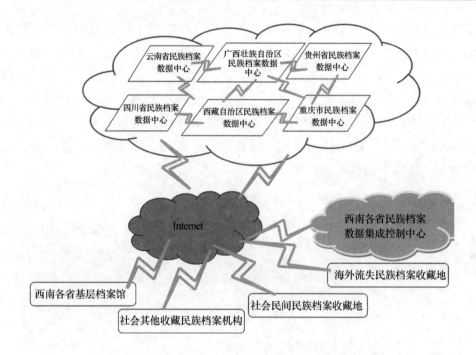

图5—9　云计算环境下的西南民族档案资源集成控制

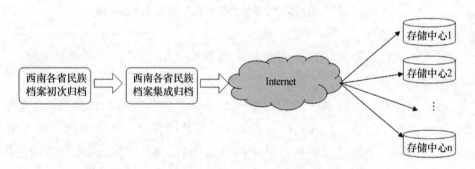

图5—10　云计算环境下的西南民族档案资源集成归档

3. 云计算环境下的西南民族档案资源集成服务模块

西南民族档案资源的集成服务环节在技术设计上主要是将传统的桌面应用、移动 app 应用迁移到互联网，并托管这些应用程序。任何一个档案利用者不需要下载、安装或维护任何硬件或软件，通过 Web 浏览器便可"零距离"且"全天候"地访问西南民族档案资源。就云计算环境下的西南民族档案资源集成管理体系来讲，集成服务体系的主要功能大体包括民族档案资源的提供与检索、整合与加工、共享与交流等。集成服务所面对的档案用户大体上可分为"内部用户"和"外部用户"。内部用户是指与西南民族档案资源集成管理系统数据的整理、操作、维护、使用等方面有直接关联的人；外部用户是指对西南民族档案资源有需求但与系统没有联系的人。无论哪一类用户在哪个地方、哪个时段需要访问集成管理文档，都可通过云技术获得及时服务，如图5—11所示。

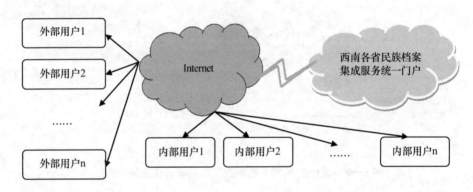

图5—11 云计算环境下的西南民族档案资源集成服务

其三，云计算环境下西南民族档案资源集成管理体系"用户访问接口"模块的技术设计思路。

当今云计算、大数据、"互联网+"、移动新媒体等新兴信息化技术的发展，进一步推动了西南民族档案资源集成管理系统构建一个全方位、立体化、可扩展性的用户访问接口模块。就西南民族档案资源在云计算环境下的用户访问接口模块来讲，技术设计上力求让这一模块具有移动阅读利用功能、及时参考咨询功能、互动功能、移动定位功能等；要素构成上追求简单化、经济化、标准化。从目前的信息技术发展看，要畅通物联网、互联网和移动互联网的访问道路，使各类集成管理要素进行互联；建立西南民族档案资源集成管理的APP平台、微信公众号，使档案使用者突破传统时空的限制，可以随时随地手持移动终端，全天候、便捷式、移动式地利用档案资源。此外，借助西南民族档案资源集成管理用户访问平台，档案利用者根据自身需求提出个性化服务请求，档案集成管理者则可通过云检索、加工，有针对性地提供定制化服务，使"用户访问接口"模块的运行实现高效、便捷、节能、安全的管理目标。

其四，云计算环境下西南民族档案资源集成管理体系"服务管理"模块的技术设计思路。

西南民族档案资源集成管理体系中的服务管理模块，重点是为前述的核心服务及用户利用提供高可靠性、强稳定性、易使用性的保障，主要表现在集成管理的档案资源的服务质量和安全管理两方面。这里的档案服务质量是指档案利用者使用集成管理的西南民族档案资源的总体满意程度。通常，云计算环境下的西南民族档案资源集成管理服务质量会在"服务性能、服务安全性、服务可用性、服务的管理以及法律风险"① 方面面临挑战。而集成管理民族档案资源服务的综合能力、实际达到的服务能力、档案利用者需要集成管理民族档案资源提供服务的意愿以及档案利用者实际获得服务的满意度这四个方面构成了服务质量的四维关系，在技术设计上将它们一并整合架构，有利于确保服务质量。如果以 QoAS 代表档案服务质量（QoAS, Quality of Archives Service），则可把这一思维关系标示为图5—12所示。②

关于档案安全管理，主要是保证西南民族档案资源核心数据的完整性安全、政治性安全、保密性安全、产权性安全和隐私性安全。已在本书"安全保障"中有所论及，在此不再赘言。

综上所述，对云计算环境下的西南民族档案资源集成管理的探讨，是大数据时代赋予西南民族档案资源集成管理的一个新的理念和新的模式，它既是档案界面临的全新的挑战和发展机遇，也是档案界把握自身优势，顺应时代发展，提升集成管理力的重要路径。"随着云计算技术的进一步发展及云计算理念被用户的广泛接受，云计算技术必将成为最为重要的信息技术，云计算平台必将成为最为重要的基础设施，基于云计算平台的应用也将成为人们最重要的选择，作为档案工作人员必须高度关注，认真追踪研究。"③

---

① 邓仲华、李志芳等：《云服务质量的挑战及其保障研究》，《图书与情报》2012年第4期。

② 参见黎春兰、邓仲华《论云计算的服务质量》，《图书与情报》2012年第4期。

③ 方昀、郭伟：《云计算技术对档案信息化的影响和启示》，《档案学研究》2010年第4期。

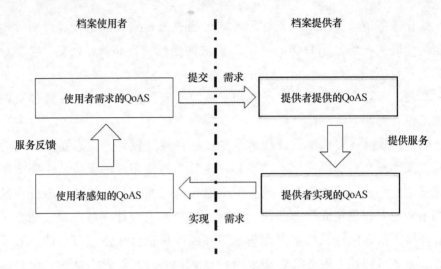

**图5—12　云计算环境下的西南民族档案资源集成管理服务
质量保证的四维视角关系**

当然，现有的数据中心技术还很难满足集成管理大数据的需要，大数据处理所倚重的云计算技术目前也还不够成熟，诸如数据集成中的去冗降噪、数据存储的高效率低成本问题、档案云的安全、虚拟化技术的潜在隐患等许多问题需要档案部门探讨解决，尤其是对于云计算环境下的西南民族档案资源集成管理的安全研究，显得更加重要。对此，还需潜心研究集成管理大数据的内在机理，研究云计算下实现档案资源安全的方法和技术，尽快创建出西南民族档案资源集成管理综合安全防护体系，实现在安全的档案云中为用户提供更加优质、可靠、便利的服务。

第六章

西南民族档案资源集成
管理的保障体系

西南民族档案资源集成管理作为一个档案资源开发工程，其最终以集成服务一体化的形式得以体现。这其中，围绕建设目标，科学建构以集成控制、集成归档、集成服务为业务工作主线的管理平台的同时，还需要根据西南地区实际存在着的多民族、多语种、多文字、多地区、多领域、多部门、多人力、多技术、多环境的客观现实进行多方位实践协调，以此突破传统档案管理的封闭孤立、分割分散的方式，逐步向流动开放、协同融合的管理机制转变，探索建立符合西南民族档案资源集成管理需要、与集成管理发展相匹配的保障支持条件。

一 西南民族档案资源集成管理的
保障体系建设思路

西南民族档案资源集成管理作为主体多元化和方法综合化相统一的系统工程，需要各省市区政府主体行动和实现机制上的相互支持配合，形成联动机制，多维互动。它既需要来自中央和地方政府自觉的行为，也需要来自西南地区社会内部自发力量的支持；既需要管理内部的文化和精神的作用，也需要外部环境的作用；既需要有效率的纵向管理关系结构，也需要科学的横向管理关系结构；既需要管理上讲民主，也需要在民主中讲集中。可以这样说，西南民族档案资源集成管理的进行和目标的实现，关系到国家尤其是西南地区各民族的根本利益。它不单是政府部门的事，还需要西南地区非官方组织和各民众的参与；它不仅是西南地区档案部门的职责，也需要西南各省市区的各级政府、各个部门携手完成；它不是依靠任何一种单一的方法就能单向度实现目标的过程，它的实现需要各种手段的合理搭配和交替使用，共同建立一个科学的保障体系。

这个保障体系需要达到四个目标：（1）保证西南民族档案资源集成管理建设及其系统运作始终遵守国家的相关政策和行业标准，保证系统的规范、合理、科学。（2）协调西南民族档案资源集成管理体系内部各理事会成员单位之间，以及集成管理系统与外部环境之间的关系，建设一个和谐共生、和谐共享的系统。（3）对西南民族档案资源集成管理实施过程进行质量监控，提高集成管理过程的高效化及可持续发展。（4）保证西南民族档案资源集成管理系统的资源建设和服务能力能够满足档案利用者当前的需求，以及未来发展的需要。

宏观上讲，要建构"政府支持、各省级综合档案馆主导负责、社会相关各界整体协同、民众积极参与"的集成管理支持体系，为西南民族档案资源集成管理提供合理的体制机制。微观上讲，尽管需要的保障支持条件会包括方方面面，但重中之重的问题还是要围绕集成管理的各个基本环节提供组织、技术、环境等方面的重要保障。这当中，政府的支持、组织的集成管理和技术实施是首要条件，环境建设有助于协调各方利益，整合原生的社会文化实力为单一的西南民族档案资源集成管理共同体，多管齐下，齐心合力，互助推动。

二　西南民族档案资源集成管理的组织保障体系

组织是人们围绕一定的目标、任务，将诸多要素按照一定方式方法相互联系起来的、形成一定的内在关系结构和共同规范的系统。组织是社会活动的细胞，也是社会活动的基础。西南民族档案资源集成管理在开展资源配置、宏观决策、协调实施、督促检查、条件保障等工作方面，需要有一个类似组织的架构——西南民族档案资源集成管理组织机构（或中心）出来担当。

（一）西南民族档案资源集成管理中心的组织结构关系

在传统观念中，人们对组织机构较多地想到的是上级行政领导组织。事实上，借助领导部门的行政权威，在初期建设过程中，一定程度上会推动集成管理的开展，但因缺乏专业基础支撑而影响了持久的内在动力。在当下我国社会主义市场经济条件下，西南地区各档案部门是西南民族档案资源集成管理中的直接利益主体，应当鼓励各省档案部门根据自身基础及社会需要，在自愿互利的基础上，建立档案管理部门自主决策为主、上级领导部门决策为辅的组织形式，构建一个权力、责任、利益关系清晰的组织结构。

鉴于西南民族档案资源的留存现实及国家档案馆、图书馆、博物馆等文化机构的管理体制机制，可以西南三省一市两区的省级综合档案馆为集成管理的主体，在整个西南区域建立战略联盟，成立西南民族档案资源集成管理中心；中心通过省级综合档案馆实现与博物馆、图书馆等收藏有西南民族档案资源的机构的深度合作，建立更大范围的西南民族档案资源集成管理协同架构。

在这个组织架构中，各方利益群体的责任与权力各有不同：（1）西南民族档案资源集成管理中心作为其集成管理系统的代表，对上级主管部门及社会负总责。其职责就是，制定集成管理的发展规划，明确集成管理系统的发展方向、发展路径；制定集成管理系统的规章制度；协调各成员单位的关系；监督、评价集成管理系统的运行过程；反馈集成共享系统的进展；提升集成管理系统的社会影响力。（2）上级领导部门的责任是，从宏观层面出台指导西南民族档案资源集成管理的国家政策、国家标准及相关法律法规；规范、协调、指导、监督跨区域、跨系统的民族档案资源集成共享系统建设；给予持续的资金支持。（3）西南民族档案资源集成管理成员单位是集成管理系统的核心元素，肩负着为集成系统落实提供需求、资源、技术等方面支持的使命，在资源、资金、人才等方面跨越地区、系统的界限，实现关系密切的实质性资源集成管理；监督集成系统的发展过程，不断满足社会需求和提高社会地位。（4）西南民族档案资源集成管理的档案利用者是集成管理民族档案资源的最终受益者，有责任为集成管理服务提供评价建议和意见监督。

在整个西南民族档案资源集成管理的组织架构下，提倡志同道合是联盟的伙伴，求同存异也是协同的伙伴。唯有如此，才能突破现有的内、外部机制体制壁垒，最终形成一个强有力的协同创新的组织保障体系，为西南民族档案资源集成管理提供相应的把关定向、统揽协调、科学决策等重要的组织保障服务。

（二）西南民族档案资源集成管理中心的内部组织结构

西南民族档案资源集成管理中心实行理事会领导下的中心主任负责制。理事会领导并负责重大决策；管理委员会决定重要事项；技术委员会负责技术指导；各站点平台开展集成管理的具体工作。其运行的体制机制如图6—1所示。

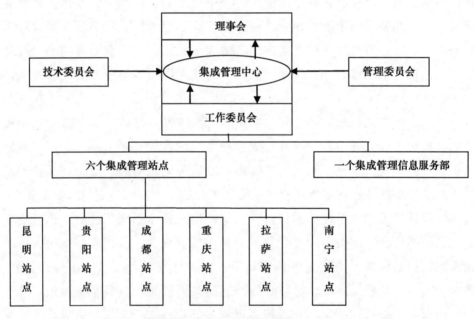

图6—1　西南民族档案资源集成管理中心组织保障体系

1. 中心理事会

中心理事会是中心的最高决策机构，其职能主要是联合各理事会成员，共同从国家层面和西南区域发展需要制定西南民族档案资源集成管理整体战略，确定与之相配套的方针政策、技术路线，协调集成管理过程中的各类关

系，保证集成管理的顺利实施。其具体职权为：决定中心的机构设置、岗位
设置方案和薪酬标准，审批中心的规章制度，任命中心主任、副主任和各站
点的站长、副站长；审批中心的建设发展规划、方案和年度工作计划，审批
中心财务预决算方案，决定中心运行的其他重大事项等。

中心理事会由西南各省主管档案事业工作的代表组成。原则上一个省产
生一个理事。按照惯例，集成管理发起单位为理事会的首批理事单位，以后
随着发展，对于愿意参与并履行集成管理职责和义务的成员，可以分为理事
单位和成员单位两种。

中心理事长由理事会成员推选产生，每届任期五年，可连任两届。理事
会设秘书处，其办公室设在理事长单位，其秘书长由理事长单位派人担任，
依照《西南民族档案资源集成管理中心理事会章程》，负责协调理事会日常
事务性工作。如图6—2所示。

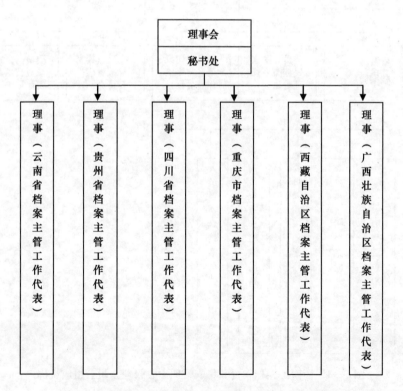

图6—2　西南民族档案资源集成管理中心理事会构成

2. 管理委员会

管理委员会是中心重要的工作保障部门，其职能是围绕中心理事会的重大决策来决定中心的行政管理和中心业务运行过程中的重要事项，如体制机制建设、管理制度的建设及完善、基础条件建设、对外协作、科研业务等方面的问题，以保障出台政策的科学性，业务运行的有效和规范性。

管理委员会成员由相关的国家各部门领导及西南各省的部门领导组成，管理委员会主任由管理委员会成员推选产生。管理委员会成员单位应包括国家档案局、国家民族事务管理委员会、国家语言文字工作委员会、国家标准化管理委员会、国家质量技术监督局等委派的领导级代表，四川、云南、贵州、重庆、广西、西藏等相关省市区档案局、馆的领导等。管理委员会内设具体工作机构，包括管理委员会办公室、专题工作组等。如图 6—3 所示。

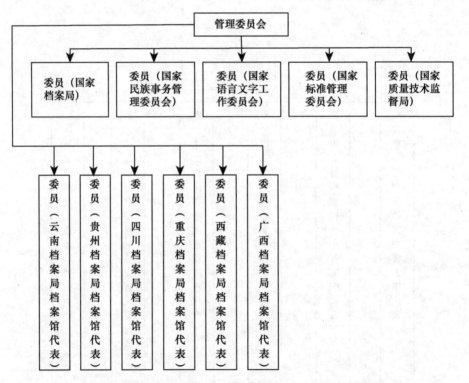

图 6—3   西南民族档案资源集成管理中心管理委员会组成机构

3. 技术委员会

技术委员会是中心重要的业务技术保障部门，其职能是根据中心理事会的重大决策来负责提供技术路线的实现策略，以保障集成管理建设及运行的标准化、科学化、规范化。

技术委员会由相关的技术部门构成，其中需要有负责集成管理体系网络通信服务的通信管理部、负责集成管理平台建设与管理的平台运营部、负责相关技术系统研究与开发的技术开发部、负责用户需求研究及服务质量保障的服务管理部。技术委员会内设具体工作机构，包括技术委员会办公室、专题研究工作组等。如图6—4所示。

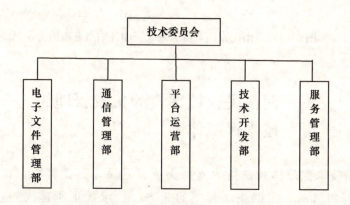

图6—4 西南民族档案资源集成管理中心技术委员会组成机构

4. 站点平台开展集成管理的具体工作

分布在各省会城市的站点是集成管理具体运行的重要平台，具有独立的运行能力。其职能就是保证中心理事会决策的顺利实施。各站点负责人由对应省的中心理事会成员担任。各站点统辖本省相应的各民族档案资源的存储中心。

各站点之间以互联网为中介，组成分布式网络结构。相互之间可通过网上异地同步平台进行业务沟通、工作协作。如图6—5所示。

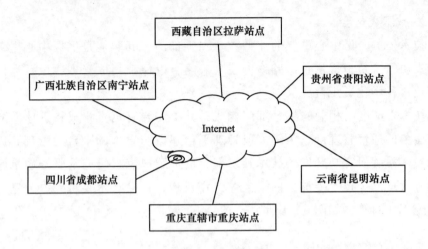

图6—5　西南民族档案资源集成管理各站点分布结构

三　西南民族档案资源集成管理的
技术保障体系

这里的技术保障体系是指为支持集成管理活动，围绕西南民族档案资源集成管理的目的、根据集成管理的业务、技术要求所建构的技术整体，主要由硬件技术、软件技术、技术人员、技术安全四个方面组成。这四个方面之间相互作用、相互联系，纵横交错，在极具复杂的互动运作中，有效实现技术的实施、维护和更新的协调一致。技术保障体系不仅在互联互通方面对西南民族档案资源集成管理提供技术支持，而且在缩小数字鸿沟、一体化无缝对接方面对西南各省的档案管理发展至关重要。长期以来，由于国家统筹策划，重点推动政务型信息的公开、共享，大力支持公益型信息的普遍性服务，积极发展数字内容产业，在一定程度上带动了西南地区信息化技术的发展，为西南民族档案资源集成管理技术保障体系的建设奠定了扎实的基础。

（一）硬件技术保障

硬件技术就是指对数据进行存储、处理和传输的主机、网络通信设备等硬件类系统的设计、生产、组装与维修。近年来，随着信息产业的迅猛发展，IT 产业爆发了一次又一次高科技风暴。传统互联网、移动互联网和物联网的融合，带动了国际互联网设备技术的不断更新，推动了西南地区通信硬件建设的整体发展，为来自社会各方面的信息在西南地区的传递、交流、融合提供了重要保障。具体来讲：

1. 西南地区的互联网建设情况

在当今互联网时代，互联网作为社会发展的战略性公共基础设施，必然是实现档案资源集成管理的重要支撑条件。近几年来，国家先后出台了《2006—2020 年国家信息化发展战略》《国务院关于大力推进信息化发展和切实保障信息安全的若干意见》（国发〔2012〕23 号）、"十二五""十三五"《国家战略性新兴产业发展规划》和《"宽带中国"战略及实施方案》（国发〔2013〕31 号）[①] 等文件，进一步推动了我国互联网基础设施的快速健康发展。从表 6—1、表 6—2 统计数据可以看出，全国互联网技术获得迅猛发展，西南地区各省的网络建设也获得了跨越式发展。

表 6—1　　　　2008—2015 年全国和西南地区宽带接入端口数情况　　单位：万个

	2008 年	2009 年	2010 年	2011 年	2012 年	2013 年	2014 年	2015 年
西南宽带接入端口数	1235.4	1628.2	2235.6	2949.5	3984.6	4808.5	5660.0	8076.1
全国宽带接入端口数	10890.6	13835.5	18780.9	23239.3	32108.7	35945.3	40546.2	57709.4

资料来源：据《中国统计数据库数据》（国家数据网，http://data.stats.gov.cn/index，2017 年 2 月 20 日）所载相关数据整理而成。

---

① 参见国务院《"宽带中国"战略及实施方案》，《中国电子报》2013 年 8 月 20 日第 2 版；《国务院关于印发"宽带中国"战略及实施方案的通知》（国发〔2013〕31 号），中华人民共和国中央人民政府门户网站（http://www.gov.cn/zwgk/2013-08/17/content_2468348.htm），2015 年 2 月 13 日。

表6—2		2008—2015 年西南各省宽带接入端口数情况					单位：万个	
省/直辖市	2008 年	2009 年	2010 年	2011 年	2012 年	2013 年	2014 年	2015 年
云南	205.5	247.1	325.9	443.8	663.7	736.9	741.3	1151.1
贵州	125.8	163.6	228.9	427.0	466.8	494.2	580.6	875.8
四川	391.0	507.7	767.8	979.1	1316.3	1775.7	2200.4	3117.9
重庆	230.9	291.7	401.1	482.7	648.8	778.8	963.4	1349.4
西藏	11.5	15.7	17.7	26.7	41.0	44.1	48.1	51
广西	270.7	402.4	494.1	590.2	848.0	978.8	1126.2	1530.9

资料来源：据《中国统计数据库数据》（国家数据网，http://data.stats.gov.cn/index，2017 年 2 月 20 日）所载相关数据整理而成。

　　现如今，"我国宽带网络覆盖范围不断扩大，传输和接入能力不断增强，宽带技术创新取得显著进展，完整产业链初步形成，应用服务水平不断提升，电子商务、软件外包、云计算和物联网等新兴业态蓬勃发展，网络信息安全保障逐步加强"[①]。根据中国互联网络信息中心 2017 年 1 月发布的《中国互联网络发展状况统计报告》，截至 2016 年 12 月，中国互联网网民规模达 6.49 亿人；互联网普及率为 47.9%；我国域名总数为 4228 万个，其中"CN"域名总数年增长为 25.9%，达到 2061 万个，在中国域名总数中占比例达到 48.7%。我国网站总数为 482 万个，年增长 14.1%；国际出口带宽为 6640291Mbps，年增长 23.1%。[②]

　　伴随全国互联网技术的迅猛发展和国家对西部的倾力打造，西南地区在网络建设、应用普及、服务创新和产业支撑等方面都有了较快的发展。与上述数据相比，虽然西南地区较全国的发展速度与规模有一定距离，但在推进互联网宽带建设及全面普及方面已成效显著。仅从西南地区互联网的基础资源与网民规模的变化来看，西南地区的互联网总体上呈现出快速健康发展的良好趋势。如表6—3 所示。

---

①　《国务院关于印发"宽带中国"战略及实施方案的通知》（国发〔2013〕31 号），中华人民共和国中央人民政府门户网站（http://www.gov.cn/zwgk/2013-08/17/content_2468348.htm），2015 年 2 月 13 日。
②　中国互联网络信息中心：《第 39 次中国互联网络发展状况统计报告》，中国互联网络信息中心网（http://www.cnnic.net.cn/hlwfzyj/hlwxzbg/），2017 年 2 月 20 日。

表 6—3　　　　　　　　**2014—2015 年西南地区互联网基础资源对比**

	2014 年	2015 年	年增长量	年增长率（％）
IPv4（个）	24800267	24902456	102189	0.41
域名（万个）	136.88	207.20	70.32	51.37
其中 .CN 域名（个）	55.57	59.08	3.51	6.32
网站（万个）	20.63	27.20	6.57	31.85
网页数（万个）	566957.57	806442.40	239484.83	42.24

资料来源：据第 37 次、第 38 次《中国互联网络发展状况统计报告》，国家数据网（http://data.stats.gov.cn/index，2017 年 2 月 20 日）所公布数据计算所得。

2. 西南地区互联网的使用情况

网民作为使用过互联网的居民，是信息资源的使用者，它反映了使用信息资源的整体规模。网民普及率是指某个地区信息资源使用的主体规模。从全国网民数量及普及率来看，我国信息资源使用的主体逐年增长，如表 6—4 所示，2008—2015 年，我国网民数量从 2.98 亿人增加到 6.88 亿人，普及率也由 22.6％增长到 50.2％，网络的普及为我国信息化发展带来了巨大的空间。自 2009 年以后，网民普及率最高的省市与最低的省市差距由 50％降低到 39.1％。这说明全国范围各省市的信息化建设差距有所缩小。

表 6—4　　　　　　　　　**2008—2015 年全国网民普及率情况**

	2008 年	2009 年	2010 年	2011 年	2012 年	2013 年	2014 年	2015 年
网民总量（万人）	29800	38400	45700	51300	56400	61758	64857	68824
网民普及率（％）	22.6	22.6	34.3	34.3	42.1	45.6	47.9	50.2
网民普及率差距（％）	48.5	50.0	49.6	49.6	43.7	42.6	41.2	39.1

资料来源：据 2008—2016 年以来的《中国互联网络发展状况统计报告》、国家数据网（http://data.stats.gov.cn/index）公布的数据等资料统计整理所得。另，网民普及率差距 = 普及率最高的省市 - 普及率最低的省市。

　　西南地区社会各界对互联网的使用，尽管和经济发达地区相比，在信息的获取和利用上具有明显的缓慢、滞后特征；网络介入人们现实生活的程度远远不及全国中东部地区。但是，从西南地区发展的历程来看，互联网的介入和影响也呈越来越广泛和深入的趋势，如表6—5所示。

表6—5　　　　　　2008—2015年西南地区网民总量及网民普及率情况

	2008年	2009年	2010年	2011年	2012年	2013年	2014年	2015年
网民总量（万人）	3463	4938	6067	6720	7756	8691	9215	9987
网民普及率（％）	14.2	20.3	25.4	28.0	32.1	35.8	37.9	40.1
网民普及率差距（％）	9.7	13.2	14.8	12.8	12.4	11.1	10.8	10.9

　　资料来源：据2008—2016年以来的《中国互联网络发展状况统计报告》、国家数据网（http：//data. stats. gov. cn/index）公布的数据等资料统计整理所得。

　　如果具体到西南各省情况，从表6—6来看，重庆市在2008—2015年，网民普及率与全国平均水平相差不多，但是四川、云南、贵州、广西、西藏的普及率低于全国水平，这说明重庆与四川、云南、贵州、广西、西藏信息资源使用存在很大的差异。

表6—6　　　　　　2008—2015年西南各省网民普及率情况　　　　　单位:％

省/直辖市	2008年	2009年	2010年	2011年	2012年	2013年	2014年	2015年
云南	12.1	18.6	22.3	29.4	28.5	32.8	35.1	37.4
贵州	11.5	15.1	19.8	24.2	28.6	32.9	34.9	38.4
四川	13.6	20.1	24.4	27.7	31.8	35.1	37.3	40.0
重庆	21.2	28.3	34.6	37.0	40.9	43.9	45.7	48.3
西藏	16.4	18.6	27.9	29.4	33.3	37.4	39.4	44.6
广西	15.4	21.4	25.2	29.4	34.2	37.9	39.2	42.8

　　资料来源：据2008—2016年以来的《中国互联网络发展状况统计报告》、国家数据网（http：//data. stats. gov. cn/index）公布的数据等资料统计整理所得。

就西南地区各省市区的政府部门来讲，按照国家电子政务建设指导意见的精神，在各省市区信息化领导小组的领导下，经过各地区、各部门的共同努力，到 2010 年以后，覆盖西南各省市区的统一的电子政务网络基本建成，目录体系与交换体系、信息安全基础设施初步建立，重点应用系统实现了互联互通，政务信息资源公开和共享机制初步建立，法律法规体系初步配套形成，标准化体系基本满足业务发展需求，管理体制进一步得到完善，各级政府门户网站成为政府信息公开的重要渠道，大量的行政许可项目实现在线处理，电子政务成为为民服务的重要窗口和政务活动的重要手段。以云南省为例，根据中共中央办公厅、国务院办公厅《关于转发〈国家信息化领导小组关于我国电子政务建设指导意见〉的通知》（中办发〔2002〕17 号）精神，云南省电子政务工程于 2002 年 12 月正式开始组织实施。全省上下统一规划、共同建设、分步实施、边建边用，横向到边，纵向到底，着力构建了"云南省电子政务内网""云南省电子政务专网""云南省电子政务外网"以及各部门的互联网接入平台 4 类网络；重点建设了网络系统（含安全）、办公系统、信息系统、服务系统四大政务系统；建设了面向全省基层党组织和党员的电子党务信息系统和党委专网系统；初步建成满足政务机关及人民群众需求的、较为完整的全省电子政务体系，全省电子政务公众认知度和公众满意度得到不断提高。发展到今天，云南电子政务网已经成为云南省内规模最大、应用系统最丰富、接入覆盖范围最广的政务信息化系统；在"互联网 + 政务服务"建设过程中，政府以计算机为工具进行公文处理、以网络为支撑进行政务处理、政务信息公开、社情民意调查等已成为工作常态。显然，这样的电子政务网络基础设施为推动整个地区的信息应用开发打下了坚实基础。

就西南地区的民族村寨来讲，相当多的少数民族村寨的村民在一定程度上已接受并广泛使用着互联网技术，有的寨子里的村民已根据自身所具有的信息素养，尝试着运用互联网，制作和形成自己的信息传播网络。例如，云南省怒江州兰坪县大羊普米族村地处边远，但信息网络发展并不滞后。全村大部分家庭都有电视机、手机。村里安装有村村通工程的电视卫星接收器，能够收到 53 个频道；全村已经全面实现手机信号的覆盖，村里还设有中国移动的手机充值站；村支部、村文化室和村委会都装有电脑，并已接通了电信的宽带网络。村民自己采集编辑了《普米文化大观园》，重点反映普米族的文化传统和日常社会生活；大羊村团支部利用飞信和短信平台，建立了一个信息发布平台"大羊时讯"，主要发布村中的一些重大活动和具有信息价值的事情。① 少数民族村寨在云南省是属于少数民族地区社会结构的一个基本单元，类似大羊普米族村村民的网络实践活动在云南少数民族村寨中还有很多。不难看出，移动互联网、云计算、物联网技术已经传播到各民族村寨，已经影响着人们的思想观念和生活方式，人们借助信息技术的能力和新技术一道迅速提高和发展。

事实上，这几年来，由于国家积极实施广播电视"村村通"工程、"兴边富民移动通信工程"，持续开展"宽带中国专项行动"，西南地区各民族村寨的现代通信得到快速发展，现代传媒已深深影响到了乡村社会的各个方面。如今，西南地区各民族村寨中的很大一部分人尤其是年轻人，除了借助现代传媒阅读新闻、收发电子邮件以外，已经在使用互联网缴费、购物、炒股票、找工作、交友求偶、寻医问药和参与职业培训。在一定程度上，村寨与外界的联系已不再局限于亲属关系、共同居住以及社会阶层等所构成的关系网络，而是通过互联网与外界发生着千丝万缕的联系和变化。

3. 西南地区档案管理机构的网络建设

随着政府信息化建设的进程，档案管理部门的信息化建设也有了很大的起色。在西南地区，计算机技术的广泛应用和机关办公自动化设备的逐步普及，加速了档案管理现代化的进程。一方面，局域网作为档案馆（室）网络化建设的第一步，各省的档案管理机构内部都建立了局域网，实现了档案的采集、编目、保管、借阅、统计等工作在业务流程中的自动化联通；另一方面，档案网站建设是国家档案信息化建设的基础，各省市一级的档案管理机构在公共信息网络上都建立了档案网站，构成西南地区公共信息网络的一个节点。综观西南各省级档案网站，有三个突出特点：一是立足本馆馆藏资源，实现了本馆档案资源有选择的上网发布；二是整合开发馆藏特色档案资源，突出网站发布档案的独特性；三是编研档案信息资源，提高在线档案信息资源的针对性。

---

① 孙信茹、杨星星：《媒介化社会中的少数民族村民传播实践与赋权——云南大羊普米族村的研究个案》，《现代传播》2012 年第 3 期。

当然，就西南民族档案资源集成管理的要求来讲，档案局域网和档案网站建设不应只是局限在自身的档案馆藏，而是应该及时顺应信息时代发展的趋势和社会信息化的要求，将其作为起点，与跨部门业务和电子政务网络平台相结合，涵盖政务体系、网络体系和信息资源系统，构建西南地区电子政务与档案网站相统一的档案资源网络空间。这个统一的档案资源网络空间的建立，其本质上是让西南地区各级政务部门基于这一平台，实现在线上的跨区、跨部门业务协同运行和系统内相关政务信息资源的高效采集、有效整合和共同分享，这是当今历史发展的必然趋势。

（二）软件技术保障

软件技术是指对信息进行收集、存储、整理、检索、应用、评估的各种程序、数据及文档的集合，是信息技术产业的核心和信息化应用的重要基础。它包括应用软件、系统软件和支撑软件三大类，具体包含有操作系统、网络软件、办公软件、数据库、中间件、嵌入式软件等具有公共服务平台或应用开发平台功能的软件。当今，随着互联网大势所趋的多网融合，计算机硬件环境的升级换代，"云计算""泛在网""智慧地球"等的出现与发展，使软件技术所面临的运行环境从静态走向动态、封闭走向开放，催生出新的软件技术和软件产业。行业中已使用的网络操作系统、JAVA 语言、中间件等都预示着系统软件和支撑平台的发展趋势将是朝着基于互联网、无线网、电信网等多种异构网络的复杂网络环境、基于构件的分布计算、基于网络环境的需求工程和新型中间件平台的方向转型与发展。[①]

根据西南民族档案资源集成管理的要求，这里的软件技术的任务就是在开放、动态、多变的网络环境中，驱动软件系统不断追求高效合理的、能够充分发挥硬件系统所能提供的集成管理的能力，由此形成一套新型的软件理论、方法和技术体系，呈现出网络化、智能化、工程化、融合化的特点。具体来讲，如果从资源共享的角度，需要解决跨网络的异构资源的协同共享难题，实现档案资源管理的统一、自治与可控；从人机交互的角度看，需要提

---

① 朱仲英、虞慧群等：《软件技术发展趋势研究》，《微型电脑应用》2010 年第 9 期。

供无处不在的无缝计算，实现整个西南区域互联互通、和谐一致的交互方式；从应用模式的角度看，需要支持基于集成管理服务的新型架构，兼顾软件形态、环境特点、用户体验和满意度。此外，保障可信度与服务质量软件技术是实现西南民族档案资源集成管理的关键，决定着集成管理的发展趋势。虽然国际主流基础软件产品，如谷歌的网络软件、微软的 Windows 操作系统、甲骨文的 Oracle 数据库系统等基础软件产品对我国影响很大，但通过这几年国家重大专项和产业政策的支持，我国在基础软件数据库、操作系统、中间件和 Office 办公套件方面，也取得了一系列重要的成果，占据了一定的市场份额，为西南民族档案资源集成管理提供软件技术保障体系奠定了良好的基础。

从西南地区的软件开发技术来讲，和国内发达地区相比，面临的主要问题有：起步晚，自主研发和技术创新能力较为薄弱，产业链不成熟及与之配套内容不健全，产品质量及信誉不高，优质服务水平不足，区域性用户应用层次与深度有限，缺乏稳定的成规模的用户群。这些问题无疑是西南民族档案资源集成管理提供软件技术保障的瓶颈。解决这些问题，首先要在西南地区营造市场需求，通过软件服务市场需求、典型应用需求、信息服务市场需求等方面来引领和带动技术的研发与创新；通过构建档案资源集成管理软件基础数据库，开发以复用为基础的软件构建/服务技术，把"无序"的基础软件资源组合为"有序"的基本系统，提高软件开发效率；通过在信息服务业推广档案资源集成管理软件，建立起新型产业合作模式，逐步拥有一定规模的用户群和营业规模，从而形成一定规模的市场；通过国产软件产品与应用的服务质量的整体提升，建立国产软件统一规范的服务保障体系建设，确保用户使用国产软件的权益。[①]

（三）技术人员保障

技术人员是指为西南民族档案资源集成管理持续、快速、健康发展提供技术后盾的高素质技术、管理人才队伍。其职业分类包含软件类、硬件类、

---

① 虞慧群、钱之琳等：《基础软件技术的发展趋势》，《微型电脑应用》2010 年第 8 期。

网络类、制造类、控制类、设计类、专业应用类等多方面技术人才。他们是技术保障的战略核心。由于档案资源集成管理是一个知识技术密集系统工程，庞大的计算机系统、复杂的硬件、软件技术需要一大批高级人才、创新型人才和复合型人才成为主体去进行正确的决策、有效的组织、合理的协调、高效的管理。加之西南地区发展起步晚，基础较差，难度大，必须依靠创新型科技人才发挥后发优势，对档案资源集成管理进行高起点规划、高速度建设、高效率管理。因此，科学技术是第一生产力，科技人才是事业发展的生命线，大力培养科技人才是提升西南民族档案资源集成管理创新力的关键和基础。

就西南地区的发展来讲，相比较而言，设备、资金都不是最大的发展问题，人才奇缺恰恰是制约发展的瓶颈。从表6—7、表6—8的网页数、总字节数统计情况，可以看出西南地区各省的网页数、总字节数远低于全国平均水平，可以看出西南地区能够从事或擅长网络信息建设工作的人的基数有限，从侧面也反映出西南地区从事信息化建设的人才资源较内地短缺。

表6—7　　　　　　　　　　2008—2015 年西南各省网络资源情况

		2008 年	2009 年	2010 年	2011 年	2012 年	2013 年	2014 年	2015 年
云南	网页数（万）	5252.5	9465.9	16002.4	19459.76	48543.69	275527.54	295017.9	130328.6
	总字节数（TB）	1.29	2470.50	4.52	6.15	20.21	147.24	136.75	16.3
贵州	网页数（万）	2780.8	5456.4	26486.3	11379.64	13889.8	417.08	2002.1	32992.3
	总字节数（TB）	0.64	1279.14	2.35	3.46	4.35	0.10	0.59	17.3
四川	网页数（万）	50416.0	76511.3	141317.8	145321.28	286437.2	39295.8	8061.3	436770.9
	总字节数（TB）	11.61	19324.33	29.09	44.68	94.92	18.29	39.12	25.6

续表

		2008 年	2009 年	2010 年	2011 年	2012 年	2013 年	2014 年	2015 年
重庆	网页数（万）	17737.1	28123.5	26486.3	47159.58	45029.43	24158.56	56027.7	56027.74
	总字节数（TB）	4.35	7321.99	7.25	15.16	15.70	7.34	19.77	11.2
西藏	网页数（万）	89.8	145.5	269.9	478.34	348.67	140.37	201.5	10244.5
	总字节数（TB）	0.01	60.89	0.15	0.25	0.11	0.04	0.21	13.2
广西	网页数（万）	16335.9	27303.0	34431.9	61852.45	61402.52	112995.85	133090.1	55473.2
	总字节数（TB）	4.50	8996.57	12.83	27.06	22.43	26.37	89.07	10.3

资料来源：据 2008—2016 年以来的《中国互联网络发展状况统计报告》、国家数据网（http：//data. stats. gov. cn/index）公布的数据等资料统计整理所得。

表 6—8　　　　　　　　　2008—2015 年全国网络资源情况

	2008 年	2009 年	2010 年	2011 年	2012 年	2013 年	2014 年	2015 年
网页数（亿个）	160.9	336.0	600.1	865.8	1227.5	1500.4	1899.1	2122.9
字节数（GB）	438898	1010848	1833476	3160028	4902328	7133363	8133463	9154475
网民人均网页数（个）	54.0	87.5	131.3	168.8	217.6	242.78	206.97	2125.76
网页人均字节数（GB）	1.24	2.34	3.77	5.92	7.99	8.03	9.26	10.2

资料来源：据 2008—2016 年以来的《中国互联网络发展状况统计报告》、国家数据网（http：//data. stats. gov. cn/index）公布的数据等资料统计整理所得。

　　同样，实现西南民族档案资源集成管理，最大的难题就在于对人才的强烈需求与现实人才供应迟滞的矛盾在短时期内难以解决。一方面，西南地区总体人才数量严重不足，人口整体素质相对偏低，人才流失相当严重，人才竞争明显缺乏优势；加之西南本土在用人机制、政策待遇等方面缺乏自身优势，由此使具备档案资源集成管理技术的人才更加短缺。另一方面，西南地区是全国居有少数民族最多的区域，而少数民族人才队伍却总量不足、人才结构不合理、整体素质还不够高，人才流失情形突出，由此带来一个问题就是，越是到基层政府，越是到贫困山区，越是到边远村寨，其人的素质差距越大，对新技术不懂、不学、不愿使用，高级技术人才更加极度匮乏。以云南省为例，云南省少数民族人才占全国人才总量的比重在西部省区中排列第四，落后于西藏、新疆和广西。如果以西部地区 GDP（亿元）、人才（万人）、人才效能排序，云南排名第四，在西藏、重庆、四川之后，在其他六个西部省区之前。①

　　破解人才难题，有专家建议："坚持'以人为本'，切实树立重才理念；'内提外引'，增加人才的总体数量；强化教育，提升人才的整体素质；构筑机制，发挥人才的最大效用；完善措施，提升人才引进的各类因素；建设平台。促进东西部地区人才的交流和互动。"② 就西南民族档案资源集成管理的技术人才来讲，一方面，需要结合国家和西南各省制定的各类规划中有关人才发展的工程，研究制定并实施本省的人才发展专项规划，加大人力资本的投入力度，创建人才供求市场信息平台，提升人才国际化交流水平；另一方面，应该注意充分发挥西南民族档案资源集成管理用人单位在人才引进、使用、培养和保留中的主体作用，在实践中聚集和培养人才。

　　与此同时，政府需遵循信息化人才的成长规律，强化对西南民族档案资源集成管理人才队伍的支持力度，完善相应的人才支持政策和措施：一是探索建立西南民族档案资源集成管理人才评价机制，从而保证从业者的职业化能力，规范从业者的职业道德；二是强化西南民族档案资源集成管理人才培养开发机制，通过专业培养、职工培训、人才补贴等方式加紧对紧缺人才、

---

① 赵晓澜、何明：《云南省少数民族人才发展研究》，云南民族出版社 2013 年版，第5—6 页。

② 耿相魁：《西部大开发的人才需求及解决途径》，《新疆社科论坛》2010 年第 1 期。

技术团队的培养；三是启动西南民族档案资源集成管理人才的百人、千人计划，对特殊人才、高级团队给予资金支持，提供完善的生活待遇；四是完善西南民族档案资源集成管理人才的激励保障机制，为积极吸纳优秀人才、维系和激励优秀团队提供制度保障。

（四）安全保障

西南民族档案资源集成管理涉及庞大的网络、众多的部门和复杂的人群，其建立与发展必须以健康、安全的发展环境为保障。可以说，安全性既是保证西南民族档案资源集成管理所有活动得以顺利、高效进行的前提和基础，也是保证国家安全、社会稳定和民心导向的重要方面。它主要面临这样几个方面的威胁：一是政治性方面，来自西方的和平演变图谋，国内外恐怖势力、反动势力对网络的攻击、破坏等；二是保密性方面，运用搭线访问、电磁泄漏、计算机病毒木马等非法手段窃取秘密信息；三是健康性方面，利用有害程序控制系统，传播色情、淫秽、暴力等内容，进行有害信息渗透；四是产权性方面，非法占有系统资源，涉及知识产权的内容被剽窃、盗用，或任意破坏信息内容的真实性和完整性，或冒充主机欺骗合法主机的用户等；五是隐私性方面，套取或修改个人口令字、密钥等信息，个人的隐私由此被盗取、倒卖、滥用和扩散等。这些威胁如同湍急的暗流隐藏在互联网信息大潮中，时刻威胁着西南民族档案资源集成管理。

凡此种种面临的威胁，在对西南民族档案资源集成管理体系建设过程中都需要有一套治理对策。其治理对策的重点需考虑四个方面的问题：一是加快国家和地区在网络社会管理方面的立法，加强公民的守法和自律教育，加大对冒犯者的威慑力和制裁力度。二是规范行政监管，推动行业自律，实现网络运用、信息开发等行为的科学规范。三是以先进的文化、健康的知识引领网络阵地、纯净网络内容。四是在具体的技术方面，重点采取四个方面的技术手段，即通过关键字/特征词/属性词、语法/语义/语用、自然语言理解、图像识别等技术手段进行识别和发现；通过物理和逻辑隔离、存储加密、传输加密、访问控制、电磁屏障等手段来实现对涉密内容的过滤、有害内容的阻断、垃圾内容的剔除，发挥技术的控制和阻断作用；通过重点对硬件和软件中可能泄密的风险源的控制和制定应急预案等疏导和恢复的技术手段，实现对健康内容的疏导和基于内核的恢复、控制权的恢复、备用系统的恢复；通过审计跟踪、源点识别与跟踪、反击与制瘫等跟踪与反击的技术手段，最大限度地减少有害信息的破坏。

此外，为了实时监控保护西南民族档案资源信息安全，确保信息系统安全稳定运行，我们还必须运用定性、定量的分析方法和手段，通过对档案信息资源、档案信息系统进行概要分析，及时发现潜在的安全威胁，并及时提出相对应的安全防御措施和整改方案，提早避免安全威胁的影响，最大限度地减小风险带来的损失。有关这方面的内容将在第八章"西南民族档案资源集成管理的风险防范"中详论。

诚然，西南民族档案资源集成管理系统虽然只是借助网络本身这个互通平台来实现档案资源的共享，但在我们研究安全的防范对策时，制造威胁的方面也在挖空心思研究应对方法，因此实现安全保障是一项长期的工作。此外，网络社会是现实社会的延伸，西南民族档案资源集成管理根本上是要为用户提供内容丰富的服务，因此仅仅依靠互联网本身的自适应机制和上述技术手段，不可能完全解决集成管理过程中的安全问题，也不可能单独依靠档案行业独立挑大梁完成。必须要在政府、企业、行业协会和公民之间搭建平台，全盘构建相互配合、相互协作、权利与义务对等的治理机制①，坚持法律与经济、技术手段与必要的行政手段相结合，营造适应西南民族档案资源集成管理系统发展规律和特点的运行机制和积极健康的发展环境，真正为推动实现西南民族档案资源集成管理的健康发展保驾护航。

四　西南民族档案资源集成管理的环境保障体系

所谓环境，是指相对于某一中心事物而言的周围事物的总和。它可分为自然（或地理）环境和社会环境。自然环境是社会环境的基础，而社会环境

---

① 张真理、高雨彤：《代码规制：构建安全文明网络的必由之路》，《保密科学技术》2013 年第7 期。

是基于自然环境之上不断地丰富和发展成的环境体系。① 环境对人类的活动起着重要的作用，同时人类本身在适应环境的过程中也在不断变化和积极影响着环境，这就决定了人类每推动一项事业的产生与发展都离不开环境的保障。

我们这里所谈的环境保障主要是指直接和间接影响西南民族档案资源集成管理的各种因素的总称，应该包括自然环境和社会环境。鉴于前已有所论述自然环境（详见本书第二章"西南民族档案资源的形态和特征"部分），这里谈的主要是社会环境，即人们在自然环境的基础上，逐步创造和建立起来的以观念、制度、行为准则等非物质因素为主要内容所积累形成的环境体系。宏观上讲，社会环境保障体系应该包括整个社会经济文化体系，涉及国家政策、工作制度、地方文化等保障因素。

（一）国家政策保障

国家政策是社会环境保障的总体框架，是必须遵循的具有权威性的原则与要求、标准与规则、程序与方法等，涉及国家法规、国际和国家标准、部门标准和工作制度等方面。就西南民族档案资源集成管理来讲，其具有涉及面广而复杂的特征，相应的对政策要求也更加科学、完整、系统性。

理智地讲，要国家专门为西南民族档案资源集成管理制定一部政策法规是不现实的，但将相关内容体现在《档案法》等不同领域的政策法规中，也可形成较为完善的西南民族档案资源集成管理国家政策保障体系。目前，我国已经制定了一些档案管理等方面的政策，但综观全局，政策保障体系存在诸多不健全的方面，还需进一步补充完善。具体来讲：

在国家法规方面，有《中华人民共和国宪法》《中华人民共和国民族区域自治法》《中华人民共和国通用语言文字法》《中华人民共和国档案法》《中华人民共和国保守国家秘密法》《中华人民共和国信息公开条例》等。这当中，《中华人民共和国档案法》确定了国家档案管理的基本体制，是我国档案事业的根本大法。它最早于 1987 年 9 月 5 日，由第六届全国人民代表大会常务委员会第 22 次会议通过，于 1988 年 1 月 1 日起开始正式实施；中间

---

① 董小林、马瑾等：《基于自然与社会属性的环境公共物品分类》，《长安大学学报》（社会科学版）2012 年第 2 期。

根据1996年7月5日第八届全国人民代表大会常务委员会第20次会议通过《关于修改〈中华人民共和国档案法〉的决定》，对《中华人民共和国档案法》做相应的修订，重新公布。为了配合《档案法》的落实，国家档案局制定了《〈中华人民共和国档案法〉实施办法》，于1990年11月19日正式实施。它针对《档案法》中的档案机构及其职责、档案管理、档案的利用和公布、法则等方面做了较为具体细致的规范性说明。这些都是国家为西南民族档案资源集成管理提供的良好政策保障。

在国际和国家标准方面，国际上有多语种信息编码的《ISO 10646 Information Technology—Universal Multiple Octet Coded Character Set》等。国内有《信息技术中文编码字符集》（GB18030 – 2005）、《档案分类标引规则》（GB/T 15418 – 1994）、《文献档案资料数字化工作导则》（GB/T 20530 – 2006）、《电子文件归档与管理规范》（GB/T 8894 – 2002）等。档案部门有《档案著录规则》（DA/T 18 – 1999）、《档案主题标引规则》（DA/T 19 – 1999）、《满文档案著录名词与术语汉译规则》（DA/T 30 – 2002）、《文书类电子文件元数据方案》（DA/T 46 – 2009）、《版式电子文件长期保存格式需求》（DA/T 47 – 2009）、《基于XML的电子文件封装规范》（DA/T 48 – 2009）等。这些标准，有的是基础类标准，有的是电子文件与纸质文件档案共同使用的标准，有的是仅针对电子文件档案制定的。除此以外，各级地方政府或行业部门的档案管理机构也先后制定过一些部门的规章。这些相关标准虽有待完善，但都为西南民族档案资源集成管理获得政策保障奠定了扎实的基础。

在管理制度方面，迄今还没有有关民族档案资源集成管理的专门制度，具体工作中可以从国家档案局《满文档案著录名词与术语汉译规则》（DA/T 30 – 2002）、个别省区制定的《语言文字工作条例》中获得借鉴。与此同时，也需要按照西南民族档案资源的特点和集成管理的思路来制定相关的政策，为集成管理的规范化、标准化提供相应的政策保障。大体来讲，需要的基础性政策有：明确职能责任的《西南民族档案资源管理责任归属方案》、负责认定管理对象的《西南民族档案资源认定规范》、统一信息采集规程的《西南民族档案资源采集规范》、统一规范元数据的《西南民族档案资源电子化元数据设计方案》、明确双语著录规则的《西南民族档案资源双语著录规范》、专属信息安全保护的《西南民族档案资源集成管理安全保护规范》等。

在特殊政策方面，需要国家对西南地区采取持之以恒的优先照顾和特殊关怀政策。西南民族档案资源集成管理涉及西南地区的经济、社会、文化、政治和生态等方面的发展水平，相对国家东部、中部地区，由于自身发展资源的先天不足导致区域发展后劲不足，明显缺乏自我更新、自我超越的发展动力，整个西南地区需要借助外部力量的推动来加快发展步伐。目前，国家在西部大开发的发展战略下，动员各级政府和社会组织在西南地区的基础设施援建、重大项目支持、财政转移支付、人才资源输送等方面给予了实实在在的帮助，促进了西南地区的全面建设和发展。国家实施的"兴边富民政策""万里边疆文化长廊建设""广播电视村村通""边疆农村放映工程"等国家战略，赢得了西南地区各族群众的认同、拥护和参与。这些都为实现西南民族档案资源集成管理奠定了坚实的基础。然而，实现西南民族档案资源集成管理任重道远，西南地区的稳定与发展是一种机遇和挑战。西南地区仍然需要国家给予特殊关怀与照顾政策，在政府、社会、公众之间建立起各司其职、各尽其能、互补互促的整体保障体系：在宏观层面上，中央政府整合各类资源，为西南民族档案资源集成管理的建设和发展提供宏观上的战略规划和配套充足的财政支持；在微观层面上，西南地区的各级政府要敢于担当，善于组织实施；与此同时，对于边疆困难群众、少数民族群众，各级政府要在民生方面持之以恒地给予特殊照顾和帮助，团结最广大的各族群众，为西南民族档案资源集成管理建设贡献智慧和力量。

为把各项政策高效率地落到实处，围绕西南民族档案资源集成管理的建设，还需要建立会商、决策、协调和执行四级联动的政策协同运行机制：一是会商机制，由西南三省一市两区省级主要领导参加，对西南区域实现民族档案资源集成管理所涉及的重大政策问题达成共识；二是决策机制，由西南三省一市两区政府分管领导参加，具体落实西南区域实现民族档案资源集成管理的重要政策，推进合作事项；三是协调机制，由西南三省一市两区省级综合档案局馆负责人参加，把各类重要政策、重大合作事项分解为各项合作专题，分解落实在不同领域合作；四是执行机制，档案行业及各部门之间定期组织业务研讨或合作论坛等活动，及时处理集成管理过程中遇到的各类具体事宜。这种从宏观到微观、从务虚到务实的政策协同运行机制是推动西南民族档案资源集成管理逐步深入发展的重要保障。

（二）工作制度保障

工作制度是社会环境保障的核心内容，是集成管理协同部门必须遵循的以充分释放人才、资本、资源、信息、技术等创新要素活力为目的的行业规章制度。就西南民族档案资源集成管理来讲，工作制度需要以突破机制障碍、打破体制壁垒为手段，以建立具有跨部门、跨地区的新型高效协同特点的体制机制为重点，在组织法则、队伍建设、交流与合作、资源开发与信息共享等方面力求有创新性突破。

西南各省级档案馆作为西南民族档案资源集成管理的理事单位，必须将西南民族档案资源集成管理中心作为管理体制改革的"特区"，制定特殊支持政策，实行新的运行体制。在档案资源开发利用方面，依托"中心"建立起共用协同创新经费、共建人才队伍、共同技术开发、共享资源信息等一系列共享机制；在队伍建设方面，在"中心"要打破各单位的界限，打破身份色彩浓厚的僵化封闭式人事管理制度，建立开放、流动、合作的人事管理制度；在集成业务管理方面，要建立起公平合理、权利义务对等、合作受益均衡的利益共享机制。具体到制度建设方面，主要有以下几点：

1. 理事会作为最高决策机构，也就是总体制度的制定与决策者。理事会需要创新顶层治理结构，统一制定制度政策。需要制定的制度很多，首先，要制定《西南民族档案资源集成管理中心理事会章程》。章程由总则、组织机构及职责、议事规则、附则等部分构成。重点需要明确"中心"理事会的目标、任务、理事会与理事等的权力职责、议事规则等内容。其次，要出台《西南民族档案资源集成管理中心管理办法》。办法由总则、管理体制、人员管理、项目管理、经费管理、档案资源管理、网络管理、报告制度、检查评估、附则等内容构成。最后，要解决"中心"的建设目标和建设标准、各级组织和工作人员的责权利、经费专款专用规则、设施设备管理、报告检查评估程序等内容。

2. 革新人事管理制度，建立科学的激励与约束机制。其制度的改革重点应以职业道德规范、人事招聘与薪酬、奖励与淘汰方面为突破口。首先，建立《西南民族档案资源集成管理中心职业规范》，由总则、职业道德、工作规范、管理措施、处分方式、处理机构及程序、附则等部分构成，重点明确职业道德与工作规范的内容、维护职业道德的具体措施、违反职业道德的处理机构和处分方式等内容。其次，明确《西南民族档案资源集成管理中心职工考核与激励办法》，由考核标准、考核内容、考核组织、考核方法、考核奖励等部分构成，重点明确考核目的与原则、适应范围、依据与方法、考核等级、激励办法等内容。最后，还需制定《西南民族档案资源集成管理中心人员聘用管理办法》《西南民族档案资源集成管理中心拔尖人才培养办法》等。

3. 通过相关制度建设直接促进集成管理机制的创新。集成管理外生的规范是制度，其内生的机能是机制。只有加强制度创新建设，才能让制度在集成管理内部内化为机制。具体来讲，要建立西南民族档案资源集成管理协同攻关机制，形成"小协调"孵化"大协同"的发展态势，形成协同创新文化；要创新西南民族档案资源配置模式，构建可信赖、可持续的集成管理资源共享常态机制；要探索高效的合作模式，建立西南民族档案资源集成管理效益长效机制等。与之相配套的制度还有《西南民族档案资源集成管理中心建设与运行管理办法》《西南民族档案资源集成管理中心资金管理办法》《西南民族档案资源集成管理中心资源整合与共享管理办法》等。

就以建立西南民族档案资源集成管理理事单位对西南民族档案资源拥有集成控制权、集成归档权和集成服务权的保障机制为例，由于集成管理的档案属数字文献资源，集成服务是以"网络获取"为主要路径，如果出现技术故障、自然灾害、管理失误等不可预见的诸多诱因，随时都会导致集成管理服务的数据处于被损毁的危险状态。因此，要相应建立长期稳定的支持系统和规范可靠的管理机制，明确西南民族档案资源集成管理理事单位对西南民族档案资源拥有及时收集、完整归档、数据处理、长期保存、可靠利用的权利和义务，明确各理事单位对西南民族档案资源在西南地区的长期保存和向合法用户提供获取服务的使命和责任，建立一个高效、经济和可信赖的制度环境。

（三）集成管理文化保障

集成管理是一个组织行为，而组织是有文化的。组织文化在企业管理中内化为企业文化，具体在西南民族档案资源集成管理中则成为集成管理文化，即集成管理者和员工在集成管理实践活动中以集成管理价值观念和经营管理哲学为核心的思维方式和行为规范。它包括集成管理组织的历史变迁，发展目标、信念与理想、思维方式与行为规范、职业意识与职业道德等因素，以及这些因素物化表现出的集成管理的环境和条件、人物风貌、领导作风和员工风貌、工作习惯等。

我国传统综合档案馆管理文化主要表现为档案存储与档案利用文化，随着现代文化的出现和社会发展的需要，档案馆管理相继引入人本管理、信息开发、知识管理等管理方法和管理理念，但这些文化建设都不能满足集成管理环境下的民族档案资源建设需要。在数字化档案资源浩如烟海、通信网络畅通无阻、电脑手机检索随手可及的集成管理环境下，需要根据档案管理的专业要求，依据西南民族档案资源集成管理的基本定位，建设对集成管理发展有持续推动作用的集成管理文化。

西南民族档案资源集成管理的基本定位在三个层次：一是西南民族档案资源集成管理是一项档案事业；二是西南民族档案资源集成管理是一项民族档案事业；三是西南民族档案资源集成管理是一项探索解决西南地区民族档案共享的档案事业。基于此，集成管理文化的建设需要突出这样一些特点：

1. 协作开放。在当今云计算大数据时代，任何单一的档案馆都不可能单纯依靠自己存藏的档案资源满足档案用户多元化的需求，任何实体档案馆也不可能单纯依靠自己的服务行为来满足档案利用高效化的需求。因此，协作开放是西南民族档案资源集成管理的必然选择。在整个西南地区要有计划地实现资源、人力、设备、技术等方面的共建共享；开拓交流渠道，借鉴相关行业的先进经验，在竞争发展中实现合作共赢。

2. 以人为本。西南民族档案资源集成管理归根结底是为人服务，是把人作为其建设发展的出发点和归宿点。这里的以人为本包含三层含义：一是集成管理要重组业务流程，为人们更加快捷、高效地利用档案提供重要保障；二是集成管理要创造有利条件，为各民族人民更加广泛地、平等地获取档案资源提供优质服务；三是集成管理要营造一种爱心关怀、服务至上的氛围，让服务于集成管理系统的广大员工有较高的自我价值认同感、职业的使命感和工作的满足感。如果每一个集成管理系统内、系统外的人都感受到这种以人为本的氛围，久而久之，就会逐渐地与之靠拢、看齐，形成一种精神，一种不可触摸却可感悟到的力量。

3. 注重效益。西南民族档案资源集成管理一方面要重视集成服务对社会利用档案的需求与满足程度，积极寻求最佳、最有效的提供档案利用的服务方式；另一方面要注意评估集成管理建设及各业务环节的投入与产出，尽可能实现较小的投入获得较大的经济效益和社会效益。因此，要注重培养集成管理人的效率与效益意识，在集成管理系统内部内化为一种工作的自觉要求。

4. 制度化建设。好的制度可以内化为好的机制，好的机制是创新发展的不竭动力。西南民族档案资源集成管理的发展涉及政治、经济、文化、科技等各领域，其建设需要涵盖宏观、中观和微观层次的法律法规体系和相互关联的政策保障作为支撑。为此，西南民族档案资源集成管理部门不但要积极参与国家、地方相关法规的制定工作，保证其政策的权威性、指导性和可操作性，而且要着力提高政策在集成管理中的执行力，为西南民族档案资源集成管理营造一个好的制度环境。

总之，西南民族档案资源集成管理文化建设是一个集体智慧结晶的行为，需要集成管理人付出极大的热情和提出大量有价值的建议；西南民族档案资源集成管理文化建设也是一个思想火花碰撞、统一思想的过程，需要集成管理人在个人与集成管理建设、社会大环境下的集成管理建设等方面建立一种正确的价值取向；西南民族档案资源集成管理文化建设同时又是虚实结合、美化环境和心灵的活动，对集成管理文化的诠释可以采用说古励今或借景抒怀的表现手法，也可采用托体寓意或以形写神的景观建造法，在化虚为实、以实见虚的过程中达成一种潜在、持久、规范的共识，乃至观乎其文化，天人合一，以化成天下。

（四）地方文化保障

地方文化是人类在一定的时空下适应环境的产物。这里的地方文化也称"区域文化"，主要是指一个区域不同的地理环境、经济基础、历史发展轨迹所致这个区域独有的文化表现与内涵，包含这个区域内群体的价值观念、思维方式、行为模式、道德准则等方面。地方文化是一个地缘群体共同创造的区域文化，凝聚着这个区域人们的情感和智慧、信仰和追求，同时又潜移默化影响着本地区的人们的生活方式和生存智慧，是这个地区的人们存在的根基和发展的动力。因此，地方文化是社会环境保障的重要内容，是推动地区传统文化的创造性转化和创新性发展的生命之依、力量之源。

数千年来，在中国传统文化的大背景下，西南地区历经世代的分化和交融、积淀和选择，最终造就了西南地区各民族在分布上的交错杂居、资源上的互通共享、文化上的兼收并蓄、发展上的相互依存的客观现状，逐渐形成一种内在的相互认同、互为归属的文化传统，历千年而不衰，经交融而会通。这是西南地区文化的鲜明特色，是维系西南地区文化共同体的内在凝聚力。鉴于这样的特点，对于西南民族档案资源集成管理建设与发展来讲，虽然可以采用行政管理的手段强力推进，但如果没有精神上的亲和关系和文化上的认同感，难免会有离心离德的可能。只有将西南民族档案资源集成管理建设与发展扎根于西南地区的本土文化，获得西南地区广大民众的认可和支持，才有可能获得可持续发展的持久动力。因此，创造出有利于西南民族档案资源集成管理建设和可持续发展的良好的文化环境是实现地方文化保障的核心。

当然，文化环境问题具有多维、复杂的特点，为西南民族档案资源集成管理建设和可持续发展创造出良好的文化环境，需要着眼于西南地区文化传统的内涵、现实发展处境，从民族本源、地区基础和国家发展这三个不可或缺、相互关联的维度进行建设，以此夯实民众基础，提供民意支持，营造出友好包容、心心相印的文化环境。以当前的西南发展状况来看，应该坚持以下价值取向：

1. 以西南地区各民族的共同繁荣发展为价值取向，满足西南地区各民族群众的文化需求。西南民族档案资源集成管理要把推动西南地区的跨越式发展、实现西南地区各民族的共同繁荣与发展作为其出发点和落脚点。即西南地区各民族不论人口多与少、经济社会发展水平高与低，同等地依法享有集成管理的西南民族档案资源；西南地区的各城乡不论富与贫、远与近，同等地依法享有运用西南民族档案资源集成管理成果加快自身发展和社会进步的权利。

在具体的建设过程中，一定要考虑到一些影响共同繁荣发展的因素：一是认识水平的差异性。应该说，实施西南民族档案资源集成管理战略是符合西南各族人民利益的好事，但要在整个西南地区、西南各民族中获得认可并获得主动帮助，这需要一个过程。如果在推动西南民族档案资源集成管理过程中，各民族的文化、生活等方面有了有效改善，就容易在人们的心理上产生共鸣，进而与西南民族档案资源集成管理战略的实施渐行渐近，同心同德，最终成为西南上下各族人民的共同意志和根本利益。二是需求层次的复杂性。西南地区"十里不同天"的地理条件决定了不同地区之间、不同民族之间存在不同程度的地域文化与民族风俗差异，从而使各地区、各民族对西南民族档案资源集成管理的需求层次和需求内容也会千差万别，如果以步调一致的方式投入均等的力量满足人们的需求，并不一定会带来同等理想的效果，甚至是无谓损耗。不过，人与社会不断发展前进的重要动力之一就是不断满足对各种需要的无尽渴求。只要我们在积极引导西南地区各族群众对西南民族档案资源集成管理的正确认识走向的同时，研究如何通过有效开展活动以满足各族群众的不同层次的需求，就能最大限度地激发出人们的积极性、主动性和创造性，以唤起整个西南地区对民族档案事业的关心和关怀。

2. 以西南地区各民族文化和谐共生发展为价值取向，有效培植西南地区各民族群众的情感认同。围绕西南民族档案资源集成管理，要创造一种平等团结、互惠互利的新型的多样性文化共生发展的环境，即各民族在文化上一律平等，在西南民族档案资源集成管理过程中，都有保护和发展本民族文化的权利；各个民族文化本身在西南民族档案资源集成管理中享有平等的文化话语权利、文化传承权利。换句话说，西南民族档案资源集成管理的档案资源源自西南地区各民族，也应惠及西南地区各民族；他们是西南地区民族档案文化的持有者，也是对民族档案资源关心关注度最高的群体。西南民族档案资源集成管理只有真正关照了这个群体，西南民族档案资源才有活水源泉。

在具体的建设过程中，一定要考虑到一些影响和谐发展的直接因素：一是语言问题。语言作为民族文化的载体形式，通常会成为判别民族亲疏的标志，这会在一定程度上造成各民族对包括普通话在内的其他民族语言产生排斥心理。如果这样的排斥心理不加以疏导，则会在交往中产生误会，构成一种障碍。二是认同问题。认同作为社会共同体成员所共拥的价值观和情感，常常是维系民族内部、民族地区稳定与发展的强大向心力。不过，这样一种情感也最为敏感，需要时时给予呵护培育。如果一些滋生出的消极因素得不到有效清除，也会导致认同感下降，长期累积下来也会造成隔阂乃至冲突。三是经济发展水平问题。经济发展水平作为市场经济社会的深层次决定性力量，在一定程度上影响着人们对外界事物的判断、利益的维护及具体行为的选择，左右着发展相对滞后的民族与发展处于领先地位的民族之间的交往关系。如果相互之间的发展差距得不到有效调控，国家、区域发展利益与各民族利益兼顾不当，也会构成区域发展的障碍性因素。

为此，在西南民族档案资源集成管理过程中，一定要发挥文化多样化优势，提倡文化交流和文明对话，并在对话中实现文化上的相互包容和借鉴，以此巩固和深化业已建立的认同情感阵地。注重平等协商，认同整合，在循序渐进中催生民族的趋同性，营造在良性共生基础上的多样性文化的和谐发展氛围。以包容和尊重的方式最大限度地减少误会和冲突，以疏导和疏通的方式有效地压缩负面情感成长的空间，培育和内化各民族文化和谐共生发展的成果，为西南民族档案资源集成管理构建出各民族档案资源共享一家亲的文化环境。

3. 以推动西南地区民族档案事业发展为价值取向，共建西南民族档案资源开发利用的命运共同体。既然有西南地区自己的"民族档案资源"对象，那么就应该有作为方法的"西南民族档案资源"管理思维，自然就有运用西南人惯常的思维和方法来进行集成管理的命运共同体。这里的"命运共同体"包括了西南各省山水相连、人文相通的过往历史经历和文化认同；也包括了较强的中华民族归属感以及对未来国家档案资源共享发展的共同追求；更包括了立足西南、自主自立的努力和互信互助的意愿。

当然，这样的命运共同体从来不会自然生成，它需要西南各省坚持求同存异、多维互动、刚柔并济、稳中求进的原则，建立坚实的制度和科学的有机联动运行机制，在区域和次区域、多边和双边、高层和中低层上推进共同体建设，最终实现互动交流。具体来讲：一是在搭建命运共同体的建设框架上，要加强西南各省政府之间的政策沟通、网络联通、交流畅通、民心相通，在整体推进多方面的互联互通过程中，形成更多的价值认同和实践行为，推动顶层设计和制度创新，从而推进西南民族档案资源集成管理从概念走向共识，从共识走向实践探索。二是在推进命运共同体的内容建设上，要在各省各方利益交汇点上注入命运共同体建设的相关内容，建立旨在增进信任的双边磋商、多边对话和具有较强约束力的执行机制，互信互利，平等协作；在实现资源高效配置和利益共享基础上，构建更加紧密的共同利益网，将各方利益融合提升到更高水平，最终在西南民族档案资源集成管理的平台上形成不可分割的利益共同体、命运共同体。三是在集合命运共同体的建设力量上，既要把国家自觉的行为和社会内部自发的力量有机结合起来，也要把社会纵向关系结构和横向关系结构整合起来，更要把外部制度的作用和内部精神和文化的作用集聚在一起。利用各种手段在不同领域交错整合推进，多管齐下，着力打造互利双赢的利益共同体、权责共担的责任共同体和同舟共济的情感共同体。这其中，利益共同体是命运共同体的关键，责任共同体是命运共同体的保障，情感共同体是命运共同体纽带。最终在主体多元化和方法综合化相统一的互动过程中共同推进西南民族档案资源集成管理的进行和目标的实现。

第七章

西南民族档案资源集成
管理的绩效评估

西南民族档案资源集成管理的绩效评估，是围绕西南民族档案资源集成管理的战略目标，将西南民族档案资源集成管理作为一个整体，考察民族档案资源集成利用的效果、系统运行状况、组织管理及体制机制建设情况等方面，估量其整体的社会效益和经济效益的评价过程。其目的在于汇集并反馈各种评估信息，为西南民族档案资源集成管理的自我适应、自我完善、自我提高提供参照和依据。

一 西南民族档案资源集成管理
绩效评估体系

（一）西南民族档案资源集成管理绩效评估体系的设计思路

西南民族档案资源集成管理是一个以西南地区各省市区档案馆馆藏民族档案资源为基础、以数字化技术为手段、以区域内民族档案资源集成管理系统为依托的民族档案资源共享发展平台。为西南民族档案资源集成管理配套建立一个科学的、具有导向作用的绩效评估体系，能够有助于人们准确的审视西南民族档案资源集成管理的建设水平和建设结果，判断西南民族档案资源集成管理当前绩效状况与其发展战略目标是否相一致，从而及时调整完善建设与发展策略，在绩效评估基础上建立绩效提高，为西南民族档案资源集成管理可持续发展提供有力保障。

当然，如何配合西南民族档案资源集成管理建设来建立西南民族档案资源集成管理绩效评估体系，如何在西南地区发展中发挥民族档案资源集成管理的整体效益等诸多问题，是构建西南民族档案资源集成管理绩效评估体系首先必须面对的问题。国家出台的《档案事业发展综合评估办法》《档案事业发展综合评估指标体系及评分细则》《市、县级国家综合档案馆测评办法》及《市、县级国家综合档案馆测评细则》等有关档案馆评估标准及细则成为解决问题的重要依据；浙江、湖北、辽宁等省综合档案馆在管理现代化、信息化、目标管理考评等方面出台的评估标准是解决问题的重要参考；西南各省档案馆实际工作部门的相关数据则是强有力的借鉴依据。与此同时，鉴于西南民族档案资源集成管理的一些特殊性，其评估体系设计中还需要考虑到如下因素，突出如下特点：

1. 客观性。西南民族档案资源集成管理的服务范围可基本覆盖西南地区各省（自治区、直辖市）、各县（自治县、县级市）、各镇（乡）、各村，是一个具有资源多样化、服务多元化、网络多级化的大型工程，涉及政府、组织、用户的利益。因此，从长远发展来看，绩效评估体系需要从多角度进行设计，并建立评价维度的逻辑关联，充分体现参与主体尤其是西南地区各族群众对集成管理的不同影响，增加指标体系的客观性与合理性。

2. 完整性。西南民族档案资源集成管理是一个庞大的系统工程，西南民族档案资源集成管理建设和西南民族档案资源集成管理评估工作是这个系统工程不可分离的两个方面，围绕战略目标的实现，其工程实施效果很重要，但建设过程对实施效果也有着重要的影响。为此，建构西南民族档案资源集成管理的绩效评估体系，需要以战略目标为核心，沿着"边建边评，又评估又建设"的思路，兼顾实施结果和实施过程，充分体现整个西南民族档案资源集成管理系统的构成和运作的核心环节、关键领域，以静态的指标要素全面反映绩效动态的变化，以确保指标体系的有机和完整。

3. 科学性。西南民族档案资源集成管理的工作职能既包含了集成管理的行政管理职能，又同时包含了民族档案资源的集成管理职能。就其前者来讲，包括了内部集成管理、外部集成管理、管理的效益等方面；就其后者来讲，包括了民族档案资源建设、管理、利用等问题，由此决定了从这两方面入手凝练关键的评估要素，以机构履行职能情况为观察评估重点，初步制定出统一的绩效评估指标体系。在此基础上，再咨询一线管理专家、学界专家、档案局（馆）代表、档案利用者等多方意见，结合与档案绩效相关的国家、国际标准，进一步修改完善，确定最终的相对完善的评价指标体系。

4. 适用性。西南民族档案资源集成管理评估是对集成管理系统本身的绩效评估，同时也是对集成管理成员单位为实现集成管理目标而具体参与集成管理的绩效评估。这样的评估，不是为评估而评估，而是需要凸显成绩评价和成绩的效益评价同等重要的理念；力求指标严密而不复杂，可采集的数据较为直观；做到公开、公正和公平，注意增强绩效评估的可操作性和权威性，形成完善科学的绩效评估机制。

（二）西南民族档案资源集成管理绩效评估体系的基本框架

西南民族档案资源集成管理绩效评估体系由 5 个一级指标、14 个二级指标、64 个测评条目组成。[①] 详见表 7—1。

表 7—1　　　　西南民族档案资源集成管理绩效评估指标体系基本框架

一级指标	二级指标	测评内容	测评维度及数据来源
民族档案资源（一）	民族档案资源建设	理事会成员单位馆藏民族档案资源总量	◆考察集成管理理事会成员单位馆藏民族档案资源的基本情况 ◆理事会成员单位、集成管理中心
		年征集民族档案数量（含接受捐赠、购买、寄存）	
		西南区域人均拥有民族档案资源数	
		民族档案资源中西南各民族语种的数量	
		民族档案资源中各类载体形式的数量	
		民族档案资源目录和全文数字化数量	
	民族档案资源集成	理事会成员单位馆藏民族档案全文整合入集成管理系统的比例	◆考察集成管理民族档案资源覆盖率、可获取性、更新速率，以及对成员单位、非成员单位的开放程度 ◆理事会成员单位、集成管理中心
		理事会成员单位馆藏民族档案资源实现集成检索的比例	
		集成管理民族档案资源构成的均衡性	
		集成管理民族档案数据资源的滚动建设	
		理事会成员单位内、成员单位外对民族档案资源集成共享的频次	

[①]　参见潘积仁《论建立档案机构绩效评估体系》，《中国档案》2005 年第 6 期；李卓卓《信息资源共享系统绩效评估要素的分析与确定》，《图书情报工作》2009 年第 19 期；张娣《电子资源绩效评估指标体系研究综述》，《图书与情报》2008 年第 1 期。

续表

一级指标	二级指标	测评内容	测评维度及数据来源
集成服务（二）	集成服务基础	硬件设备配置与维护	◆考察目前可用的技术保障设施是否安全、员工的学习与成长 ◆技术中心、站点平台调查
		软件设备配置与维护	
		技术安全设备配置与维护	
		技术人员的配置与管理	
	集成服务状况	服务覆盖总范围	◆测算每次服务单位时间内覆盖西南地区各省范围的总体比例、服务次数及频率 ◆技术中心、站点平台、用户调查
		服务总量与服务西南区域统计	
		服务利用频率	
		资源链接质量	
		资源链接速度	
	集成服务效益	服务成功率	◆考察用户、行业、社会对西南民族档案资源集成管理服务的认可度、满意度 ◆用户调查、抽样调查
		资源和服务接触率	
		用户满意率与西南区域用户满意率	
		衍生服务量	
集成管理（三）	业务管理	西南区域档案法规、规章完善程度	◆考察集成管理内部工作机制的有效性 ◆理事会、各委员会、各中心、各站点平台
		开放民族档案资源占集成管理资源总数的比重	
		西南区域年人均利用集成管理民族档案数	
		民族档案资源集成检索目录的更新频率	
		集成管理年提供利用民族档案资源的人次、卷（件）次	
		民族档案资源查全率、查准率和到位率	
		利用需求不断被满足的次数占总体需求次数的比例	
		民族档案编研成果发售数	
		民族档案资源集成管理自建数据库的更新维护率	
	行政管理	集成管理机构的合理性	
		集成管理规章制度体系的完备程度	
		集成管理岗位数量及人员配备的合理性	
		集成管理流程、运转的科学性	
		集成管理运行机制的有效性	

续表

一级指标	二级指标	测评内容	测评维度及数据来源
集成管理 （三）	环境管理	政策支持与可操作性	◆考察国家、地方政府的政策支持情况，西南地区民众的认知度及集成管理文化建设水平 ◆集成管理中心内外问卷调查、随机访谈
		地理文化环境	
		集成管理文化建设	
集成管理 核算 （四）	经费来源	经费渠道和数额	◆考察集成管理运行的经费投入与实际支出情况
		经费增长率	
	成本控制	经费分配的合理性	
		经费预算与实际支出	
		开源节流的成本	
	民族档案资源的利用与成本核算	自然成本	
		使用成本	
		人均服务成本	
		次均服务成本	
发展潜力 （五）	建设与成长	集成管理战略发展规划的科学性	◆重点以历史经费记录为凭，考察西南民族档案资源集成管理的发展潜力及发展趋势 ◆集成管理各级中心调查、用户调查、区域监管部门调查
		集成管理组织架构对组织战略发展的适应性	
		集成管理专业人才比例	
		集成管理员工培训频率	
		集成管理领导班子评价指数	
		专业科研成果数（项目、著作、论文……）	
		专业科研成果奖数	
	经费投入前景	民族档案资源业务经费占总经费比重	
		各理事会成员单位集成管理投入经费占单位总支出的比重	
		集成管理开源节流措施	
	资源与服务创新	新资源品牌建设	
		新服务品牌开发	
		新成员加入	
		集成管理文化建设	

（三）西南民族档案资源集成管理绩效评估体系评估要素分析

表7—1中五个一级指标及下属各要素，是笔者概括了西南民族档案资源集成管理系统构成和运作的重要领域和重要内容，去重、合并了不同视角下的评估要素，最终梳理而成。对于五个指标体系的确定，是基于如下的考虑：

1. 民族档案资源是实现西南民族档案资源集成管理的前提条件。对于西南民族档案资源集成管理来讲，档案资源建设理当是集成管理的重要工作。因为档案存量反映规模，如果集成管理的民族档案资源的总量不足，则难以形成集成管理的规模；档案增量反映发展，如果集成管理的民族档案资源长期不增长或增长迟缓，则难以可持续发展；有存量无重点，仍然难以形成特色服务。鉴于西南各省人口规模不等，加之西南地区各省市区档案馆馆藏民族档案资源的数量及质量各有不同，还需要在评估体系中适当考虑人均量。如何将民族档案资源纳入到整体化、统筹化的集成管理资源系统，如何推进集成管理档案资源的存量、增量、特色建设工作，实现集成管理的资源驱动发展效应是考察的重点。如果有馆藏却不能打破系统与地区的界限去实现集成保存；如果有集成保存却不能提供利用或不能得到充分的集成利用；如果有集成管理数据资源却迟迟得不到滚动建设，那么西南民族档案资源集成管理就失去了发展的基石，在西南地区发展中也发挥不出民族档案资源的集成、整合和配置的作用。当然，与之配套，在集成管理的数字环境下，还需考虑用户对资源检索过程中的筛选、分类、组织和提炼需求，以及加入动态的知识组织和检索内容方面的评估指标。

2. 集成服务是实现西南民族档案资源集成管理的保障条件。对于西南民族档案资源集成管理来讲，集成管理的目标之一就是要淡化西南各省档案馆对民族档案的实体管理和档案馆事业管理条块分割所带来的集成服务障碍，建立一个能最大限度地满足社会和公众需求的民族档案资源保障体系。为此，它需要电子计算机通信网络体系的合理布局、民族档案资源的开放和社会化、民族档案资源的充分开发和高效率利用。这样的保障需要从基础条件、集成资源分布格局、资源可知晓性、资源利用的便利性等方面进行测评。

3. 集成管理是实现西南民族档案资源集成管理正常运转和产出绩效的关

键。对于西南民族档案资源集成管理来讲，输入集成管理的民族档案资源在集成管理系统内需要进行系统内的排列组合，其间潜存着人的目的性和选择性；待输出集成管理的民族档案资源时又经历了一次整合和重组，再一次经历了人的选择和整合。人在其过程中的两次行为消除了集成管理的民族档案资源的不确定性，赋予了其更多的价值属性。可以说，集成管理的民族档案资源的输入与输出实际上经历了两次整合与价值的提升。对此，为保证两次价值得到最大限度地提升，就需要对这两次价值提升起到关键作用的各要素进行有效控制和协调，即管理。这里的管理涉及民族档案资源业务管理、集成行政管理和内外环境管理。

民族档案资源业务管理的绩效可集中体现在利用指标中，由档案开放度、利用率、查全率、查准率等方面组成。其中，利用人次和卷（件）次反映了集成管理民族档案资源的存量、质量和社会影响度；查全、查准并提供到位率是反映集成管理民族档案的水平。

行政管理是专指集成管理的内部工作管理，其管理的目标应以确保集成管理的档案资源得到有效整合、合理流向和高效利用为主要目标。按照这一思路，建立高效的管理运行机制、科学的责权利机制和合理的利益均衡机制是关键。其评价指标应包括组织管理架构、岗位设置及职责、工作程序及运转、规章制度建设等方面。重点考察机构设置的运行机制、管理人员间的利益均衡机制是否协调，组织成员之间的责、权、利是否对等。

环境管理是集成管理得以实现可持续发展的保证。无论是集成管理的内部环境还是外部环境，集成管理都需要有一个良好的环境氛围。集成管理的发展规律，就是要通过其适应环境来保证更大范围内对档案资源需求的满足程度。具体来说，国家的政策支持力度大且操作性强，集成管理才能集中优势资源，优化资源配置和壮大发展力量；集成管理内部文化建设好了，才能凝心聚力建集成，视集成建设为自身的使命；集成管理所在区域的文化建设好了，就能率先与当地市场实现物质与能量交换，获得核心竞争优势。因此，其评价的视角既要关注集成管理系统与现有环境保持协调一致的情况，同时还要关注环境的变化和需要与集成管理系统的适应性发展。

4. 经费来源的稳定及相对充裕是保障集成管理正常运作的必要条件。对于西南民族档案资源集成管理来讲，集成管理运行所产生的成本可分为直接成本和间接成本、有形成本和无形成本。其中，集成管理部门有两个重要成本，一是集成管理系统为每位档案利用者服务的平均成本，二是档案利用者平均每次进入集成管理系统利用档案的成本。不过，对于民族档案资源成本来讲，资源有价，民族档案资源是有限有价的，应该有成本计算。其成本应该包含其生成、储存、保护、开发、利用、消耗、更新等所耗费的需要补偿的费用。换句话说，民族档案资源集成管理的成本不能仅仅局限于管理部门为实现档案资源的集成管理所投入的资金耗费范围，还应计算入民族档案资源的使用、消耗、保护的补偿投入，即自然成本和使用成本。①

西南民族档案资源集成管理要实现良性健康发展，就需要有合理的预算和经费使用，力求投入能产出最大的效益。为此，一方面，需要从经费的分配与实际发生成本的领域、经费预算与实际开支等方面重点考察集成管理的管理成本，关注利用者利用档案所发生的机会成本、时间成本、资金成本、使用成本情况；另一方面，要重点考虑经费的开源节流。具体来讲，首先要关注节流，关注投入与民族档案资源利用率之间的关系。通常，民族档案资源利用越频繁，其管理成本相对越降低。依照这一规律推论集成管理成本，自然会存在这样的情况：民族档案资源和集成服务的利用率越高，资源和服务的成本就越低；反之则成本越高。其次要关注开源，关注培育自身的资源品牌和资源集成服务衍生品，增强软实力，以此寻求经费投入的多途径。概言之，西南民族档案资源集成管理系统要在不断提高资源和服务的利用率的同时相应降低使用成本，在节流的同时重视开源，才能做到以有限的资源服务更多的需求者，实现社会效益和经济效益的双赢。

5. 发展潜力是实现西南民族档案资源集成管理可持续发展的重要保障。对于西南民族档案资源集成管理来讲，集成管理是一个不断运动发展的过程，每一个集成发展阶段都是为下一个集成发展铺路搭桥。因此，应把集成系统的发展规划及制度建设、内部发展的潜力挖掘、经费投入的前景、新资源开发与新服务品牌战略等方面作为影响其可持续发展的重要指标。

---

① 李东红、杨利美：《文化资源的价值评估、成本核算与经济补偿》，《思想战线》2004 年第 3 期。

（四）西南民族档案资源集成管理绩效评估指标权重的确立方法

西南民族档案资源集成管理评估基本框架体系解决了各维度的评价切入点及衡量指标，然而还未能解决每项衡量指标在整个评估指标体系框架中的地位和重要程度的定量分析，这就需要对之做定量分配，确定每项评估指标在评估指标体系总分中实际所占的分值比重。也就是说，还需要在西南民族档案资源集成管理绩效评估指标体系中，对一级指标及其下属的二级指标进行赋值，并确立其权重。

由于权重的确定与分配对于能否科学、合理地评估西南民族档案资源集成管理水平起着至关重要的作用，因此需要科学地选择确定评估指标权重的路径。不过，从目前研究现状来看，档案界更多的是借鉴相关行业对绩效评估指标的测评方法进行思辨性研究，还没有形成系统性的实证分析和技术分析的研究成果。[①] 归类统计下来，各行业通常采用的方法主要有专家确定法、调查访问法、经验估值法、平衡计分法、投入/产出分配法、层次分析法等。综合比较而言，运用层次分析法确定评估指标权重更适合于西南民族档案资源集成管理的评估。

所谓层次分析法（Analytic Hierarchy Process，AHP）是指由美国运筹学家T. L. Saaty 教授于 1973 年提出的把复杂的评价问题做层次化分解的方法。[②] 其基本思路就是先采用两两比较法将多个元素权重的整体判断分解成元素与元素间的比较判断，最后再合为对所有元素的整体权重进行排序判断，确立各元素的权重。其具体做法就是"把需评估的问题按评估目标、评估领域、评估指标的顺序分解为不同的层次结构。上一层元素对相邻下一层次的全部或部分元素起支配作用；然后通过求判断矩阵特征向量的方法，求得每一层的各元素对上一层次元素的权重；再利用加权和的方法递阶归并，求出最低层（评价指标）相对于最高层（评价总目标）的相对重要性，从而对最低层各

---

①　吕元智：《我国公共档案馆服务绩效评价研究现状分析》，《档案学研究》2010 年第 2 期。

②　于施洋、杨道玲：《电子政务发展水平评估：战略定位与指标设计》，《电子政务》2010 年第 10 期。

元素进行优劣等级的排序"。① 其具体的工作流程如图 7—1 所示。②

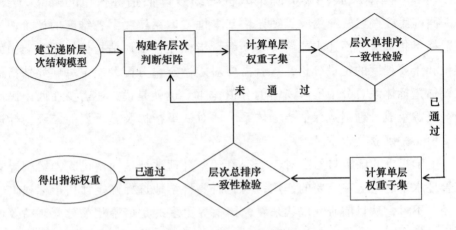

图 7—1　层次分析法的基本流程

就西南民族档案资源集成管理评估工作来讲，确定其评估指标权重，有以下四个步骤。

1. 建立递阶层次结构。即根据工作实践和专家意见，结合前已构建的评估架构，将西南民族档案资源集成管理评估所涉及的构成因素进行分类，并将这些构成因素按目标层、准则层、指标层排列起来，构建成一个多目标、多层次的递阶层次结构模型。③

2. 构造比较判断矩阵。即运用两两比较的方式确定层次中诸构成要素的地位和相对重要性；根据调研数据、统计资料、专家意见，综合权衡后直接赋权作数学转换。④

3. 进行层次单排序并作一致性检验。即根据判断矩阵计算本层次构成因素较上一层次构成因素之间相关联的重要程度的权值，计算每一个成对比较

① 于施洋、杨道玲：《电子政务发展水平评估：战略定位与指标设计》，《电子政务》2010 年第 10 期。

② 参见于施洋、杨道玲《电子政务发展水平评估：战略定位与指标设计》，《电子政务》2010 年第 10 期；陆萍《在高校图书馆评估中运用层次分析法确定指标的权重》，《现代情报》2005 年第 5 期。

③ 胡淑晶：《政府绩效评估的理论和方法》，《甘肃社会科学》2005 年第 6 期。

④ 张首楠：《层次分析法在产品方案选择中的应用研究》，《经济师》2010 年第 12 期。

矩阵的最大特征值与对应特征向量，用一致性比率方法做一致性检验。[①]

4. 层次总排序并作一致性检验。即根据同一层次中所有层次单排序结果，从上到下逐层计算所有构成因素的权值，得出能在数学上通过一致性检验的权重值，做第二次一致性检验，这是一次综合一致性检验。如果检验通过，则可按照综合权重值表示的结果进行评估，否则需要反复调整检验，以此提高指标权重的精确度和科学性。[②]

至于计算方法，可以利用和积法、方根法等多种思路，通过计算机编程，由计算机完成整个计算过程。目前，较为成熟的层次分析法软件"yaahp 0.5.3"可计算出各级指标的权重，既可以减少大量的手工计算工作，又有利于提高权重确定的信度和效度。[③]

二　西南民族档案资源集成管理
绩效评估机制

（一）西南民族档案资源集成管理绩效评估体系实施的业务过程

西南民族档案资源集成管理绩效评估体系实施过程涉及评估主体、评估客体和评估模型三个方面，是一个有着相互关联的三角关系。如果基于这个三角关系把西南民族档案资源集成管理绩效评估体系实施的业务过程加以流程化，则应该包括三大内容和步骤。

1. 确定评估主体，达成评估共识

评估主体是指围绕一定的目标主动开展评估工作的组织和人员。就西南民族档案资源集成管理绩效评估体系的实施来讲，确定较为公平的评估主体，是顺利开展评估、获得客观公正评估结果的关键。可以由上级主管部门、系统内管理机构、理事会成员单位、档案终端用户、行业或中介机构担任评估主体，分别开展管理部门评估、档案用户评估和系统内自我评估。从档案专

---

① 陆萍：《在高校图书馆评估中运用层次分析法确定指标的权重》，《现代情报》2005 年第 5 期。

② 于施洋、杨道玲：《电子政务发展水平评价：战略定位与指标设计》，《电子政务》2010 年第 10 期。

③ 张新鹤、杨菲等：《全国文化信息资源共享工程实施效果评价指标体系的构建》，《图书馆论坛》2014 年第 6 期。

业的角度考虑，为保证评估的公平性和有效性，兼顾评估内容各条目的可操作性，理想的评估主体则是以第三方形式，成立西南民族档案资源集成管理绩效评估专家小组。这个专家小组成员由了解西南民族档案资源集成管理全过程并精通某一方面工作的业内外专家组成，组建一个多元化的评估主体。

评估主体确定后，为确保评估工作的有序性，需做好评估的事前控制。具体来讲，在评估主体内部，基于评估目标，围绕《西南民族档案资源集成管理绩效评估体系》，讨论明确评估框架、指标和评估参数，统一阐释评估关键词语；基于评估导向和评估数据需求，讨论明确评估方法和评估技术，制定评估数据采集策略，明确相关细则；基于对评估的实施程度的要求，做出评估工作的具体安排，形成书面的评估实施方案。

2. 深入实地考察，科学采集评测指标数据

《西南民族档案资源集成管理绩效评估体系》所面向的工作类型有经验性的，也有规律性的、规范性的。这就决定了在具体的测评过程中，既要对集成管理自身运行状况进行考察，也要对集成管理系统的外部影响作评价；既要有简单明了的评价分析，也要有深入探究系统运行状况的科学数据。测评的内容涉及方方面面，复杂多样。因此，评估主体需要围绕测评对象，针对标准及测评内容，采取不同的评估办法以获得客观公正的评估结果。

数据的实际采集环节是保证评估目标实现的重要环节。数据的来源因不同的评估指标而不同，但任何一类数据都直接关系到评估数据分析的准确性和最终绩效评估的客观性。因此，要针对不同的数据来源制定规范和灵活的数据采集策略。所有采集来的数据都需要及时标明相关说明，规范相应的描述。描述的内容应该包括目标数据、担负数据采集和整理的责任人或团体、数据类型及来源、采集周期或频率、数据上报对象或数据使用者等方面。

在《西南民族档案资源集成管理绩效评估体系》中涉及西南地区各个中心和各个站点平台的数据采集，因此要采用统一标准，协调好不同来源的各个不同数据的关系，统一控制好采集数据的时间进度和内容范围，以保证所采集数据的一致性和科学性；进入数据统一整理阶段，根据不同测评需求进行相应的数据整理，注意统一标准和方法，并依照评估参考标准进行比较，以保证最终统计整理出的数据的一致性和可靠性。

数据采集中，有的可以通过统计方法计算出总和、平均值、百分比，但

有的经验类工作状况难以数字化测算表示，这就需要有相应的评价等级区间，即划出等级分值区间、等级具体内容、等级数、等级含义。如果以5级区间为标准来测评，其具体做法为：对于制度体系的完备程度方面的测评，可以列出一级（5分）"非常完备"、二级（4分）"比较完备"、三级（3分）"完备程度一般"、四级（2分）"比较不完备"、五级（1分）"非常不完备"；对于资源可获取性方面测评资源的链接质量，可以列出一级（5分）"没有死链或错链"、二级（4分）"死链或错链极少"、三级（3分）"死链或错链较少"、四级（2分）"死链或错链较多"、五级（1分）"死链或错链很多"；对于档案利用者利用需求的满足率，可以列出一级（5分）"完全能满足且超出预期"、二级（4分）"基本能满足"、三级（3分）"满足程度一般"、四级（2分）"基本不太能满足"、五级（1分）"完全不能满足"等。

3. 反馈评估结果，发布评估报告

在这一阶段，首要工作就是确定最终的评估结果。西南民族档案资源集成管理绩效评估专家小组要根据整个集成管理系统建设过程及集成管理系统运行的客观状况，认真分析各项评估指标数据，梳理揭示各评估数据之间的内在关联，挖掘判断各个评估指标中隐含的各种因素，最终判出评估结果。如果以五级区间为标准评判，结果可以列出五个等级：很好（90分以上）、较好（80—89分）、好（70—79分）、较差（60—69分）、差（60分以下）。

反馈评估结果是对评估结果的进一步分析和服务现实的具体应用。评估的最终目标是根据评估结果审视集成管理的行为与结果，及时发现其中存在的问题，调整应对策略，不断改进完善工作，促进集成管理系统的绩效提高，真正实现西南民族档案资源集成管理的绩效管理。为此，要建立健全有效的绩效反馈渠道，做到反馈渠道通畅，及时反馈，且反馈内容全覆盖，不遮掩，不回避，使评估结果发挥其导向作用。

"绩效反馈是对绩效评估结果的分析和应用，必须通过绩效沟通来实现。绩效沟通是绩效反馈最重要的实现手段。"[①] 绩效评估沟通的方式之一就是发布评估报告：或将报告提交相关部门，直接、广泛、深入地交换意见；或借助新闻媒体的中介平台，在一定范围内公示相关评估内容，增加透明度，提

---

① 刘淑云：《档案人员专业化趋势与绩效考核系统研究》，《档案学通讯》2007年第1期。

高可信度。

（二）西南民族档案资源集成管理绩效评估体系实施的保障

西南民族档案资源集成管理建设是一个长期建设、不断发展的系统工程，与之相应的绩效评估也是一个周而复始、不断发展的过程。当前一轮绩效评估的结束之时就是新一轮绩效评估启动之日。如此循环往复，才能保证集成管理绩效的不断提高，促成集成管理战略目标的实现。对此，相应地也有必要从制度上建立起西南民族档案资源集成管理绩效评估的保障体系。其保障体系的主要内容有：

1. 建立评估组织管理机构。这一机构主要负责实施西南民族档案资源集成管理绩效评估的规划和经费预算，为评估工作持续投入人力、物力和财力提供保障；协调各区域、各理事会成员单位、各站点平台、各部门之间的协同关系，组织每一轮绩效评估能顺利实施，筹谋新一轮绩效评估能卓有成效，始终确保绩效评估能达到以评促建、以评促发展的目的。

2. 制定多元、长效持久运行的评估规划。西南民族档案资源集成管理绩效评估是一个持续发展的过程，依据不同的评估目的可以有过程评估、全覆盖评估、专项评估，有自查自检、会议评估、通信评估、专家考察评估，有年度评估、季度评估、周期性评估等，一切都立足于西南民族档案资源集成管理建设发展的需要。因此，有必要围绕西南民族档案资源集成管理发展战略，依据不同的评估目标制定合理的、经济的评估规划，细化阶段性评估目标、时间、方式和与之配套的评估预算，最大限度地保证评估规划和实践需要相一致，评估结果和预期效果相吻合。[①]

3. 建立规范的评估操作规程。评估操作规程是保障评估工作顺利实施的重要准则。一个规范的评估操作规程首先要明晰参与者的责任和权利，使专家组成员、主管部门、成员单位、用户等各方，无论在理论的认知还是在实务的操作上，都能明晰自己的职、责、利，知晓自己在评估环节中应担当的责任；其次要明确操作流程，使任何一个评估参与者都能从中找到自己的行

为准则，具有标准化、制度化和易操作性等特征。此外，为推动评估数据使用效率的最大化，还需要与评估操作规程相对应，建立健全有效地评估结果反馈的反馈机制。如果评估反馈的问题不能得以及时解决，则须拿出整改计划尽快解决，并适时对反馈方予以说明，避免出现为评估而评估、为反馈而反馈的怪圈。

4. 建立并规范评估档案管理。评估过程中产生的数据、资料和文件，真实地记录着西南民族档案资源集成管理建设与发展的状况，不仅在今后的绩效管理和评估工作中有着重要的参考作用，而且对集成管理系统内在的精神凝练与外在的形象提升有着积极的推动作用。这些评估档案作为集成管理发展的历史积淀和时代发展的见证，所反映出的开拓精神和创新勇气，是西南民族档案资源集成管理可持续发展的底蕴式动力。为此，需要设置专人或专门的部门对这些档案进行及时的归档和保存，探索出一套适合于西南民族档案资源集成管理绩效评估工作的档案管理方法。

第八章

西南民族档案资源集成
管理的风险防范

前面探讨的西南民族档案资源集成管理建设及绩效评估都是基于一个良好的环境氛围设想来研究的，而事实上在西南地区建设这样大的一个集成管理系统工程，势必要面对复杂的市场环境和技术更新的挑战，势必在集成管理建设的背后，始终伴随着影响集成管理建设乃至达不到集成管理建设预期目标的各种不确定因素或意外事件，这就是集成管理的风险。我们在看到西南民族档案资源集成管理的各种优势红利的同时，也要对其存在的风险给予足够的重视。

一 西南民族档案资源集成管理的风险认识

围绕集成管理生命周期的全过程，梳理西南民族档案资源集成管理各个运行环节遇到的困难和矛盾，发现伴随其始终的理念认识、资源整合、技术支撑、运行维护、资金投入五大问题将是困扰集成管理发展的五大难题，也是潜伏在集成管理建设背后的风险源或风险诱因。基于此，大体可将西南民族档案资源集成管理的风险及由此带来的负面影响归类为建设中的风险、服务中的风险和组织中的风险三大类。

（一）西南民族档案资源集成管理建设中的风险

在西南民族档案资源集成管理建设时期，潜在的风险源较多，隐患性强，对后续的发展具有直接的破坏性。在众多的风险中，潜在威胁最大的风险有四个方面。

1. 民族档案资源的集成风险

民族档案资源的集中、整合、保存与开发利用是西南民族档案资源集成管理的核心问题，由此决定了西南民族档案资源集成管理的首要风险因素则是民族档案资源在集成管理模式下的有效配置问题。就民族档案资源来讲，西南地区的信息化发展水平低于中原发达地区，实际存在着较大的"数字鸿沟"；而西南各省之间的科技文化、社会发展水平不一，导致各省原有的民族档案资源体系较为薄弱，其拥有民族档案资源的数量和质量参差不齐，加之数字化程度偏低，可集成管理的民族档案资源总量不足，在集成管理民族档案资源的源头就潜藏着较多的风险源。

就集成管理对民族档案资源的要求来讲，集成管理并非意味着是各参与单位的民族档案资源的简单汇集，而是要力求集成管理的民族档案资源实现 $1+1 \geq 2$ 的效应，这就需要每一个"1"尽量不能重复，起码要有"度"的限制。如果集成管理的组织协调机制不健全，难免会导致集成管理参与单位之间出现对民族档案资源的过度重复建设与开发，从而影响了"1"的质量，影响了民族档案资源在集成管理模式下的有效配置，降低了集成管理民族档案资源的总体质量。而且需要注意的是，社会对档案需求的无限和档案部门收集能力的有限之间就常常存在着矛盾，如果发生集成管理成本增加而集成管理档案无效使用太多的现象，势必会影响档案利用者满意度和需求满足度，激化档案需求与档案匹配间的矛盾，从而严重制约西南民族档案资源集成管理的发展，加大西南民族档案资源集成管理建设的总体风险。

2. 民族档案资源集成的管理风险

西南民族档案资源集成管理是一个复杂工程，迄今为止，国家和西南地区在其规划与建设、监管与验收、评估与维护等方面都拿不出一套成熟有效的管理模式；也缺乏相关的法律法规与评估体系。由此导致集成管理组织内部难免会存在这样那样一些风险，如契约不完备风险、有限的互信风险、利益不平衡风险、集成单位沟通不畅风险、机会主义行为与职业道德风险等。各种影响因素叠加在一起，势必会增大整体组织的不确定性。既要面对集成管理内部成员之间带来的风险，又要承担整体组织的风险，无疑会加剧管理中的总体风险。

3. 民族档案资源集成管理资金投入的风险

依照国家文化事业工程建设的惯例，西南民族档案资源集成管理的经费投入主要源于三个途径，一是国家财政投入，二是地方财政支持，三是各理事会成员单位自筹，资金投入较为单一。由于集成管理建设在资源、技术、服务等方面存在着不可预见性的难题，在相当一段时间会出现高投入低产出的失衡状况，给政府投入带来无形的压力，增加了政府的预算困难；再加之国家投入往往以一次性投入方式为主，后期建设中的维护与升级难免经费短缺，不能及时满足可持续发展的需要，继而会引发经费投入和分配的风险。

4. 民族档案资源集成管理成员的文化冲突风险

西南民族档案资源集成管理的理事会成员和集成管理参与成员既具有集成管理的行为特征，同时也具有个体理性的行为特征。需要注意的是，各集成管理成员单位虽来自西南地区，但一方水土养一方人，不同的地方文化、成长历史决定了各自对集成管理的战略目标、经营理念有着不同的理解。因此，在协作的过程中，难免有合作误会和利益冲突发生，导致协作关系不和谐乃至相互扯皮，牵动整个集成管理系统运行受阻，引发整个集成管理的生存风险。

（二）西南民族档案资源集成管理服务中的风险

服务阶段是西南民族档案资源集成管理的价值体现阶段，也是西南民族档案资源集成管理的风险有可能爆发迅速、影响较广、破坏性大的特殊阶段。这当中，最有可能出现连带效应的风险有以下几种。

1. 民族档案资源数字化集成管理的安全风险

民族档案资源数字化是实现西南民族档案资源集成管理的基础，其数字化质量的高低直接关系到西南民族档案资源集成管理的服务质量。而数字化了的民族档案资源的安全则是西南民族档案资源集成管理开展正常服务的基本保障，是为用户提供完整、可靠、可用和保密的民族档案的重要保障，也是将有价值的数字档案进行长期保存和可持续利用的前提条件。一般而言，安全风险是客观存在的，自然灾害、人为失误、工作环境、技术缺陷等方面的问题常常是诱发民族档案资源数字化集成管理安全风险的直接因素，尤其是这些因素一旦叠加并发，必然使民族档案资源集成管理遭受毁灭性的打击。

2. 民族档案资源集成管理的技术风险

西南民族档案资源集成管理的技术问题既包括为资源集成提供统一规范的集成管理技术支撑平台、平台上的技术标准化和操作现代化，也包括为用户提供包括档案数据资源、各类异构数据的集成整合和集成服务，同时也包括集成管理平台新旧技术更新和系统更迭。现代技术的发展与运用解决了集成管理中的许多技术难题，但同时也会给集成管理带来更多新的更为复杂的难题。再加之历史原因，客观上存在着各集成管理成员单位使用的软件、硬件系统标准不一，其自动化系统的水平各异等问题，直接给资源、软件、硬件、服务、人力方面的技术集成造成了障碍，使西南民族档案资源集成管理服务的风险更加错综复杂。

3. 民族档案资源集成管理的服务质量风险

利用集成管理的资源优势和强大功能，实现优质高效服务是西南民族档案资源集成管理的根本宗旨，是西南民族档案资源集成管理效益的最终体现。然而，集成管理服务的技术质量和服务态度质量是直接影响档案利用者对集成服务认可程度的重要因素。服务质量的标准不够规范，服务质量的教育与监督不到位，都会导致集成管理的资源得不到最大范围的利用，造成极大的浪费，由此引发的潜在风险难以预估。

（三）西南民族档案资源集成管理组织中的风险

组织阶段是保障西南民族档案资源集成管理的价值得到充分体现的重要阶段。如果在这一环节的风险不被有效控制和防范，就会向下一个环节传递，其影响具有全程性、传递性的特征。这当中，最有可能出现传递效应的风险有以下几点。

1. 民族档案资源集成管理本身特性引发的风险

西南民族档案资源集成管理在我国档案界而言还是一种新生事物，没有现成科学的模式可以参照或模仿。相比而言，中外图书馆联盟建设已先期积累了大量的实践和理论探索，我国区域信息资源共享、政府资源管理及企业动态联盟经营管理等方面的实践也卓有成效，给予民族档案资源集成管理以极大的启迪，但毕竟西南地区、民族档案、集成管理等要素具有其自身的特殊性，各要素结合在一起又再生更多的特性。由此决定了在西南民族档案资源的集成、服务、效益、长期影响等方面需要一个符合行业发展规律、具有严密逻辑性的规范的建设与评估系统和协作机制，为其修正建设、服务活动、稳定发展提供科学决策依据。然而，没有现成的建设与评估系统和协作机制可效仿，意味着其探索的过程面临机遇和挑战并存，效益与风险关联，始终会潜藏着良好的愿望不一定和良好的效果成正比的风险，成为影响西南民族档案资源集成管理整体组织发展的风险源。

2. 民族档案资源集成管理投入和产出的风险

西南民族档案资源集成管理从建设、运行到更新发展，需要经历一个相当长的过程，其需要投入的经费及投入的时间各有不同，相应的需要及有可能获得的产出效益也有所不同，但都同时存在一个共同点，那就是投入和产出之间存在着一个时间差，即投入周期内很难看到投入带来的效益①。由此会引发两个潜在的风险，一是集成管理事前的投入与事后的收益可能会存在严重不一的危险，二是集成管理绩效评估与运行绩效评估的协调可能会存在不顺畅的危险，由此会影响整个西南民族档案资源集成管理的健康持续发展。

3. 民族档案资源集成管理环境变化的风险

西南民族档案资源集成管理离不开良好环境的保障。目前可以看到的是：国家没有专门出台针对区域档案集成管理的法规，这自然会给西南民族档案资源集成管理发展带来诸多不确定性；西南各省市区所拥有的民族档案资源的特点不同决定了其为集成服务做出贡献的大小不一，这难免在成员单位互惠互利方面产生一些不和谐；集成服务对实体档案管理的冲击带来对管理人员知识化提升的紧迫性要求，这难免会在人才供与需之间产生矛盾；事物发展的生命周期规律决定了西南民族档案资源集成管理生存发展的长期性，这有可能引发资金投入与产出效益行为间的博弈。如此诸多问题，无疑都会引发隐形风险，激化显性风险，导致西南民族档案资源集成管理陷入发展

---

① 李卓卓：《面向风险控制的信息资源共享系统绩效评估协作机制》，《国家图书馆学刊》2010年第3期。

困境。

二　西南民族档案资源集成管理的风险防范

西南民族档案资源集成管理不是万能的，在看到西南民族档案资源集成管理带来的巨大经济效益和社会效益的同时，也要看到随其所至的较大风险隐患，要树立风险防范意识。为此，鉴于西南民族档案资源集成管理面临的诸多风险隐患，需要西南民族档案资源集成管理牵头部门以积极的态度对其全过程主动诊断、主动预见风险，并制定相应的预防和应对方案，最大限度地避免各类风险对西南民族档案资源集成管理的威胁。为此，有必要建立西南民族档案资源集成管理的风险防范体制和机制。

1. 建立西南民族档案资源集成管理风险防范管理中心

鉴于统筹和协调风险预防和管理工作需要，提高风险预防的及时性和有效性，需要成立专门的风险管理组织，全面负责集成管理风险防范体系的设计、实施、监控等工作；明确集成管理理事会成员单位在风险防范过程中的使命和任务，明晰集成管理参与单位在风险防范过程中的责、权、利，强化分工协作的刚性和权威性；建立和完善集成管理风险防范管理体制和机制；普及、宣传集成管理风险防范知识，定期进行风险预防和管理培训，营造良好的风险管理文化氛围，努力将风险影响控制在可接受的范围，保障集成管理的健康发展。

2. 建立科学的西南民族档案资源集成管理风险防范体系

从围绕西南民族档案资源集成管理的过程来分析，其风险可分为建设中的风险、服务中的风险和组织中的风险；从西南民族档案资源集成管理潜在的风险因素来分析，其风险可分为集成管理内部风险和集成管理外部风险。无论是哪一类风险，都涉及对风险的预控、评估和应对三个环节。围绕这三个环节生发的风险防范体系，可以整合为西南民族档案资源集成管理风险防范体系。如图8—1所示。①

风险预控组织体系负责对西南民族档案资源集成管理中各类风险源的跟

---

① 参见孔繁超《图书馆联盟风险防范体系的架构研究》，《国家图书馆学刊》2010年第1期。

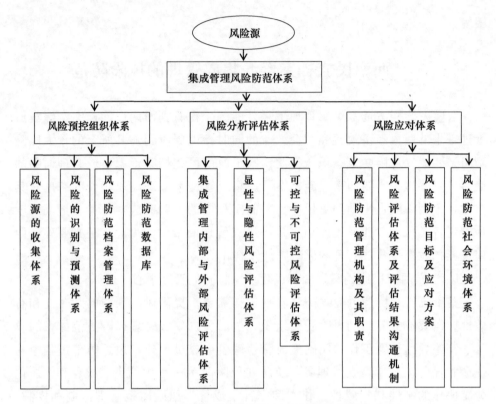

图8—1　西南民族档案资源集成管理风险防范体系

踪与控制。具体来讲，就是围绕西南民族档案资源集成管理的建设、服务与组织过程，全面客观地排查集成管理内部的风险源，不留任何死角和隐患；借鉴中外、各行各业的风险防范经验，预测集成管理外部环境变化可能带来的风险，最大限度地降低潜在的风险威胁；实现运行风险数据的自动抓取和统计，建立完备的风险防范档案；建立并不断完善风险防范数据库系统，注意定期更新数据库信息，为制定风险管理措施提供科学的数据。

风险分析评估体系负责对西南民族档案资源集成管理各类风险的识别与评估。主要是对显性和隐性、集成管理内部和外部风险进行梳理、识别，分析其诱因，进而对各类风险的性质和影响程度进行评测；对风险可能发生的概率进行统计，为制定行之有效的应对措施提供科学的依据。

风险应对体系负责制定对西南民族档案资源集成管理各类风险的预防措

施。设置科学的集成管理风险预防目标，合理分解风险预防目标到各个集成管理环节，形成风险应对机制的整合效应；依据各类集成管理风险可能发生的概率及影响程度，制定相应的风险规避、转移、自留、控制等应对方案和切实有效的措施；搭建自动常规应对和人工深度应对相结合的平台，跟踪集成管理风险的变化情况，为开展风险防范提供可靠信息；利用现代化手段，不断提升风险预防和防范水平。

3. 建立规范的西南民族档案资源信息系统风险防范工作流程

在实时监控保护西南民族档案资源集成管理系统的建设和运行安全的过程中，我们还需要重点关注民族档案资源信息系统的安全，这是集成管理风险防范的核心。尤其需要注意这三个问题：一要严格遵循国家的法规标准，建立科学规范的民族档案资源信息系统安全风险防范体系。相关标准主要有公安部和国家保密局等四家单位印发的《信息安全等级保护管理办法》（公通字〔2007〕43号），全国信息化安全标准化技术委员会制定的 GB/T 22239—2008《信息系统安全等级保护基本要求》、GB/T 20984—2007《信息安全风险评估规范》等。二要依据相关法规标准和防控措施，采用定性、定量等方法和手段对民族档案资源信息系统的脆弱性和潜在威胁进行识别排查，综合判断民族档案资源信息系统安全风险发生的可能性并制定相应的防控措施。三要根据安全风险发生的负面影响和安全事件发生后的损失，推荐出与安全风险等级相应的安全技术与管理对策。为此，可以设计科学的工作流程，如图 8—2 所示。

4. 建立风险评估及评估结果的沟通机制

西南民族档案资源集成管理风险评估体系的建立可以对集成管理风险实施有效控制，而要充分发挥各类风险评估的作用，关键是要将风险评估的结果及应对策略高效地贯彻落实到具体的集成管理环节。为此，要搭建多元化的共享平台，为风险评估结果的反馈和应对提供多种便利途径；让集成管理成员分享风险预防资源和经验，强化风险防范的集体观念和团队意识，实现集成化、低成本和专业化的风险防范反馈和预防体系；建立集成管理成员之间定期和不定期的、双向和多向的沟通交流，在集成管理理念、优势互补认识、合作分担风险等方面达成广泛共识，并以此建立起共同的价值观和行为准则；建立诚实信用的职业道德规范，建立符合集成管理实际的信用管理体

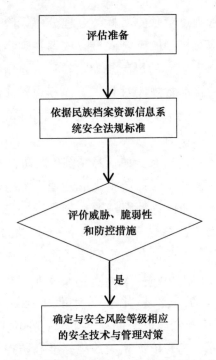

图8—2　西南民族档案资源信息系统风险防范实施流程

系，保障风险评估与防范体系正常的运行与发展。

5. 建立风险防范的社会环境体系

　　西南民族档案资源集成管理所面临的风险，单纯依靠现代技术和集成管理内部防控体系是难以防范规避的，需要依靠国家层面的法律法规和政策的引导和调节，需要依靠行业层面的指南和标准的规范与管理，也需要社会各界的理解和支持。应该说，完善的制度体系、稳定的政策环境、严密的工作制度、良好的传媒形象都是西南民族档案资源集成管理发展的坚实基础。一个好的社会环境体系有利于增强集成管理抗风险的能力，但一旦这些社会环境体系中任何一个因素发生了变化就会引起连锁反应而成为集成管理的风险大患。因此，西南民族档案资源集成管理无论是处于规划、建设还是运行、服务阶段，任何阶段都要注意从国家、行业、用户等层面进行风险防范制度的构建；注意从品牌打造、社会形象等层面着力建设集成管理文化，提高其社会知名度；创新服务方式，扩大服务范围，激发社会对民族档案资源的认识需求，努力把社会对民族档案资源的潜在利用要求转变成实际的利用行为；整合社会各界力量，构建一个能为集成管理风险防范提供不竭动力的社会环境体系。

第九章
西南民族档案资源集成管理的发展

西南民族档案资源集成管理是民族档案资源管理发展的一种具体类型，而集成管理构建一旦启动，随后会有各种各样的可能性发生。因为西南民族档案资源集成管理与其他行业领域一样，是不断地发展着的。发展变化将是西南民族档案资源集成管理永恒的主题。西南地区各民族在社会、文化等诸方面的不断发展，促使西南民族档案资源集成管理的构建与探索趋向于成熟和完善，从而为探索西南民族档案资源集成管理发展的未来走向提供了更为坚实和有效的基础。

一　西南民族档案资源集成管理的发展理念

对于西南民族档案资源集成管理的建设与发展来讲，无论是组织管理、技术保障，还是政策指导，都不能替代发展理念。集成管理理念解决了集成管理是什么以及将会是什么的认识问题，是引导西南民族档案资源集成管理发展方向的核心思想和共同信念。为此，笔者提出"集成为管，管为共享"的发展理念。对于这一发展理念，可以从管理学的层面进行诠释，也可以从哲学、资源学的角度进行辨析。

（一）管理哲学视野下的西南民族档案资源集成管理

首先，从管理哲学的角度来看档案管理活动，无论是宏观的管理活动，还是微观的管理活动，管理活动是一个系统，由管理的主体、管理的客体和管理手段构成管理系统的基本要素。三个方面之间的相互作用和有机结合，组成了现实的管理实践。另一方面，管理活动是一个复杂的系统工程，它需要在行业内部，按一定的要求，通过组织内容、载体、人和手段等诸要素，实现组织的预期目标，最终达到管理的目的。沿着这一理路，纵观人类的档案管理活动发展史，可以发现人们管理档案的目的在于为人们利用档案、传承文化提供服务，在于促成人类社会的进步和文化的发展与创造。否则，人类便无从实现发展。

在人类具体的档案管理活动中，每一个档案管理环节都不过是管理发展的一个新的起点和新的过程，每一个阶段的管理都是为了促使所管理的档案能够一代一代保存下去，一代一代使用下去。我们假设在历史上，每一朝代、每一阶段或者每一个管理者的管都是为管而管，每一个档案利用者为利用而利用，那这种档案管理不仅将是永无休止的，而且也是毫无意义的，无从谈起社会的进步和文化的发展。

因此，西南民族档案资源集成管理的目的不仅只是把民族档案资源集成好、用一把锁锁好管好，而是为了民族档案资源的分享开展行之有效的集成管理，而集成管理的最终走向就是民族档案资源的共享和创造，乃至发展到不管也能实现共享。基于此，为西南民族档案资源集成管理确立"集成为管，管为共享"的理念，无非表明我们确立并倡导践行着这样一种管理思想：管的本质在利用，集成的核心在分享。

其次，从思辨的角度看档案管理活动。不管是档案管理者，还是档案利用者，他们之间不是二元化的对立关系。虽然表面上看，一方需要档案，一方提供档案，"提供"和"利用"似乎就是双方的目的，但从实质上看，这是对档案管理活动判断的一种错觉。"提供"和"利用"只是一个出发点或过程，这个出发点或过程中蕴含着知识的管理和文化创造的目的，其价值取向和目标指向是传承与创造。而传承与创造本身也是一个出发点或过程。沿着这条理路，纵观集成管理档案资源的过程，可以看到其管理的重点是对档案信息资源和人的管理，是管理者将档案资源进行系统的管理和有序的配置，让组织管理中的文化和知识通过记录、存取、整合、分享、创造等过程不断回馈到利用者的知识系统内，确保管理者能够随时为利用者提供正确的知识，帮助利用者唤起潜在的知识力量，促使档案利用者从内部产生一种创造的力量。双方有一个不是目的的目的：探索未知，传承文化。

当然，有时候事实和理论往往难以协调。从表面上看，档案馆是档案资源积累的殿堂，档案利用者在这个殿堂里的主要任务似乎是单向度地查阅档案、获取知识，档案的管理者也仅仅只是为利用者单向度地提供档案、满足需求。如果任由这种单向度的管理方式在档案利用活动中发展，会导致一个形式逻辑结果，就是档案管理者成了当然的档案的主宰者、文化传承的代理人，而档案利用者作为被动的一方，似乎完全被档案管理者所把控。这种明显不同的二元角色必然会阻碍档案利用的本真价值的实现。从本质上说，档案管理者和利用者对同一份档案的供与用是同步的，没有这个同步基础无从谈及档案管理。

为此，可以说，在西南民族档案资源集成管理过程中，民族档案管理者的"管"、民族档案利用者的"用"是一个广义的范畴；民族档案资源管理者和民族档案资源利用者都不是集成管理单向度的一方，他们同为民族档案资源集成管理的建设者和分享者。民族档案资源管理者既是"提供"的一方，也是"利用"的一方；民族档案资源利用者既是"利用"的一方，也是"提供"的一方；双方同在西南民族文化的传承与发展过程中，辨解知识的真谛、考究知识的真伪、传承与创造知识与文化。当然，在西南民族档案资源集成管理中，民族档案资源部门管理的重点在"管"；民族档案资源利用者利用的重点在"用"。基于此，我们对西南民族档案资源集成管理，确立并践行"集成为管，管为共享"的理念，从本质上诠释应该是：管而集成之，用而分享之，重在利用，贵在创造。

（二）资源学视野下的西南民族档案资源集成管理

从资源的共享属性来看档案管理活动，无论是实物型的还是数字化的档案资源，它的存在始终处于动态变化中，知识的累积也会随之不断深化，档案的价值在人们进行精神再生产和物质再生产过程中也实现了最大化的体现。尤其在当下，电子化档案和互联网技术为档案资源的急剧扩充提供了基本的基础前提，为人们把档案视为探索、解答问题的最有价值的信息和资源提供了技术便利。人们即使身处不同地域，仍然可以通过微博、微信、脸书等社交化网络一起享受知识和经验已成为不争的事实，由此也可以预见，未来的知识的流动将更加不可阻挡，未来对档案资源共享的诉求将会更加迫切。然而，供与需是档案管理工作的一对主要矛盾，而需又是矛盾的主要方面。对于任何一个档案馆而言，所保存的档案总是有限的，都不可能以本馆有限的馆藏去满足利用者无限的需求。于是，对这对矛盾的不断调整过程也就成了档案馆的发展过程，也始终贯穿于档案馆的整个服务过程。尽管如此，单纯地依靠本馆档案，资源总有匮乏、枯竭的时候。如果在一个时空更加广阔的视野下审视，唯有依靠建立资源共享群体，才能最大限度地解决这一难题。

基于这样的理路，纵观西南民族档案资源集成管理的过程，可以看到集成管理的档案资源是整个管理活动的逻辑起点和决定因素。一方面，西南地区的民族档案作为一种资源，表面上看是无限的，取之不尽，用之不竭；但既然把它作为一种资源，势必它会被人们所占有和消耗，而如果这种占有和消耗是无限度的、单向度的，那它迟早会被消耗殆尽，说来令人悚然。另一方面，既然把民族档案视为资源，就注定了它需要被人们开发，需要被人们分享。因此，确立"集成为管，管为共享"的理念，意欲超越"重管轻用""重量轻质""重开发轻流通"的旧有观念，倡扬集成为根，共享为果，无根就无果，根壮则果实。从这个意义来说，"集成为管，管为共享"的管理理念不仅与集成管理的宗旨一脉相承，而且符合西南民族档案资源集成管理的客观现实和发展目标定位。

总之，"集成为管，管为共享"的内在性要求就是：在集成管理活动中，以"知识的积累与文化的传承"的开放姿态来替换那种封闭的"知识垄断"；以"档案管理者与档案利用者的交互性"的观念取代那种"二元对立"的立场；用养成"众享资源"的理念取代传统的"馆藏管用"的管理定势。在当今知识信息倍速提高、倍速传播的时代，把"集成为管，管为共享"作为西南民族档案资源集成管理理念，我们无意追随某种后现代风潮，我们意欲以这样一种理念来超越一些传统主张和做法，但绝不是在简单的意义上否定传统。

二　西南民族档案资源集成管理发展理念的践行

理念是指理性化了的想法，是人们从客观事物中抽象而得出的一些带普遍性的看法和思想。对于个人来讲，理念支配并决定着一个人的行为；对于群体来讲，理念是众人坚守的基本信条，决定着一项事业能否可持续发展的关键。"集成为管，管为共享"的发展理念决定着西南民族档案资源集成管理的运行轨迹和发展方向，解决了整个集成管理的推进中遇到的主要问题，即如何积极主动地而不是消极被动地、全面性地而不是片面性地、顺利地而不是曲折地去实施建设与发展。

在哲学范畴内，在"集成为管，管为共享"的管理理念之下，如果把西南民族档案资源集成管理视为一个过程、一种现象，践行这一理念的现实性和能动性就体现在了集成管理民族档案资源的行为过程和提供集成管理的民族档案资源的动态过程的有机统一，即双方相互渗透、相互依赖、相互作用、相互创造，在相互中共生，在共生中分享民族档案资源。这是一个能动而现实的双向对象化过程，是一个存在着、运动着的辩证统一关系。

（一）民族档案资源集成管理的行为

在西南民族档案资源集成管理活动中，一方面，民族档案资源以其自身固有的属性、特点和规律影响着集成管理者对集成管理活动的认识和政策方向，制约着集成管理者所组织的集成管理活动及其效果，促使集成管理者不断调整管理思路和工作方式以保障集成管理战略的顺利实施。另一方面，民族档案资源伴随民族文化环境的不断变化发展而朝着自身固有的发展轨迹在发展变化，以实现自身的积淀与延续发展；在人类数千年发展而形成的人化自然环境下，这个延续发展的过程要完全不受人的活动影响只可能是微乎其微。即使如此，也终将对集成管理者的活动会产生影响。也就是说，西南民族档案资源集成管理工作的开展，是与各省级综合档案馆的馆藏档案信息资源息息相关的，没有馆藏档案的前提保证，一切工作都无从谈起；没有丰富的民族档案资源作为基础，一切的资源共享只能是纸上谈兵。

因此，集成管理西南民族档案资源的行为核心就是在数量上实现最大化，在质量上实现最优化。所谓数量上实现最大化，就是保证民族档案资源储藏海量，成分结构多样，开放数量扩大，利用数量递增。这就要求西南民族档案资源集成管理部门突破传统档案管理的局限，定位集成管理的档案内容为多元化而不是单一化、亲民性而不是官方化、文化性而不是行政性。不同的定位选择实质上就是一种新的价值判断。所谓质量上实现最优化，就是遵循民族档案资源的价值规律、利用需求规律和可持续发展规律，实现民族档案资源集成管理效益的最大化。数量可以计量，质量只可评价，它与以下四个方面有着紧密联系：单份民族档案、民族档案案卷、全宗、全宗群等管理系统的潜在价值，民族档案资源集成管理的系统效应，民族档案资源集成管理成本投入与利用需求满足度之间的正比效果，利用民族档案资源产生的社会效益。这四个方面相互间存在着千丝万缕的联系，共同影响着西南民族档案资源集成管理的质量。

不过，集成管理西南民族档案资源行为中的数量和质量是两种不同的概念，它们之间存在着互相依存、互相促进的对立统一关系。没有民族档案资源本身，就没有民族档案质量，也就没有民族档案资源集成管理可言。集成管理的民族档案资源的数量不排斥民族档案资源的质量，其质量也不排斥数量。换句话说，没有一定的数量便没有质量的体现；较高的质量需要相当的数量作基础。二者最终统一在西南地区民族档案资源的利用需求与集成管理之中。

（二）民族档案资源集成管理的服务行为

"人类改造世界的任务通过两大步骤来完成：一是在对客观对象的认识的基础上，完成观念的改造；二是通过现实的变革活动，在实践中完成对客观对象的改造，使客观对象按照主体的理想发生目的性的改变。"[1] 西南民族档案资源集成管理的服务行为就是一个突破传统观界限的过程，一个集成观念的创造过程和集成管理实践的探索过程。

在西南民族档案资源的集成管理活动中，一方面，集成管理者把自己的意图、目标等本质力量作用于民族档案资源，使民族档案资源的管理朝着集成管理者所需要的方向转化，这不仅体现在直观的对民族档案实体的管理上，也体现在理性的对民族档案资源的虚拟的逻辑管理中，这些物质和精神层面

---

[1]　李卓卓：《文献信息学的哲学观新论》，《图书与情报》2004 年第 5 期。

上的管理共同构成集成管理者管理民族档案资源的世界。另一方面，人本身就是对象性的存在物，人以实际的、感性的对象作为他生命表现的确证。集成管理者本身根据民族档案资源的变化及集成管理需求去掌握集成管理的历史沿革与未来发展趋势，去探索管理流程与需求发展动态，也在不断朝着全面发展的方向发展。集成管理的活动过程就是集成管理者不断成熟发展的过程和不断成长的生命过程。换言之，西南民族档案资源集成管理背景下的档案管理的重点工作则是更好、更快地从民族档案资源中开发出有价值的信息和知识，并让人们加以利用和共享。

因此，在西南民族档案资源集成管理的过程中，提供集成管理的民族档案资源的行为重心就是需要集成管理者由传统管理民族档案的幕后站到提供民族档案的台前，成为不仅具备档案专业知识技能而且具备管理学、经济学、计算机信息技术等知识的复合型人才。这样的人才要时刻关注社会发展趋势、国家政策意向和集成管理的关联性，能够站在国家区域发展战略的高度，审时度势地整合民族档案资源，并及时提供民族档案资源。

对于西南民族档案资源集成管理者来讲，在实践过程中往往会遇到这样那样的错位、断裂、冲突等令人两难的问题：（1）一方面，民族档案的唯一性要求珍视和呵护其载体，尤其是高龄档案经不起一次又一次的利用倒腾；另一方面，资源的共享性要求开发和扩大其认知范围，民族档案被利用得越多越好，这两方面的博弈势必困扰集成管理工作。（2）一方面，民族档案的原始性要求不得删改原件，其原件的格式、内容的陈旧性难以适应日新月异的时代要求；另一方面，资源的时代性又要求民族档案内容要与时俱进，增加"亲和力"，吸引人的"眼球"，这来自双方的不和谐势必成为集成管理者的心病。（3）一方面，现实民族档案的丰富性给馆藏民族档案带来泛而不专、繁而不全的特点，难以满足用户各种需求；另一方面，资源的社会性要求档案馆提供的民族档案资源要专业化、系统化，社会需求延伸处必是集成管理民族档案工作的服务地，双方的冲突难免给集成管理工作造成发展障碍。

这些问题说明在西南民族档案资源集成管理过程中的各种事物和现象之间，有着其内在的联系和相互的关系。当然，对其问题的解决也得回归到集成管理过程中。西南民族档案资源集成管理的过程就是一个正确处理矛盾的过程，集成管理就是在处理各种各样的复杂矛盾关系中得以不断推进的。我们应该这样来理解和解决这些问题：在西南民族档案资源集成管理过程中，我们以自我反思的批判眼光审视民族档案资源的集成管理与社会对民族档案资源的需求状态，关注于这一状态下存在的不完善性，并在努力构建自认为的理想的解决方法去改进不完善之处，落实到具体的行动就是不断地否定自己曾经创造并已拥有的存在着的传统管理方式，继而又试图进行与时俱进地创造活动，力图把现状改变成自身所要求的理想性的现实。然而，矛盾是绝对的，契合是相对的；理想性的现实一旦成其为客观存在，则会渐渐成为过去，则又表现出时代的局限性，于是乎新的建构又将启动，如此反复循环，永不停息。这应该是西南民族档案资源集成管理的常态，也是推动西南民族档案资源集成管理发展的不竭动力。

从"进化论"时序来看，"集成管理"应该是西南民族档案资源管理发展进程中的一个时代节点。相对于已逝去的时光，对西南民族档案资源实行集成管理不失为当下众多管理方式中较为适应时代发展需求的理想路径。"集成管理"是过去的时代所无法达到的，也是未来的时代所无法取代的。就形式而言，西南民族档案资源集成管理所倡导的集成管理之"集成"乃管理方式之一，实质上蕴含着当下对民族档案资源管理价值的判断和选择。集成管理，既在一定的管理文化背景下进行，又对管理文化进行着传承与创新。集成与管理互相驱动，创造出符合当下西南民族档案资源开发利用的管理方式，从而合二为一，最终归于西南民族档案资源集成管理的价值理想。

对于西南民族档案资源集成管理，可以这样说没有永远不变的集成方式，也没有永固不变的解决方法，如同没有永远的现代。只有集成管理者对集成管理有自觉的反思，才能把外在的强加变为内在的自觉，在既定的条件下，不断创新改造，不断推陈出新，从而超越自身既定的实践目标，延续发展集成管理历史。

三　西南民族档案资源集成管理的发展走向

（一）哲理辨析

从人类的发展历史来看，人类为了认识世界、认识人自身，不断地克服人自身的弱点和时代的局限性，始终如一地探索、积淀、传承、创新，逐步建立了人类认识世界的知识体系。这一知识体系已经成为人类生活的基础并内化为人的精神。而这一知识体系给予人的，不应当仅仅只是结论，更重要的是思考与探索，即人类遵循规律、思考未来、接近真理的过程。说到底，人类的不断进步就是通过永无止境的探索活动来实现的。

在历史上，不同时期、不同阶段的档案管理者都认为自己所实施的档案管理方式是有效的、合时宜的，并尽力维护着自己所实施的管理方法，乃至于走向故步自封。然而，人们常常忘记了关键的一点，任何管理方式都或多或少有自己的长处，但绝非放之四海而皆准。时代在发展，人类在进步，每个时代的发展需要赋予档案管理的内涵与使命是有所不同的，由此昭示了档案管理的方式和价值选择的重要意义。我们对此需要看得透，想得深：当代科学技术迅猛发展，一方面给我们的生活带来了前所未有的便利，另一方面，也对我们固有的生活模式提出了质疑乃至威胁；我们不仅应该借助现代技术来最大限度地提高当下档案管理的效益，而且应该借助技术理念超越当下的管理，预见未来的发展，在发展中变得更加强大。为此，西南民族档案资源集成管理的研究，不应当止于"集成管理的内容"探索，更重要的是以此为契机去思考"当下的集成管理在未来的发展"。相对于结论而言，探索西南民族档案资源集成管理发展走向的理路和精神尤为显得重要。

事实上，民族档案在人类文明发展进程中，不断为社会提供精神资源而常新永恒，这本身就昭示着一种管理的责任。假如我们在民族档案管理方面的所思所想、所作所为没有随着时光的流逝而与时俱进，假如日复一日、周而复始没有在理论和实践上有所超越，那就会严重亵渎了我们作为民族档案管理者的职责。从这一层面来说，西南民族档案资源集成管理履行着对社会的责任，并且这种责任是体现在对人类记忆的建构管理、民族文化的发展传承传播、人类文明的积淀发展等方面。这些责任相互影响、相互渗透，共同包含完善着集成管理的使命，并同时规定着西南民族档案资源集成管理在人类文明进程中存在的意义和终极追求。

从相关行业发展来看，中外文献信息资源的建设历程给人以启示。有专家研究发现："概观中外，由于经费来源、通信联络和读者获取文献习惯等等方面的原因，初期图书馆联盟一般起源于一个地区内图书馆之间的合作。随着计算机网络技术的应用，图书馆联盟从一个地区向一个国家、一个系统乃至国际跨越。"① 现实发展中，我国文化部主导的全国文化信息资源共享工程以及由教育部组建的中国高等教育文献保障系统，目前已经从初建无序走向有序发展，成为国家共建共享信息资源的典范。于此观之，西南民族档案资源集成管理的发展的走向也应该在资源集成、设备集成、软件集成、人力集成、服务集成的基础上，从无序到有序，从西南到西部再到全国乃至世界。

考察当今社会对民族档案资源的认知程度，"档案"一词已成为人们熟知的概念，"民族档案"一词也越来越引起人们浓厚的兴趣，"民族档案有价值"已经有意或无意地得到了人们的普遍认同，"民族档案作为资源"问题也备受学界关注，诸多专家学者都对此阐发了许多见解独到的理论。这是一种好现象。这说明民族档案资源已经走进了人们生活世界的广阔领域。我们不得不欣喜地承认：众多的研究和关注给予我们对西南民族档案资源集成管理的研究以启迪，促使我们更广泛而更深切地关注西南民族档案资源集成管理发展中带有规律性的东西，尝试站在民族档案与社会发展的高度，对之做出某种带有前瞻性的判断，并预测其发展的基本走向。

从社会发展对民族档案资源的需求来审视，西南民族档案资源集成管理是社会的一个档案管理系统。西南民族档案资源是西南地区各民族文化发展的原始记录，反映了西南地区发展的规律。集成管理是系统为最大限度地满足社会需求对西南民族档案资源进行的组织管理：动态数据输入，静态数据存储；根据社会的要求，有效把握事物的底蕴，把静态的数据变为动态的数据输出。整个集成管理系统如同社会的一个"器官"组织，在社会需求中谋求存在，在社会进步中探寻发展，把社会的需求规律规范为集成管理的程序，从而激活民族档案潜在的社会价值。重要的是，从中也可以看到，各民族文化发展与民族档案的集成管理与社会需求之间存在着一种相互作用、联动发展的关系。社会发展的需要是民族档案资源伴随着社会的发展，不断地记录着这一联动发展历程，同时又不断产生新的民族档案，推动社会发展并不断累积着来自人们的认识和实践的基础。同样的道理，社会发展需要是西南民族档案资源集成管理发展的推动力。在社会发展的推动之下，会促使民族档

---

① 吉宇宽：《图书馆联盟著作权侵权风险分析与控制》，《图书与情报》2010 年第 3 期。

案资源在数量上有递增，在质量上有提升；会促使西南民族档案资源集成管理在对社会需要的不断满足和不断增长中走向新的更高阶段。这样的更高阶段应该就是发展的方向。①

　　当然，对西南民族档案资源集成管理发展方向的探索，其研究路径有多种选择。如果我们仅就西南地区谈民族档案资源，仅就集成管理民族档案资源谈管理，无意探寻其更深远的意义，虽然也有道理，但也许会陷入只见民族档案资源集成管理的事实导致只见事实的民族档案资源集成管理与集成管理的人的状态，成为一个逻辑自洽的封闭体系。然而，历史发展的事实证明，在先之前还有先，在后之后还有后；虽然极少人能够看到"在后之后还有后"，但是所有的"后"从来不会自动发生。正在发生的"后"一定会有一个发展的逻辑与价值取向。因此，"集成为管，管为共享"理念的提出与践行，其价值目标指向又在何方呢？这是个极富有挑战的探索。

（二）基本走向

　　依照唯物辩证法的观点来分析，西南民族档案资源集成管理是一个不断解决问题的运动发展过程。西南民族档案资源的集成管理并不是天然自在的，需要通过人们有目的的实践活动去建构去创造，整个建设过程体现着人们的需要和建设者的意志。然而，这种建设过程是没有终极目标的，新的驿站到达之时意味着下一个驿站的启程，每一个阶段都是必然的，每一个阶段都不是永恒的。一定时代条件下的存在状况，仅仅只是一个不断解决问题的过程中的驿站，人们的实践活动总会生发新的需要，提出更高的想往，注定要指向更高的目标。不过，这样的目标是现实发展的客观规律所带来的发展趋势，也是以潜在的尚未实现的形式存在于现实之中的可能。正如黑格尔所分析过的："一个事物是可能的还是不可能的，取决于内容，也就是说，取决于现实性的各个环节的全部总和，而现实性在它的开展中表明它自己是必然性。"②那么，在"集成为管，管为共享"的理念之下，西南民族档案资源集成管理也应该有一个预示着现实发展前途的客观必然趋势。这样的趋势如果用"档

----

① 李卓卓：《文献信息学的哲学观新论》，《图书与情报》2004 年第 5 期。
② ［德］黑格尔：《小逻辑》，商务印书馆 1986 年版，第 300 页。

案资源众享"的价值观阐释，则为集成管理发展到最后会逐渐淡化管理的色彩而强化共享的要求，其核心的表述就是"管为不管，共生共享"。

运用资源可持续发展的观点来分析，时代需要新格局，新格局需要新资源。对西南民族档案资源采用集成管理模式，就是通过由"区域资源驱动"转向"区域服务系统牵引"的模式来给西南民族档案资源注入新的活力。也就是说，在把西南民族档案作为一种资源的同时，借助集成管理平台，提供无限的协同可能，让集成管理价值链上的组织成员和谐相处，彼此激励，价值创新，共建共享，共生成长；让集成管理价值链上的民族档案能生发共生能量和新的物质结构，在提高其资源的增殖能力的态势中众享集成管理红利，实现全面共享。这不失是一个具有可持续发展能力的途径，这样的途径如果用"共生"的逻辑和"众享"的价值观来表述，则为整合协同管理，共享无限资源，即是"管为不管，共生共享"。

总之，"管为不管，共生共享"是我们践行"集成为管，管为共享"理念的最高理想和最终目标。它既是我们期待西南民族档案资源得到更好的管理和更好地共享的美好理想，也是西南民族档案资源集成管理发展过程中追求共享的一种价值取向和境界追求。这样的表述无意引导人们简单地停留于字面表述而望文生义为真的不要管，也无意去追随、张扬某种时尚的后现代风潮，更不是固守于一种极端的反传统立场而标新立异。其目的还是在于为西南民族档案资源集成管理建设寻求并提供不懈的精神动力、价值导向和奋斗目标，让人们为之去活化集成管理中的西南民族档案资源，提升西南民族档案资源集成管理者及利用者的境界，并为之去共同奋斗，去共同追求。

在此，我们需要清醒地认识到，无论西南民族档案资源集成管理的构想和建设多么富有勃勃生机，无论西南民族档案资源集成管理的未来走向多么令人振奋和向往，都会打上时代的烙印，留下探索者的局限。但是，我们坚信，在"集成为管，管为共享"的精神导引下，西南民族档案资源集成管理以"共生共享"为未来发展之道，集聚资源，孕育思想，传播文化，催生成果。理想中的集成管理连接着现实中的集成管理，最终能够实现对西南民族档案资源的集成管理，为民族档案资源管理搭建一个推进创新的平台，开拓一条持续探索、持续发展之路。

综上所述，集成管理是西南民族档案资源的建设之路，路通到哪里，民族档案资源就集成到哪里；集成管理是西南民族档案资源建设的规则之路，多一些协同合作，西南民族档案资源的共享就会便捷通畅；集成管理也是一条奋斗之路，"集成为管，管为共享"是我们的建设理念，"管为不管，共生共享"是我们奋斗的理想和目标。在这一理想之下，只要西南三省一市两区同心协力结为命运共同体，以开放的姿态来集成民族档案资源，用共享的思维来促进集成管理建设，用法治的理念来规范集成管理，就能在理念、政策、人才、资金、技术、流程等方面实现全方位集成，就能为西南民族档案资源搭建一个开放平台，让全中国乃至世界更好地了解西南民族档案资源，利用西南民族档案资源。携手集成，造福人类；共生共享，永葆西南民族档案资源的生命活力。

参考文献

一　档案类

1. 云南省档案馆编：《民国时期西南边疆档案资料汇编·云南卷》，社会科学文献出版社 2013 年版。

2. 广西壮族自治区档案馆编：《民国时期西南边疆档案资料汇编·广西卷》，社会科学文献出版社 2014 年版。

3. 贵州省档案馆编：《贵州档案史料》，1987 年第 1—4 期。

4. 四川省档案馆编：《川康边政资料辑要》，国民党军事委员会成都行辕印行，1940 年。

5. 中国藏学研究中心、中国第一历史档案馆等编：《元代以来西藏地方与中央政府关系档案史料汇编》，中国藏学出版社 1994 年版。

6. 云南省档案馆藏：《民国云南省民政厅档案卷宗》。

7. 四川省档案馆藏：《民国四川省民政厅档案卷宗》。

8. 贵州省档案馆藏：《民国贵州省民政厅档案卷宗》。

二　方志、史料类

1. （晋）常璩撰，刘琳校注：《华阳国志校注》，巴蜀书社 1984 年版。

2. （唐）樊绰撰，向达原校，木芹补注：《云南志补注》，云南人民出版社 1995 年版。

3. （明）刘文征撰，古永继校点，王云、尤中审定：《滇志》，云南教育出版社 1991 年版。

4.（清）罗绕典辑：《黔南职方纪略》影印本，成文出版社 1974 年版。

5. 方国瑜主编：《云南史料丛刊》1—13 卷，云南大学出版社 2001 年版。

6. 吴晓亮、徐政芸编：《云南省博物馆馆藏契约文书整理与汇编》1—6 卷，人民出版社 2013 年版。

7. 云南大学图书馆编：《清代滇黔民族图谱》，云南美术出版社 2005 年版。

三　田野调查资料类

1.《中国少数民族社会历史调查资料丛刊》云南省编辑组编：《云南方志民族民俗资料琐编》，云南民族出版社 1986 年版。

2.《中国少数民族社会历史调查资料丛刊》云南省编辑组编：《云南民族民俗和宗教调查》，云南民族出版社 1985 年版。

3.《中国少数民族社会历史调查资料丛刊》云南省编辑组编：《云南少数民族社会历史调查资料汇编》（一），云南人民出版社 1986 年版。

4.《中国少数民族社会历史调查资料丛刊》云南省编辑组编：《云南少数民族社会历史调查资料汇编》（三），云南人民出版社 1987 年版。

5.《中国少数民族社会历史调查资料丛刊》云南省编辑组、《中国少数民族社会历史调查资料丛刊》修订编辑委员会：《四川广西云南彝族社会历史调查》，民族出版社 2009 年版。

6.《中国少数民族社会历史调查资料丛刊》四川省编辑组、《中国少数民族社会历史调查资料丛刊》修订编辑委员会：《四川省阿坝州藏族社会历史调查》，民族出版社 2009 年版。

7. 云南文物考古研究所编：《云南考古报告集》（之二），云南科技出版社 2006 年版。

8.（明）段德贤修，（清）段臣甫等续修：《太和段氏家谱》抄本复印件，存云南省大理州图书馆。

9.（清）高凤冀：《蒙化高氏家谱》，存云南省大理市图书馆。

四　著作类

1. 费孝通：《中华民族多元一体格局》（修订本），中央民族大学出版社

1999 年版。

2. 尤中：《中华民族发展史》1—3 卷，云南出版集团公司·晨光出版社 2007 年版。

3. 周平等：《中国的边疆治理研究》，经济科学出版社 2011 年版。

4. 方铁：《西南边疆民族研究》，云南大学出版社 2003 年版。

5. 李子贤主编：《多元文化与民族文学——中国西南少数民族文学的比较研究》，云南教育出版社 2001 年版。

6. ［法］吉尔·德拉诺瓦：《民族与民族主义》，郑文彬、洪晖译，生活·读书·新知三联书店 2005 年版。

7. ［英］马林诺夫斯基：《文化论》，费孝通译，华夏出版社 2002 年版。

8. 杨中一编著：《中国少数民族档案及其管理》，中国档案出版社 1993 年版。

9. 郑慧、朱兰兰：《中国少数民族档案文献珍品研究》，中国出版集团、世界图书出版公司 2013 年版。

10. 史金波、黄润华：《中国历代民族古文字文献探幽》，中华书局 2008 年版。

11. 韦章炳：《中国水书探析》，中国文史出版社 2007 年版。

12. 中国档案学会编：《少数民族档案史料评述学术讨论会论文选集》，档案出版社 1988 年版。

13. 四川省档案馆：《四川省档案馆馆藏档案概述》，四川省社会科学院出版社 1988 年版。

14. 张鑫昌、张昌山：《文献学与历史研究》，中国社会科学出版社 2015 年版。

15. 华林：《西南少数民族历史档案管理学》，民族出版社 2001 年版。

16. 陈子丹：《云南少数民族金石档案研究》，云南科技出版社 2001 年版。

17. 李国文：《云南少数民族古籍文献调查与研究》，民族出版社 2010 年版。

18. 云南省民族古籍办编：《云南少数民族官印集》，云南民族出版社 1989 年版。

19. 张公瑾、黄建明等：《民族古文献概览》，民族出版社 1997 年版。

20. 包和平等：《中国少数民族古籍管理学概论》，民族出版社 2006 年版。

21. 周耀林、戴旸等：《非物质文化遗产档案管理理论与实践》，武汉大学出版社 2013 年版。

22. 周雪恒主编：《中国档案事业史》，中国人民大学出版社 1996 年版。

23. 胡鸿杰：《中国档案学理念与模式》，中国人民大学出版社 2005 年版。

24. 丁华东：《档案学理论范式》，中国出版集团、世界图书出版公司 2011 年版。

25. 国际档案理事会编：《电子办公环境中文件管理原则与功能要求》（中英双语），王健等译，中国人民大学出版社 2012 年版。

26. 冯惠玲、张辑哲：《档案学概论》，中国人民大学出版社 2006 年版。

27. 冯惠玲、刘越南等：《电子文件管理国家战略》，中国人民大学出版社 2011 年版。

28. 冯惠玲、赵国俊等：《中国电子文件管理：问题与对策》，中国人民大学出版社 2009 年版。

29. 冯惠玲等：《电子文件风险管理》，中国人民大学出版社 2008 年版。

30. 刘家真：《电子文件管理——电子文件与证据保留》，科学出版社 2009 年版。

31. 安小米、朝乐门等：《知识管理方法与技术》，南京大学出版社 2012 年版。

32. 安小米、郑向阳：《集成管理与集成服务——21 世纪城市建设文件档案信息管理的优化与创新》，中国建筑工业出版社 2006 年版。

33. 安小米编著：《基于 ISO15489 的文件档案管理核心标准及相关规范》，中国标准出版社 2008 年版。

34. 朱小怡：《数字档案馆建设理论与实践》，华东师范大学出版社 2007 年版。

35. 黄杰：《信息管理集成论》，经济管理出版社 2006 年版。

36. 霍国庆：《企业信息资源集成管理战略理论与案例》，清华大学出版社 2001 年版。

37. 陈永生：《档案工作效益》，中国档案出版社 1995 年版。

38. 赵彦昌：《中国古代档案管理制度研究》，人民出版社 2011 年版。

39. 覃兆刿：《档案双元价值论谈》，科学出版社 2015 年版。

40. 陈祖芬：《妈祖信俗非物质文化遗产档案研究》（理论篇与实践篇），世界图书出版公司 2015 年版。

五　论文类

1. 费孝通：《中华民族的多元一体格局》，《北京大学学报》（哲学社会科学版）1989 年第 4 期。

2. 周平：《论中华民族建设》，《思想战线》2011 年第 5 期。

3. 郝亚明：《试论民族概念界定的困境与转向》，《民族研究》2011 年第 2 期。

4. 高永久、秦伟江：《"民族"概念的演变》，《南开学报》（哲学社会科学版）2009 年第 6 期。

5. 潘玉民：《论国家档案资源的内涵及其构成》，《北京档案》2011 年第 1 期。

6. 丁健：《档案与档案工作：固化的记忆与记忆的固化》，《档案学研究》2002 年第 5 期。

7. 丁华东、张燕：《论档案记忆再生产的实践特征与当代趋势》，《档案学通讯》2017 年第 4 期。

8. 吴秋明、李必强：《集成与管理的辩证关系》，《系统辩证学学报》2004 年第 1 期。

9. 曾三：《加强少数民族地区的档案工作——一九六零年八月二十六日曾三同志在全国少数民族地区档案工作会议上的报告》，《档案工作》1960 年第 9 期。

10. 马曜：《我国西南民族研究的回顾与展望》，《云南社会科学》1982 年第 1 期。

11. 王文光、朱映占：《中国西南民族史研究的实践与理论运用评述》，《思想战线》2009 年第 2 期。

12. 汪宁生：《从原始记事到文字发明》，《考古学报》1981 年第 1 期。

13. 扎雅·洛桑普赤、洛龙：《西藏历史档案遗产的传承及管理——略介西藏自治区馆藏藏文历史档案的保护、整理及利用》，《西藏研究》2007 年第 1 期。

14. 高贺福：《整理、利用藏文历史档案的管见》，《西藏研究》1984 年第 2 期。

15. 郑慧：《广西少数民族档案史料编纂述略》，《档案学通讯》2012 年第 6 期。

16. 郑慧：《1949 年以来广西档案文献编研的特点及未来发展趋势》，《档案学通讯》2015 年第 3 期。

17. 李国杰、程学旗：《大数据研究：未来科技及经济社会发展的重大战略领域——大数据的研究现状与科学思考》，《中国科学院院刊》2012 年第 6 期。

18. 周耀林、朱倩：《大数据时代我国数字档案馆的建设与发展》，《信息资源管理学报》2015 年第 2 期。

19. 张勇进、孟庆国：《国家电子政务统一网络空间：内涵、框架及建构》，《中国行政管理》2011 年第 8 期。

20. 肖晶、吕世灵等：《云计算环境下面向用户的科技信息资源整合和服务浅析》，《现代情报》2014 年第 3 期。

21. 方昀、郭伟：《云计算技术对档案信息化的影响和启示》，《档案学研究》2010 年第 4 期。

22. 黄新荣、庞文琪等：《云归档——云环境下新的归档方式》，《档案与建设》2014 年第 4 期。

23. 代红、陈壮：《中文信息技术的基础标准与中文编码字符集的国际标准化》，《信息技术与标准化》2008 年第 7 期。

24. 代红、陈壮：《中国少数民族文字信息技术标准化现状与标准体系研究》，《信息技术与标准化》2011 年第 6 期。

25. 赵生辉：《中国少数民族语言电子文件管理初探》，《档案学通讯》2011 年第 2 期。

26. 赵生辉：《中国少数民族语言电子文件管理的战略思考》，《中国档案》2011 年第 5 期。

27. 田宁：《基于关联数据的信息资源整合》，《图书馆学刊》2014 年第 1 期。

28. 李春旺、李广建：《数字图书馆集成检索技术研究》，《图书馆理论与实践》2004 年第 6 期。

29. 吕元智：《我国公共档案馆服务绩效评价研究现状分析》，《档案学研究》2010 年第 2 期。

30. 于施洋、杨道玲：《电子政务发展水平评估：战略定位与指标设计》，《电子政务》2010 年第 10 期。

31. 李卓卓：《面向风险控制的信息资源共享系统绩效评估协作机制》，《国家图书馆学刊》2010 年第 3 期。

32. 李卓卓：《文献信息学的哲学观新论》，《图书与情报》2004 年第 5 期。

33. 杨艺（毅）、王蓉：《我国部分少数民族的实物记事》，《档案学通讯》2000 年第 3 期。

34. 杨艺（毅）：《现存白族谱牒档案述评》，《中央民族大学学报》2000 年第 3 期。

35. 杨艺（毅）：《白族古代文字档案史料研究》，《云南社会科学》1999 年第 5 期。

36. 杨毅、张会超：《记录田野：民族档案重构的实现与突破》，《思想战线》2012 年第 6 期。

37. 张会超、杨毅：《民族档案资源集成管理引论》，《档案学通讯》2013 年第 6 期。

38. 杨毅：《西南向度的民族档案特征及其现代意义之我见》，《档案学通讯》2017 年第 4 期。

致　谢

　　本书是在由我主持的国家社会科学基金西部项目同名课题的结项报告基础上修改成稿的。在这一过程中，笔者承蒙云南、贵州、四川、重庆、广西、西藏三省一市两区的档案馆、图书馆、博物馆、民族古籍办和民族研究所等政府部门和文化机构的专家、同仁们的极大帮助。他们提供的馆藏材料、对本研究提出的各种具体建议和业务指导，都已一一融入于书稿之中。谨向他们表示由衷的感谢！

　　本书的写作，也是笔者对自己学术道路的一次回顾与总结。一路上，老先生们治学的博大精深，润物于无声，令我终生受益；同行笔耕不辍，硕果频现，激励着我不断迎头追赶；新生一代志存高远，锐意创新，推动我紧跟时代步伐前行。四年多的努力，始终有赖于他们宝贵的精神支撑。感激之情，难以尽述。

　　研究团队成员张会超对课题的纵向构筑、横向拓展提出了许多有见地的意见，并亲自参与第一、三章部分内容的撰写；同仁何瓦特友情加入研究团队，为书中有关现代信息技术的讨论提供咨询，并负责所有图表的绘制及部分资料的查找。他在参与第五、六章撰写的过程中激发出自己的学术研究潜质，以此为方向申报并获得一个云南省2015年度哲学社会科学研究的项目支持。我的几位硕士研究生在参加与本书相关的实地调研、资料查证和研究讨论过程中，开阔了学术视野，并找到了各自的学术着力点。每个同学都在档案学相关刊物上发表了若干学术研究论文，有的还获得国家或省级研究生奖学金，个别研究论文还获得了校级社科研究成果奖励。这是研究之初没有想到的，令笔者时感欣慰。我谨向他们表示深切谢意和衷心祝福！

　　在这里，我还要感谢全国哲学社会科学规划办公室和云南省哲学社会科学规划办公室给予的研究经费和出版资助。

　　中国社会科学出版社，尤其是责任编辑孙萍老师为该书的出版付出了大量的心血。他们严谨的工作作风和精益求精的工作态度值得我尊重和学习，在此一并致以真诚的谢意！

　　做好一个项目研究，完成一部研究书稿，对笔者来讲是一种智力的挑战。近五年的时间，我虽然已经做了很大努力，但书中疏漏之处仍在所难免。我期待着学界前辈、同仁和广大读者不吝指正。

　　愿民族档案学能够拓展出具有讨论性、富于启迪性的理论和实践空间。

杨毅

2017 年 8 月 14 日于云南大学